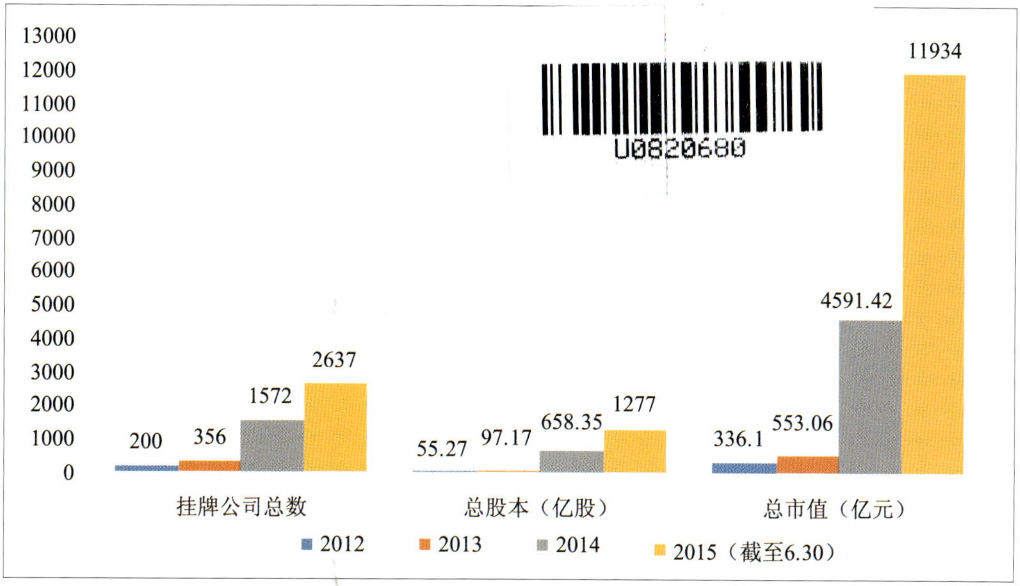

数据来源：全国股份转让系统统计报告。

图 3-1　新三板市场规模

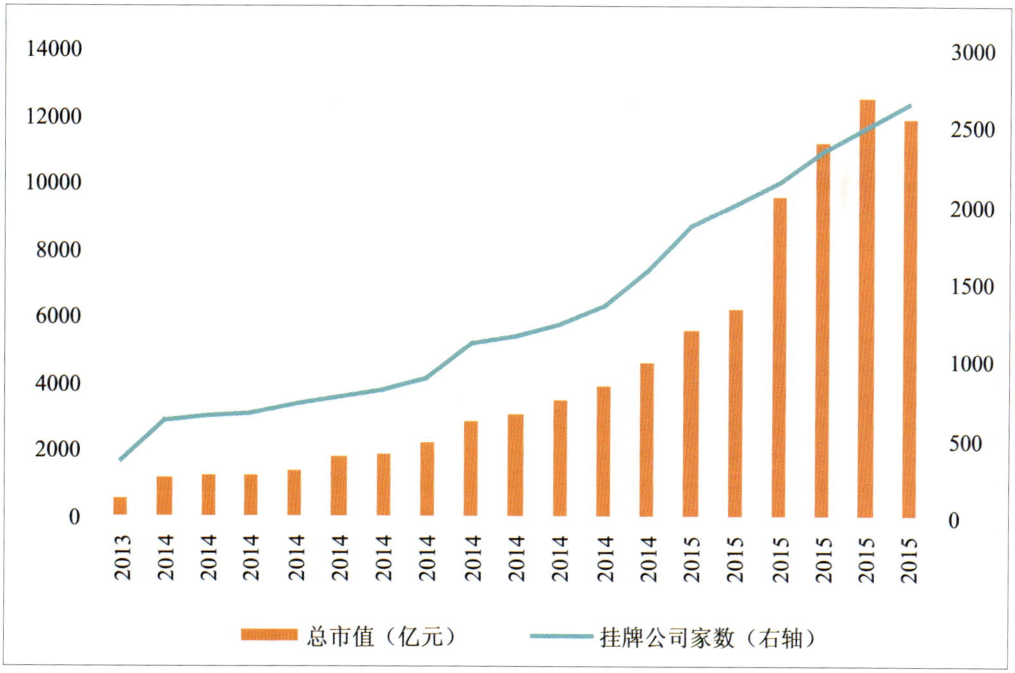

数据来源：全国股份转让系统统计报告。

图 3-2　新三板市场规模月度变化

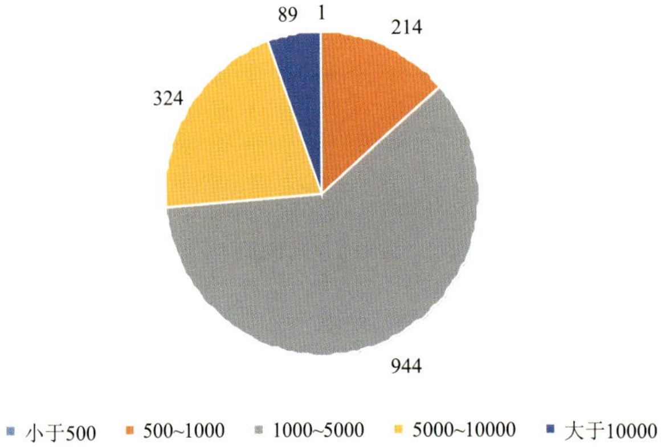

数据来源：全国股份转让系统2014年度统计报告。

图 3-3　挂牌公司股本分布情况（万股）

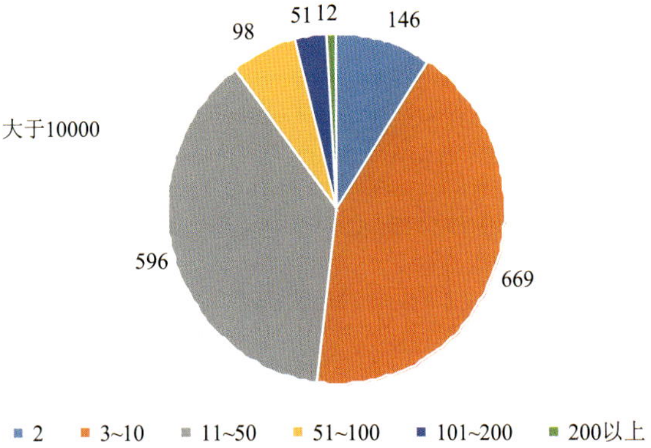

数据来源：全国股份转让系统2014年度统计报告。

图 3-4　挂牌公司股东人数分布情况

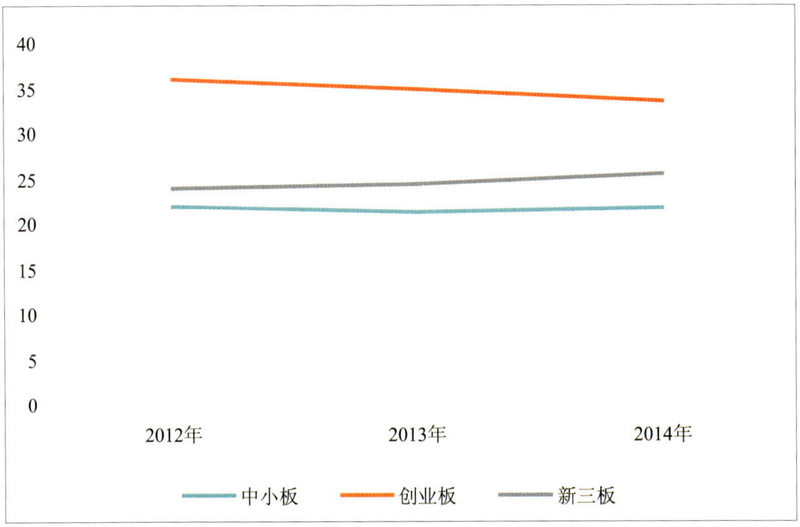

数据来源：Wind。

图 3-5　各市场毛利率比较

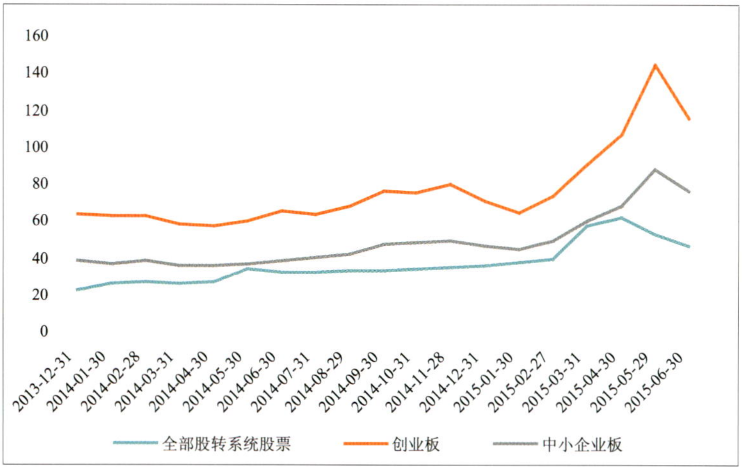

数据来源：全国股份转让系统、深圳证券交易所。

图 3-9　2014 年以来各市场市盈率比较

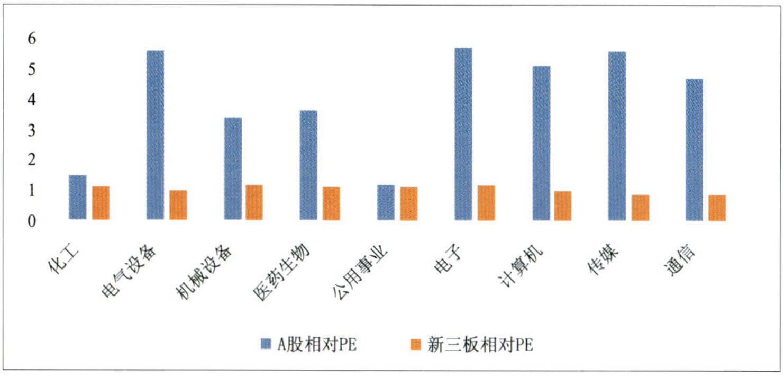

数据来源：申银万国研究所。

图 3-10　相对市盈率比较

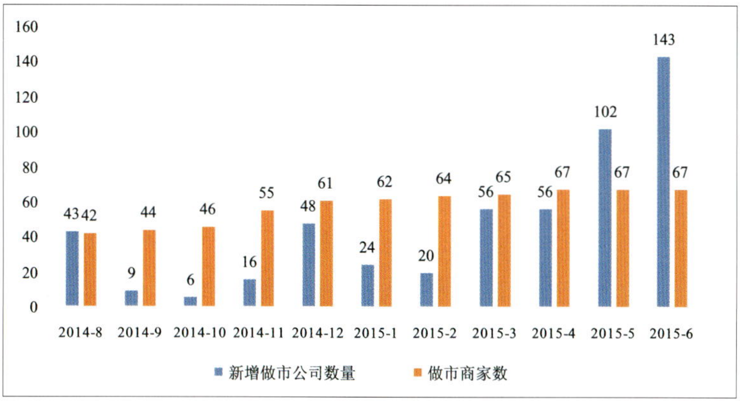

图 4-3　做市公司数量和做市商家数的发展情况

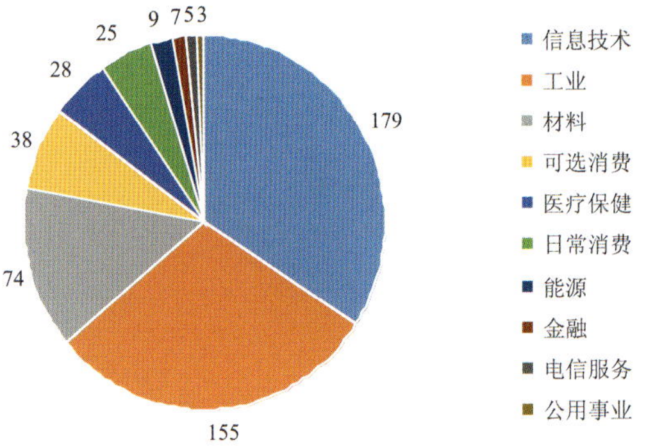

图 4-4　做市股票行业分布

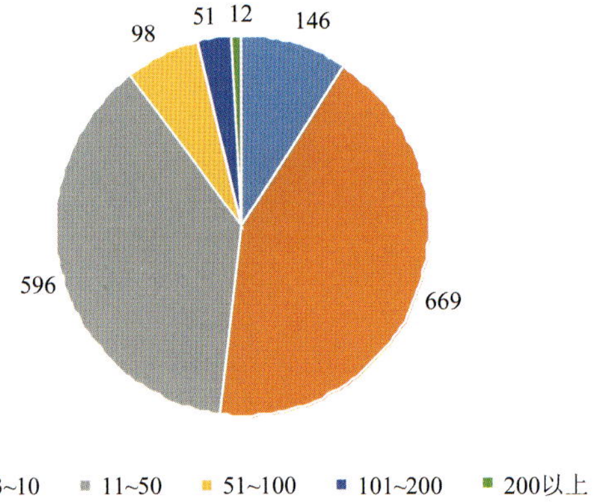

数据来源：全国股份转让系统 2014 年年报。

图 6-1　挂牌公司股东人数分布情况

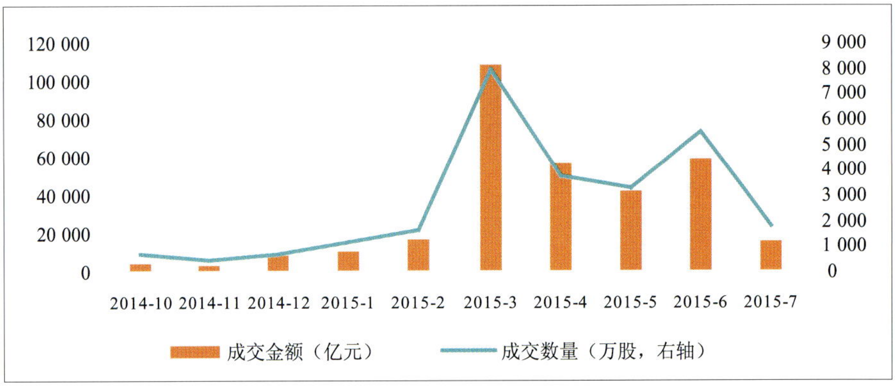

图 4-5　做市交易成交量和成交金额走势

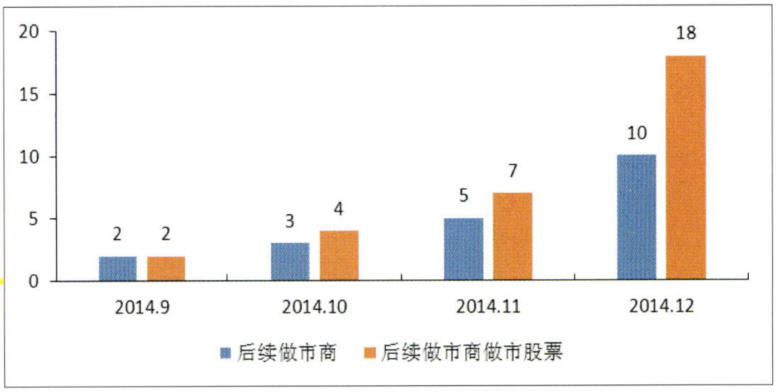

图 5-4　后续做市商和后续做市商做市股票变动趋势

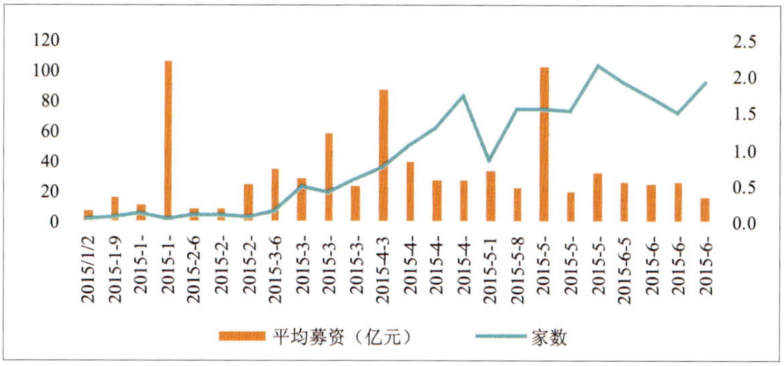

资料来源：Wind。

图 7-4　新三板每周公布约 80 笔定增预案，平均实施募资 5 000 万元

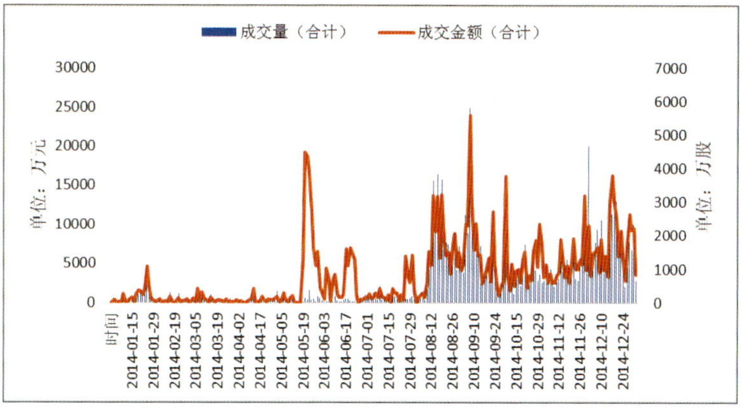

资料来源：同花顺 iFind。

图 7-5　2014 年全年协议转让每日交易统计

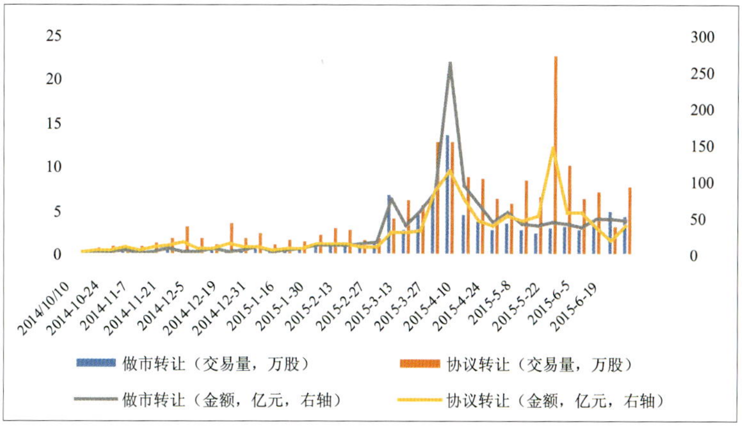

资料来源：同花顺 iFind。

图 7-7　做市交易上线至今协议转让和做市转让每周交易统计对比

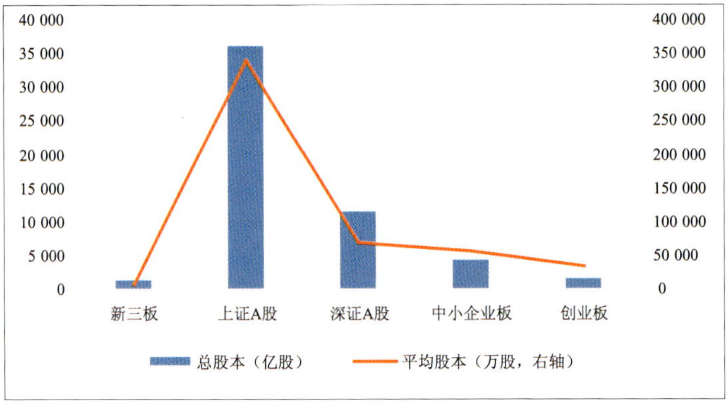

资料来源：Wind。

图 8-2　不同市场企业股本比较（截至 2015 年 6 月 30 日）

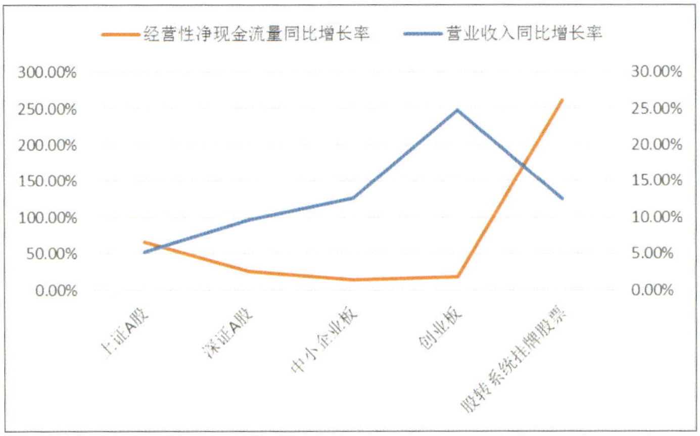

资料来源：Wind。

图 8-3　不同市场企业营业收入和净现金流量同比增长率

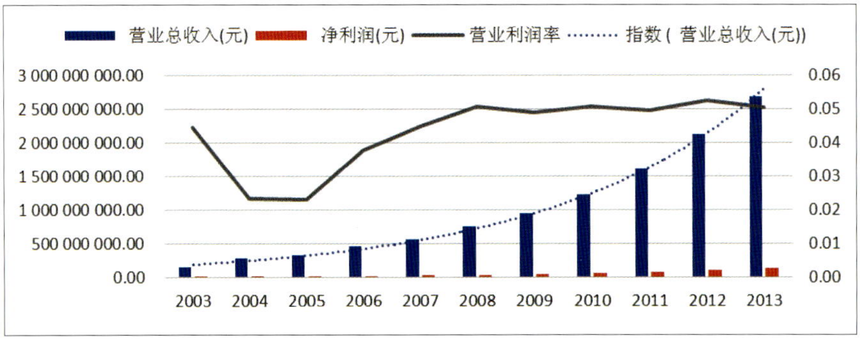

资料来源：Wind。

图 8-5　中科软 2003—2013 年营业收入和净利润

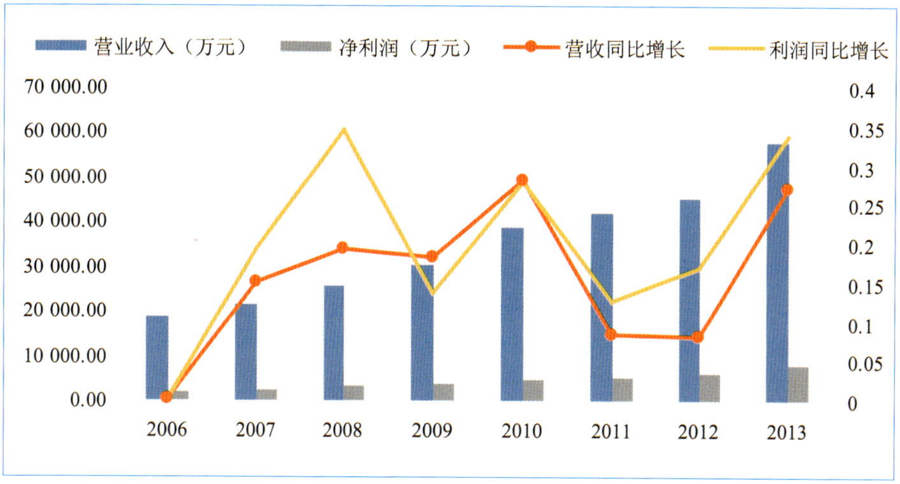

资料来源：Wind。

图 8-7　原子高科挂牌以来营业收入和利润

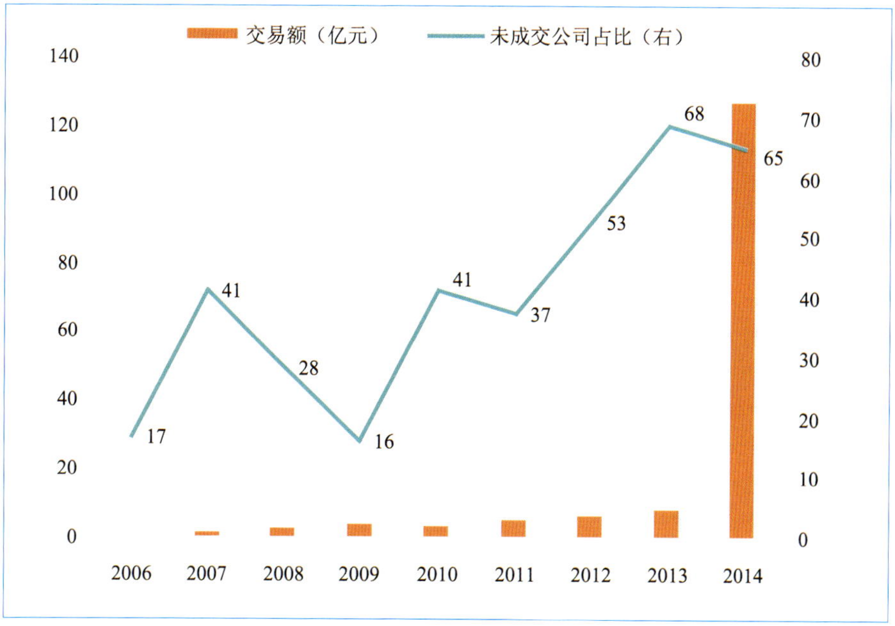

图 9-1　新三板交易量和成交家数

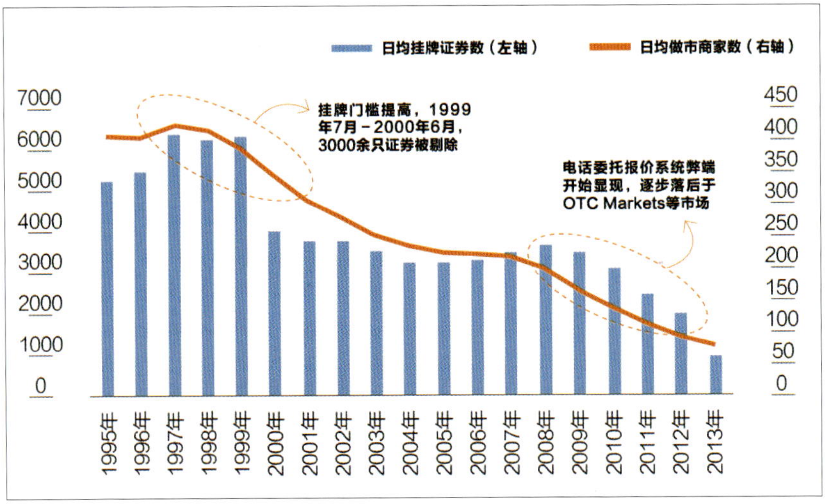

资料来源：OTCBB。

图 F-2　OTCBB 市场挂牌证券数及做市商家数逐年下降

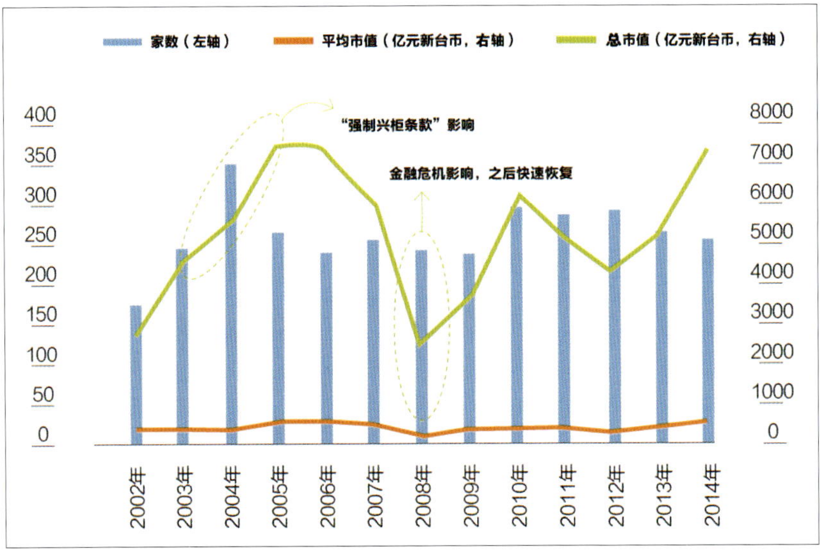

资料来源：中国台湾证券柜台买卖中心。

图 F-4　中国台湾兴柜市场历年挂牌公司数量及市值

新三板投融资策略

傅庚　张伟　编著

電子工業出版社
Publishing House of Electronics Industry
北京 · BEIJING

内 容 简 介

投资与融资是新三板市场的两大核心要素，也是其功能的体现。从融资的角度，第 2 章介绍了新三板企业挂牌的条件与流程，并在第 3 章对新三板市场中目前挂牌公司的行业分布、财务现状进行了分析。新三板市场采取的做市商交易制度是其不同于主板、中小板市场的又一大特点，本书第 4、5 章进行了详细介绍。第 6 章对新三板的转板制度进行了介绍，并进行了案例分析。从投资的角度，第 7 章介绍了新三板市场中主要的投资方式，包括定向增发、老股转让和二级市场的直接交易等；第 8 章通过一些详细的案例对新三板市场的投资收益进行了分析；第 9 章介绍了新三板市场的几种投资退出方式，常见的如转板退出、做市退出、并购退出等。第 10 章介绍了新三板市场未来发展展望。在附录部分，还介绍了国外及中国台湾的场外市场发展状况，并尝试与国内的新三板市场进行了比较。

本书内容具备前瞻性、全面性，并结合针对性的案例，力求让投资者更深刻地理解新三板市场，为作出投融资决策提供指导。

图书在版编目（CIP）数据

新三板投融资策略 / 傅庚，张伟编著. —北京：电子工业出版社，2016.1

ISBN 978-7-121-27428-2

Ⅰ. ①新… Ⅱ. ①傅… ②张… Ⅲ. ①中小企业－企业融资－研究－中国 Ⅳ. ①F279.243

中国版本图书馆 CIP 数据核字（2015）第 249421 号

责任编辑：秦绪军
特约编辑：田学清　赵树刚
印　　刷：北京季蜂印刷有限公司
装　　订：北京季蜂印刷有限公司
出版发行：电子工业出版社
　　　　　北京市海淀区万寿路 173 信箱　　　邮编：100036
开　　本：720×1000　1/16　印张：18　字数：296 千字　彩插：4
版　　次：2016 年 1 月第 1 版
印　　次：2016 年 5 月第 2 次印刷
定　　价：69.00 元

凡所购买电子工业出版社图书有缺损问题，请向购买书店调换。若书店售缺，请与本社发行部联系，联系及邮购电话：（010）88254888。

质量投诉请发邮件至 zlts@phei.com.cn，盗版侵权举报请发邮件至 dbqq@phei.com.cn。

服务热线：（010）88258888。

编　委　会

主　　编

傅　庚　　张　伟

编写组成员（按拼音排序）

傅　庚　　胡慧臻　　姬　贺

李　欣　　王振龙　　尹小兵

张　林　　张　伟

前　言

自中国成功应对全球金融危机之后，结构转型成为中国经济下一步持续健康发展的关键因素之一。如何建立一个有效的金融市场体系来支持中国经济的转型，为大量富有活力的中小型企业提供一个更为市场化的平台，建立一个富有效率的新三板市场，是金融结构转型中的重要内容。

自从 2004 年国务院发布《关于推进资本市场改革开放和稳定发展的若干意见》以来，新三板市场的建立可谓一波三折，整个市场从无到有、从小到大，经历了一个飞速发展的时期，现已扩容到全国。今天，我们看到这个市场变得异常火爆，微信、微博中到处可见新三板论坛、新三板培训、新三板沙龙等各种活动。各家基金公司也相继推出新三板专项基金，从机构到个人，对新三板的关注越来越多。在这样的背景下，我们结合在新三板实务工作中的经验及深入的研究探讨，将新三板这个新生事物的相关知识整理成书，让有志于了解新三板市场的投资者、企业、中介机构等，得以在此书的帮助下更顺利地开展工作。

投资与融资是新三板市场的两大核心要素，也是其功能的体现。从融资的角度，第 2 章介绍了新三板企业挂牌的条件与流程，并在第 3 章对新三板市场中目前挂牌公司的行业分布、财务现状进行了分析。关于做市商制度的交易机制、目前运行现状，以及具体的做市案例，第 4、5 章进行了详细介绍。第 6 章对新三板的转板制度进行了介绍，并进行了案例分析。从投资的角度，第 7 章介绍了新三板市场中主要的投资方式，包括定向增发、老股转让和二级市场的直接交易等；第 8 章通过一些详细的案例对新三板市场的投资收益进行了分析；第 9 章介绍了新三板市场的几种投资退出方式，常见的如转板退出、做市退出、并购退出等。新三板市场采取的做市商交易制度是其不同于主板、中小板市场的又一大特点，关于该制度，习惯了 A 股市场竞价交易制度的国内投资者对此还比较陌生，该制度也确实具备其独特之处。

我们深知，目前新三板市场仍是一个粗放运行的市场，制度建设有待进一步完善，在政策上、资金面上都面临着较大的困境与不确定性，因此第 10 章尝试对新三板市场的未来发展作出展望，希望能对读者有所启发。

新三板市场被誉为中国的“纳斯达克市场”，是因为二者在企业定位、交易制度等方面都具有很大的相似性。为了使读者更深入地了解新三板市场，在附录部分，还介绍了国外及中国台湾的场外市场发展状况，并尝试与国内的新三板市场进行了比较。

本书亮点

（1）为中小微企业、机构和中介提供从条件要求、治理内控到尽职调查股改、挂牌投融、并购重组及督导信息披露、监管自律的全生态链条式详解，堪比百宝箱。

（2）不管是企业的挂牌、做市、新三板中的投资还是国内外场外市场的对比，任何一个章节的介绍，本书都力求通过给出针对性的案例，以此能让投资者更深刻地理解。

（3）做市商交易制度是新三板市场的一大特点，本书对该制度进行了全方位的分析，对于参与三板二级市场投资的读者一定会大有裨益。

（4）新三板市场中所具备的投资机会是多数读者了解新三板市场的主要动力之一，而本书花了较大的篇幅对新三板市场中已有的投资方式、潜在的投资策略、投资收益状况进行了详细介绍。

（5）本书的另一大亮点在于本书所具备的深度前瞻性，市场的分层、三板的转板、做市商的扩容等都是新三板市场目前不具备的要素，但作为大家关注的焦点，也在文中进行了分析与展望。

随着市场的不断完善，新三板市场在帮助创新型、创业型、成长型中小微企业融资和发展的过程中，将会扮演越来越重要的角色。希望以后有更多的专家学者关注新三板，为新三板市场的发展完善建言献策。希望各位读者在阅读本书之后能有所收获，尽情享受本书给大家带来的帮助。

目 录

第 1 章

新三板历史沿革

1.1 新三板的由来

1.1.1 新三板的前身

“新三板”是业界对全国中小企业股份转让系统的俗称，它经历了从“两网”到“三板”再到“新三板”的发展历程。

“两网”即1990年成立的“STAQ法人股流通市场”及1993年成立的“NET法人股市场”，成立“两网”的目的是为了解决法人股流通问题。但在1998年金融危机爆发后，监管部门对证券市场尤其是发展不成熟的场外市场进行全面取缔，“两网”也被关闭。

“两网”停止带来了法人股无法流通的难题。为解决这一问题，中国证券业协会指定申银万国等6家证券公司代办原“两网”系统挂牌公司的股份转让业务，由此确立了我国由证券代办股份转让业务的场外交易制度，代办股份转让系统也于2001年7月正式开通。此后，陆续有6家主板公司退市，转入代办股份转让系统挂牌，该系统也承担起完善退市机制的历史重任。而业内，这个“证券公司代办股份转让系统”被称为“三板”。

1.1.2 新三板的发展时间表

“新三板”又从何而来呢？2006年国务院发布《关于实施若干配套政策的通知》，其中明确规定：“推进高新技术企业股份转让工作，启动中关村科技园区未上市高新技术企业进入证券公司代办股份转让系统进行股份转让试点工作。”

此后，2006年1月，先后有中关村园区高新企业挂牌，中关村科技园区非上市股份有限公司股份报价转让即正式成为三板市场的一部分，为与原来的三板市场区分，被称为“新三板”。

2006 年 1 月，根据国务院的决定，中关村科技园区非上市股份公司进入证券公司代办股份转让系统进行股份转让试点。

2010 年 4 月，中国证监会成立国家高新技术产业开发区非上市公司股份转让试点暨场外市场建设筹备工作领导小组及其工作机构，姚刚副主席任领导小组组长。

2011 年 2 月，国务院副总理王岐山主持会议，研究证券场外市场建设有关问题。会议要求，逐步探索建立全国统一的证券场外市场。

2012 年 3 月，中国证券监督管理委员会（以下简称“中国证监会”）全国场外市场筹备组成立；5 月，筹备组工作团队组建完成。

2012 年 7 月，国务院同意扩大非上市股份公司股份转让试点，在中关村园区基础上，新增上海张江、武汉东湖、天津滨海高新区进入试点范围；同意设立全国中小企业股份转让系统，组建运营管理机构。

2012 年 9 月 7 日，扩大非上市股份公司股份转让试点合作备忘录签署暨首批企业挂牌仪式在京举行。

2012 年 9 月 20 日，全国中小企业股份转让系统有限责任公司在国家工商总局完成登记注册。

2013 年 1 月 16 日，举行全国中小企业股份转让系统揭牌仪式。

1.2　新三板的宗旨和职责

全国中小企业股份转让系统是经国务院批准设立的全国性证券交易场

所，全国中小企业股份转让系统有限责任公司为其运营管理机构。2012 年 9 月 20 日，公司在国家工商总局注册成立，注册资本 30 亿元。上海证券交易所、深圳证券交易所、中国证券登记结算有限责任公司、上海期货交易所、中国金融期货交易所、郑州商品交易所、大连商品交易所为公司股东单位。

新三板的经营宗旨是：坚持公开、公平、公正的原则，完善市场功能，加强市场服务，维护市场秩序，推动市场创新，保护投资者及其他市场参与主体的合法权益，推动场外交易市场健康发展，促进民间投资和中小企业发展，有效服务实体经济。

公司的主要职责是：组织安排非上市股份公司股份的公开转让；为非上市股份公司融资、并购等相关业务提供服务；为市场参与人提供信息、技术和培训服务。

设立全国中小企业股份转让系统是加快我国多层次资本市场建设发展的重要举措。

1.3 新三板的特点

新三板有别于股票市场，让那些暂时不能达到上市标准，但是有发展潜力、符合国家产业政策的高新技术中小企业能够在这个市场上流通股份，实现融资。

1.3.1 挂牌门槛低

自 2013 年 1 月 16 日新三板揭牌以来，其低门槛是中国资本市场的里程碑式进步。按照规定，满足“依法设立且存续满两年；业务明确，具有持续经营能力；公司治理机制健全，合法规范经营；股权明晰，股票发行和转让行为合法合规；主办券商推荐并持续督导”五项基本条件后，企业即可在新三板挂牌。

目前进入新三板市场的都是国家级高新技术园的非上市股份有限公司，并且需要满足成立两年、由主办券商推荐挂牌、主营业务突出、具有持续经营能力等条件。这些进入条件相对在主板上市而言要宽松得多，并且无实质性财务指标要求。

众所周知，财务指标是上市的硬指标，许多企业为了上市不惜包装冲关上市。新三板则没有设定刚性的财务指标，更为关注企业的创新性和成长性。

另外，新三板具有高度的弹性，其挂牌标准多为定性的条件，例如创业板要求严格的主营业务、管理层、实际控制人不变原则。而新三板就非常灵活，只要证明变化对企业发展有利，就不构成挂牌障碍。除了重大违法违规行为，新三板允许暂时存在一定问题的企业挂牌，更看重挂牌后的自我发展和券商督导下的规范。

1.3.2　低成本融资平台

新三板的低成本融资平台向企业敞开了融资大门。据了解，根据中小微企业的多元需求，新三板市场提供灵活多元的融资制度安排，支持企业股权、债权、优先股等融资工具。股权融资方面，不设财务指标要求，实行备案管理，发行完全由市场投、融资双方自主决定。

日前中国证监会研究部署了贯彻落实国务院关于多措并举缓解企业融资成本高问题意见的具体措施，其一就是要扩大公司债券发行主体范围，丰富债券发行方式，在全国中小企业股份转让系统挂牌上市的公司将被允许发行中小企业私募债，新三板为中小企业融资的作用将会更加突出。

1.3.3 转板预期

转板预期让新三板充满魅力。2014 年以来，监管层已经多次表态有意推动我国多层次资本市场之间的衔接。中国证监会新闻发言人于 2014 年 5 月 30 日明确表态，正在研究在创业板建立单独层次，支持尚未盈利的互联网和高新技术企业在新三板挂牌一年后到创业板上市。2014 年 9 月 12 日再次表示，中国证监会积极支持符合条件的创新型企业在境内发行上市。对于允许尚未盈利的互联网和科技创新企业在新三板挂牌一年后到创业板发行上市问题，中国证监会正抓紧研究，力争尽快推出，涉及部门规章修订的，依法定程序进行。

中小企业在新三板顺利挂牌后，在规范治理结构、完善资本结构、提高公司信用等级、促进企业转型升级等方面都将提升很大的等级。而企业通过完善公司治理和信息披露，也有助于提升企业信息透明度和股权估值，有助于获得更高的银行授信。

1.3.4 投资者限制

目前能够在新三板市场交易的主要是机构投资者，包括法人、信托合伙企业等，一般的自然人还不能参加，一些特别自然人通过定向增资或股权激励持有公司股份的自然人股东，可以买卖其股份公司的股份，但不能参与其他挂牌公司股份的买卖。

另外，新三板在交易规则和制度方面也有创新，例如 3 万股的最低交易额制度要求、股份分类现售制度等。而随着新三板的成熟，做市商制度、转板制度等，也都将纳入新三板的规则之中。

1.4　目前我国新三板的发展情况

截至 2015 年 6 月 30 日，新三板挂牌公司已达到 2 637 家。可见，新三板市场的发展方向是符合市场需要的，新三板市场机制的构建，比如做市商制度，甚至马上推出的集合竞价方式，都是完善新三板市场入市制度、交易制度的具体措施。但是市场的发展及成熟有其自身的逻辑性，未来还有很长的路要走。

新三板虽受到市场很多期许，但多数投资者仍处于观望状态，每日交易的股票只数占整个新三板市场的百分数个位，因此新三板市场整体不活跃。中小企业作为融资需求方，积极性高涨，但普通投资者及机构投资者作为融资供给方，受困于现有的新三板交易制度和市场风险，积极性低迷，所以融资供求不匹配，整个市场融资效率仍然较低，遑论上文提及的中小企业的受益问题。

1.4.1　挂牌企业增长数量较快

在 2011 年以前，新三板挂牌数量不足百家，市场参与热情并不高。2012 年 4 月，中国证监会明确提出“将加快推进新三板建设”以后，新三板才逐渐走上资本市场的大舞台，不仅挂牌数量迅速提升，来自政府部门、金融机构、中小企业的多方力量也开始积极参与推动新三板的建设。

在新三板结束试点正式揭牌运行的 2013 年，共有 156 家企业亮相新三板。而在全国扩容政策实施不足 2 个月的 2014 年里，挂牌数量就已接近 300 家，股份代码也已排到了 430658（舜网传媒）。也就是说，除去已经成功转板至主板/创业板并停止新三板挂牌的 9 家公司，截至 2015 年 6 月底，共有 2 637 家企业在新三板挂牌。

同时，从监管层对新三板的期待和设立初衷来看，新三板服务于创新、创业、成长型中小企业，是未来资本市场的基石，无疑，这里将诞生一大批优秀的、伟大的公司。

除了挂牌数量上的剧增，可以预计的是，新三板的挂牌企业质量、交易制度、融资方式、市场角色均给整个资本体系建设带来了新的期待。

1.4.2 挂牌企业股本规模较小

新三板挂牌的企业注册资本大都在500万元到2亿元不等，较大型的企业注册资本在 10 亿元以上。短期内，新三板更多还是服务于中小型、成长期的企业，这些企业的融资需求或者是成为一家公众公司谋求更大发展机遇的诉求较大，它们且具备一定的盈利能力，甚至未来 3～5 年有首次公开募股（Initial Public Offerings，IPO）IPO 计划，这与目前市场对新三板的普遍期待比较契合。

但从长远来看，一些致力于开拓战略新兴产业的创业期、中小微企业，即使暂时亏损或规模不大，鉴于行业前景明朗、市场增值空间大等因素，都极有可能成为新三板的目标公司，以及 PE&VC 的投资标的。而且，一旦新三板真正成为中国的“纳斯达克”，那么，这部分中小微企业才是新三板真正的发展动力所在。

1.4.3 挂牌企业的行业限制较少

据统计，目前挂牌新三板的公司，高新技术企业占比超过 75%，广泛分布于高端制造业，信息传输、软件和信息技术服务业，文化、体育和娱乐业，科学研究和技术服务业等领域。

为了进一步明确新三板挂牌公司的行业分布情况，我们就截至 2015 年 6 月底的 2 637 家新三板公司进行统计，发现制造业企业达到 1 612 家，占比超过 60%；其次是信息传输、软件和信息技术服务业，有 548 家，占比 20%。此外，来自科学研究和技术服务业，文化、体育和娱乐业，建筑业，农、林、牧、渔业，计算机，采矿业，租赁和商务服务业等行业的企业也不在少数。

在新三板超过半数的制造企业中，初步统计发现，来自医药制造、电子信息制造、特种设备制造、工业自动化等新兴成长型领域的企业也占据半数以上，这与新三板服务于创业、创新、成长型企业的目标不谋而合。

不过，在 2014 年全国扩容以后，新三板也出现了一些新的行业，比如以湘财证券、财安金融为代表的金融业；以海格物流为代表的交通运输、仓储和邮政业；以远大股份为代表的教育业。这些行业此前并不在新三板的挂牌范畴，但随着扩容新政的实施，不仅区域限制淡化了，连行业属性也逐渐放开，这进一步表明新三板服务于中小微企业的决心。

1.4.4 挂牌企业再融资较便利

目前，挂牌企业还能通过新三板实现股份转让、定向增资。2015 年 6 月，新三板的平均市盈率约为 30 倍，平均融资金额在 5 000 万元左右，优秀企业的融资金额可以达到数亿元。

据统计，2006—2010 年，处于培育阶段的新三板 5 年间仅有 16 笔再融资。2011 年融资情况开始改善，当年度融资笔数达到 10 笔，且平均募资额突破 6 000 万元。2012 年新三板定向融资达 24 笔，平均募资额达到 3 560 万元，平均市盈率为 20 倍。2013 年，新三板挂牌公司定向增发融资 60 次，融资总额达 10.02 亿元。而进入 2014 年以来，新三板交易异常活跃，全年完成

329 次定向增资，合计发行股份 26.5 亿股，融资金额达 132 亿元。2015 年这一势头继续保持，截至 6 月末，已完成 742 次定向增发，融资金额高达 317 亿元，已超过 2014 年全年融资额的一倍。

截至 2015 年 6 月末，新三板史上募集资金总额、单笔募资总额最多的企业是中科招商。2015 年 5 月 15 日，该公司通过定向发行股份 2.8 亿股，募集资金 50 亿元。额度之大，不仅创下迄今为止新三板的单笔定增募资之最，也直逼创业板/中小板 IPO 的融资水平，一改外界对新三板“交易不活跃”的刻板印象。

同时，随着参与新三板交易的投资机构和优质公司越来越多，整个新三板市场的活跃度被迅速提升，融资额、市盈率、发行价等纪录正在被新的企业不断刷新。

科技型中小企业融资难一直是企业发展的瓶颈，受限于资产规模、盈利能力等硬性条件，其进入主板市场直接融资困难重重，而新三板市场相对宽松的进入门槛，很适合成长型中小型高新技术企业，让其提前接触资本市场。

同时，新三板市场的价值发现功能必将吸引风险投资机构及私募基金的关注。2006 年 10 月，中科软和北京时代在新三板挂牌半年后公布了定向增资的结果，成为通过定向增发而实现直接融资的首批企业；九恒星公司定向增资 450 万股，收购深圳思凯公司 100%的股份；凯英信业公司通过定向增资 1 250 万股，收购北京中电亿商公司 100%的股权，以定向增资为手段进行并购扩张，实现快速发展和做大做强。

总之，新三板已逐步成为科技型非上市股份公司的股权流转平台，创业投资和股权私募基金的聚集中心。

1.4.5　转板制度有待完善

新三板已经有 8 家企业成功转板到中小板或创业板。股东大会通过转板议案的有 10 家企业，股票发行审核委员会（以下简称“发审委”）正式受理的有 3 家，主动撤回申请文件的有 3 家，发审未通过重新启动转板程序的有 2 家。

据统计，截至 2014 年年底，包括安控科技在内，相继有 9 家新三板挂牌公司成功转板至主板或创业板，包括世纪瑞尔、北陆药业、久其软件、博晖创新、华宇软件、佳讯飞鸿、东土科技、粤传媒，它们通过 IPO 合计募集资金 44.17 亿元。

遗憾的是，上述 9 家转板企业并未实现真正意义上的转板，均是采用旧时的转板操作套路，即中国证监会接受上市申请之后，先在股转系统暂停交易，待正式获得中国证监会新股发行核准之后，再从股转系统摘牌。

未来，真正意义上的转板，是越过 IPO 的程序，不做公开发行这个环节，直接转到 A 股上市。市场普遍认为，目前，不通过公开发行，只要通过中国证监会公开转让股份的审核就可以进入 A 股，已经没有法律障碍，但是最终要如何走还要看监管部门的政策安排。

在目前 A 股的 IPO 候审队列中，已经潜伏了多家新三板挂牌公司，包括合纵科技、海鑫科金、康斯特、双杰科技。同时，正在新三板挂牌的多家公司已有不少家透露出转板计划，包括现代农装、大地股份、金和软件、盖特佳、中科软、绿创环保等。未来，新三板将培育一大批优秀的拟上市公司，成为公众投资者青睐的投资首选标的。

借鉴国外成熟的多层次资本市场体系，在我国新三板市场与创业板、中小板市场之间逐步设计一整套升降转板机制，成为多层次资本市场中的衔接桥梁。通过升板机制，新三板市场为创业板或主板市场提供庞大的待上市企业，初创期高新企业进入新三板后可以转板至创业板，甚至中小板；而降板机制通过优胜劣汰的选择，则可保证创业板、中小板市场上市公司的整体质量，同时促进上市科技型企业不断自我完善和改进。

从国际上看，美国形成了从主板市场、创业板市场到三板市场多层次资本市场之间的有序流通，越往底层企业数量就越多，形成互通金字塔结构，很大程度得益于其完善的升降转板机制，由市场实现优胜劣汰，决定企业升降与否。

目前，我国新三板市场挂牌企业晋级创业板或主板市场的直接绿色通道还未成形，新三板挂牌企业达到了创业板、中小板上市标准时，必须遵循主板和创业板的市场准入规则，需要先退市，再重新向中国证监会申请 IPO。

这种机制的弊端主要体现在转板非常耗时和企业费用成本增加两个方面，极大地限制了科技型中小企业向更高层次资本市场有序流动。这也是导致新三板市场流动性差的又一根源。

1.4.6 市场规模小，流动性差

新三板市场总体交易规模偏小，交投不活跃，经常性的零成交，甚至某些挂牌公司可能会出现长期无成交的现象，市场处于清淡状态。新三板挂牌公司数量虽然逐渐增多，但流动性仍显不足。

新三板做市商制度从 2014 年 8 月 25 日上线，截至 2015 年 6 月底，做市企业从做市首日的 43 家已经增加到 522 家，做市商也从 42 家增加到 78 家。

不难发现，做市业务实施以来，整个新三板的流动性得到明显提升，尤其是做市交易个股日趋活跃，已经涌现出一批质量不错的明星股。但是，离

开了规模化，这种事件型驱动方式想要保持新三板市场的活跃度是不具有可持续性的，随着市场情绪的稀释，做市商制度对于新三板市场交易的影响经过波澜壮阔的阶段后将归于平淡。

要解决流动性的问题，首先要解决的是市场参与者的信心问题。目前，风投机构对新三板市场仍然比较谨慎，原因在于市场运行机制的不明朗，这种不明朗带来的系统性风险，将反过来使投资者望而却步。因此，对于新三板市场运行机制的完善势在必行。

第 2 章

新三板挂牌的条件与流程

2.1　新三板挂牌的法定条件

根据《全国中小企业股份转让系统业务规则（试行）》第 2.1 条规定，股份有限公司申请股票在全国股份转让系统挂牌，不受股东所有制性质的限制，不限于高新技术企业，应当符合下列条件：

（1）依法设立且存续满两年。有限责任公司按原账面净资产值折股整体变更为股份有限公司的，存续时间可以从有限责任公司成立之日起计算。

（2）业务明确，具有持续经营能力。

（3）公司治理机制健全，合法规范经营。

（4）股权明晰，股票发行和转让行为合法合规。

（5）主办券商推荐并持续督导。

（6）全国中小企业股份转让系统有限责任公司要求的其他条件。

《国务院关于全国中小企业股份转让系统有关问题的决定》规定：申请挂牌的公司应当业务明确、产权清晰、依法规范经营、公司治理健全，可以尚未盈利。

2.2　新三板挂牌的具体要求

要求一：依法设立且存续满两年。有限责任公司按原账面净资产值折股整体变更为股份有限公司的，存续时间可以从有限责任公司成立之日起计算。

依法设立，是指公司依据《公司法》等法律、法规及规章的规定向公司登记机关申请登记，并已取得《企业法人营业执照》。申报挂牌时，要依法存续，经过年检程序。

（1）公司设立的主体、程序合法、合规。

① 国有企业需提供相应的国有资产监督管理机构或国务院、地方政府授权的其他部门、机构关于国有股权设置的批复文件。

② 外商投资企业须提供商务主管部门出具的设立批复文件。

③《公司法》修改（2006 年 1 月 1 日）前设立的股份公司，须取得国务院授权部门或者省级人民政府的批准文件。

国有股、外资股的设置必须由有权部门出具批复，券商、律师应确认出具批复的部门有权出具该类文件。

（2）公司股东的出资合法、合规，出资方式及比例应符合《公司法》相关规定。

① 以实物、知识产权、土地使用权等非货币财产出资的，应当评估作价，核实财产，明确权属，财产权转移手续办理完毕。

② 以国有资产出资的，应遵守有关国有资产评估的规定。

③ 公司注册资本缴足，不存在出资不实情形。

存续两年是指存续两个完整的会计年度，即 1 月 1 日起至 12 月 31 日止。有限责任公司按原账面净资产值折股整体变更为股份有限公司的，存续时间可以从有限责任公司成立之日起计算。

整体变更不应改变历史成本计价原则，不应根据资产评估结果进行账务调整，应以改制基准日经审计的净资产额为依据折合为股份有限公司股本。

申报财务报表最近一期截止日不得早于改制基准日。

特别提示：若以评估值进行调账，则业绩不能连续计算，只能从改制基准日起算两个完整的会计年度。

要求二：业务明确，具有持续经营能力。

关于本条，《证券公司代办股份转让系统中关村科技园区非上市股份有限公司股份报价转让试点办法（暂行）》（已废止）中规定是主营业务突出。主营业务突出与业务明确相比，应该说旧的规则对公司提出了更高的要求，但在股转系统新挂牌规则的修订过程中，把此标准相对降低了。

（1）业务明确，是指公司能够明确、具体地阐述其经营的业务、产品或服务、用途及其商业模式等信息。

① 公司可同时经营一种或多种业务，每种业务应具有相应的关键资源要素，该要素组成应具有投入、处理和产出能力，能够与商业合同、收入或成本费用等相匹配。

② 公司业务如需主管部门审批，应取得相应的资质、许可或特许经营权等。

③ 公司业务须遵守法律、行政法规和规章的规定，符合国家产业政策及环保、质量、安全等要求。

（2）持续经营能力，是指公司基于报告期内的生产经营状况，在可预见的将来，有能力按照既定目标持续经营下去。

① 公司业务在报告期内应有持续的营运记录，不应仅存在偶发性交易或事项。营运记录包括现金流量、营业收入、交易客户、研发费用支出等。如企业只有偶发性交易事项则不适合挂牌。收入确认是审核重点。

② 公司应按照《企业会计准则》的规定编制并披露报告期内的财务报表，公司不存在《中国注册会计师审计准则第 1324 号——持续经营》中列举的影响其持续经营能力的相关事项，并由具有证券期货相关业务资格的会计师事务所出具标准无保留意见的审计报告。

③ 公司不存在依据《公司法》第一百八十一条规定解散的情形，或法院依法受理重整、和解或者破产申请。

要求三：公司治理机制健全，合法规范经营。

（1）公司治理机制健全，是指公司按规定建立股东大会、董事会、监事会和高级管理层（以下简称“三会一层”）组成的公司治理架构，制定相应的公司治理制度，并能证明有效运行，保护股东权益。

（2）合法规范经营，是指公司及其控股股东、实际控制人、董事、监事、高级管理人员须依法开展经营活动，经营行为合法、合规，不存在重大违法违规行为。

① 开展业务需主管部门许可的，应取得这类许可或资质。

② 企业申请挂牌前 36 个月不能有违法发行股份的情况。

③ 公司的重大违法违规行为是指公司最近 24 个月内因违反国家法律、行政法规、规章的行为，受到刑事处罚或适用重大违法违规情形的行政处罚（以券商和律师的认定为主）。

④ 控股股东、实际控制人合法合规，最近 24 个月内不存在涉及以下情形的重大违法违规行为：控股股东、实际控制人受到刑事处罚；受到与公司规范经营相关的行政处罚，且情节严重（情节严重的界定参照前述规定）；涉嫌犯罪被司法机关立案侦查，尚未有明确结论意见。

总的原则是：不强制要求企业在申报时提供环保、质检、安监等官方证明或核查文件，但需要企业日常经营应符合相关法律法规的要求，并做好相关信息披露工作。

⑤ 现任董事、监事和高级管理人员应具备和遵守《公司法》规定的任职资格和义务，不应存在最近 24 个月内受到中国证监会行政处罚或者被采取证券市场禁入措施的情形。

⑥ 控股股东和实际控制人近 2 年不能违法。对于实际控制人变更可以有条件接受，前提是变更不影响公司业务稳定和持续经营能力。

公司报告期内不应存在股东包括控股股东、实际控制人及其关联方占用公司资金、资产或其他资源的情形。实际控制人占用公司资金的必须归还，资金占用的视具体情况进行整改或提出改进措施，但应披露信息。

公司应设有独立财务部门进行独立的财务会计核算，相关会计政策能如实反映企业财务状况、经营成果和现金流量。大额或账龄较长的备用金应专门说明，且要求企业有专门的管理制度。

对于 IPO 的企业来讲，同业竞争是红线，不能碰；关联交易是黄线，要规范。对新三板挂牌的企业当然不能像上市公司一样严苛要求，但公司和控股股东、实际控制人之间尽量不要有同业竞争。如果有相同或相竞争的业务，就要剥离、停止、规范。另外，显失公平的关联交易要尽量规范和避免。但对于同业竞争和显失公平的关联交易的界定，新三板的尺度要比 IPO 企业放得更宽，同业竞争不搞一刀切，分具体情况，尽量整改或提出整改措施，如实在难以解决的就如实披露，并在后续持续督导过程中关注。

要求四：股权明晰，股票发行和转让行为合法合规。

（1）股权明晰，是指公司的股权结构清晰，权属分明，真实确定，合法合规，股东特别是控股股东、实际控制人及其关联股东或实际支配的股东持有公司的股份不存在权属争议或潜在纠纷。

① 公司的股东之间或者股东与非股东之间不存在股权纠纷，包括股东权纠纷、股权转让纠纷。

② 申请挂牌前存在国有股权转让的情形，应遵守国资管理规定。

③ 申请挂牌前外商投资企业的股权转让应遵守商务部门的规定。

案例索引

现实当中比较常见的问题是股份代持现象。例如，张三和李四分别出资40万元和60万元成立A公司，但张三最高学历是初中毕业，为了使A公司对外树立高科技企业形象，张三借用他的表弟王五理科博士的学历背景，在工商登记材料上将A公司的40万元出资登记在王五名下，另外60万元登记在李四名下，张三的股东身份在工商登记材料上没有记载。这样王五实际上是代替张三持有A公司40万元出资。如果出现A公司这种股份代持现象，就会被认定为股权结构不清晰、权属不分明，需要在申请挂牌之前消除股份代持现象。

（2）股票发行和转让合法合规，是指公司的股票发行和转让依法履行必要的内部决议、外部审批（如有）程序，股票转让须符合限售的规定。

① 公司股票发行和转让行为合法合规，不存在下列情形：最近36个月内未经法定机关核准，擅自公开或者变相公开发行过证券；违法行为虽然发生在36个月前，目前仍处于持续状态，但《非上市公众公司监督管理办法》实施前形成的股东超200人的股份有限公司经中国证监会确认的除外。

② 公司股票限售安排应符合《公司法》和《全国中小企业股份转让系统业务规则（试行）》的有关规定：在区域股权市场及其他交易市场进行权益转让的公司，申请股票在全国股份转让系统挂牌前的发行和转让等行为应合法合规；企业在区域市场挂牌的，申请新三板应停牌，新三板可以挂牌的

区域市场应摘牌；公司的控股子公司或纳入合并报表的其他企业的发行和转让行为需符合本指引的规定。

要求五：主办券商推荐并持续督导。

新的挂牌规则将中介机构的作用提到一个非常高的位置上，包括：若一定期限内无主办券商为挂牌公司持续督导，则将会作出终止挂牌的处理。

（1）公司须经主办券商推荐，双方签署了《推荐挂牌并持续督导协议》。

（2）主办券商应完成尽职调查和内核程序，对公司是否符合挂牌条件发表独立意见，并出具推荐报告。

主办券商内核机构根据项目小组的申请召开内核会议。每次会议须七名以上内核机构成员出席，其中律师、注册会计师和行业专家至少各一名。内核会议应对是否同意推荐申请挂牌公司股票挂牌进行表决。表决应采取记名投票方式，每人一票，2/3 以上赞成且指定注册会计师、律师和行业专家均为赞成票为通过。主办券商应根据内核意见，决定是否向全国中小企业股份转让系统有限责任公司推荐申请挂牌公司股票挂牌。决定推荐的，应出具推荐报告。

2.3　挂牌中重点关注的法律问题及解决方案

2.3.1　主体资格问题

设立程序合法合规：即拟申请挂牌企业在最初设立及后期改制为股份有限公司时要注意严格按照《公司法》、《公司登记管理条例》等相关法律法规的规定进行，履行必要的验资、资产评估、审计等法律法规及规范性文件规定的法定程序。

案例索引

光电高斯（430251）《审查反馈意见通知书》重点问题：请公司确认公司设立及改制时，第二大股东光电集团所持公司股份是否须履行相关国资备案程序，如需要，请补充提供相关国有股权设置批复文件；关于其程序完备、合法性，请主办券商及律师核查并发表意见。

律师对公司的设立及改制过程进行了详细说明，并就光电集团对上述程序所履行的相关程序、决议、书面文件进行了核查，并与《企业国有资产法》、《公司法》的相关规定进行逐一论证，证明其程序完备、合法有效。

2.3.2 股东要求

即要求公司的股东不存在相关法律法规规定不得或限制成为企业股东的情形，如公务员、国有企业领导人员、证券公司从业人员、职工持股会和工会、事业单位（大学、研究所）、县以上妇联、共青团、文联及各种协会、基金会、会计师事务所、审计事务所、资产评估机构、律师事务所、外商投资性公司或者个人。

案例索引

【随视传媒（430240）】反馈意见一：公司存在境外公司或个人通过境内公司间接持有公司股权的情况，公司业务领域是否存在属于限制外商投资或再投资的情形。

顾问律师对公司间接持有公司股权的境外公司或个人进行了详细说明，并就公司的业务领域与《外商投资产业指导目录（2011年修订）》进行逐一比对，详细论证了外资股东投资该公司不属于限制投资或再投资的业务领域。

【网动科技（430224）】有外籍股东未申请设立外商投资企业：公司设立时股东马滨系澳大利亚国籍，后进行规范，马滨退出，工商部门出具说明，股东出具承诺。

【捷虹股份（430295）】关于职工持股会的形成、演变及退出过程。

顾问律师对捷虹股份职工持股会的形成、演变、退出过程进行了详细说明，并就退出过程是否存在纠纷或潜在纠纷出具结论性意见，认为持股会是特定历史过程的产物，符合当时的法律法规及相关政策规定，其演变及退出过程合法有效。公司符合《全国中小企业股份转让系统业务规则（试行）》第二章第 2.1 条第（四）款股权明晰、股份发行转让合法合规的挂牌条件。

对于中捷农场设立捷虹股份前身的国有资产出资的来源及国有股权退出的相关程序，顾问律师对中捷农场的历史、公司历史上的两次增资和国有股权退出的详细情况进行了说明，并就上述程序是否符合《企业国有资产监督管理暂行条例》进行了论证，认为沧州市国资委对辖区内的国有资产管理和转让相关事宜进行确认，其主体是适格的。

2.3.3　出资方式合法合规

即公司股东出资方式、程序、比例均符合《公司法》等相关法律法规的规定，履行了必要的程序。出资方面的问题主要体现在无形资产出资上。企业历史上验资报告如果没有，则要提供银行进账单。

1. 关于无形资产出资的规定

股东用于出资的资产可以是货币，也可以是实物、知识产权、土地使用权等可以用货币估价并可以依法转让的非货币财产。对作为出资的非货币财产应当评估作价，核实财产，不得高估或者低估作价；现金出资比例不得低于注册资本的 30%。

2. 关于无形资产出资的现状

高新技术企业以无形资产出资的情形大量存在，相当部分企业存在无形资产出资不实的情况。无形资产出资方式在科技型企业中非常常见，因为大多数科技型企业都由专业技术人员创办，设立时普遍会采用技术出资的方式。

目前存在的主要问题有：公司设立时，如股东使用在原单位任职期间形成的技术作为出资，而该项技术出资与原单位之间存在权属纠纷；公司设立后增资时使用公司享有权利的技术作为股东增资，属于出资不实；高估无形资产价值，即评估出资的无形资产价值明显过高；用于出资的无形资产对公司经营没有任何价值。

案例索引

【和隆优化（430290）】重点问题：（1）2004 年 8 月有限公司成立时，股东于现军以非专利技术"高炉热风炉全自动化燃烧控制"出资，评估值为 506 万元；（2）截至公司改制时，上述无形资产虽已摊销完毕，但若存在出资不实情形，相关摊销金额将影响累计未分配利润，进而影响改制时点净资产的真实性和充实性。

顾问律师详细说明了于现军以非专利技术"高炉热风炉全自动化燃烧控制"出资和隆优化有限公司时经过了有资质的评估机构进行评估，评估价值取得了公司届时全体股东的确认，并依法办理了财产转移登记手续，出资程序符合当时主管部门规范性文件的相关规定，合法有效。

同时依据最高法的司法解释对如果公司股东以符合法定条件的非货币财产出资，即使在出资后存在贬值的客观情况，只要该贬值是因为市场变化或其他客观因素导致的，也不应认定股东出资不实，股东不承担补足出资的责任。

根据于现军向本所律师提供的说明，其用于出资的“高炉热风炉全自动化燃烧控制”未能实现预期的价值是由于市场变化等不可控制的客观原因造成的，并不存在出资时的出资评估价值过高的问题。

2.3.4　无形资产出资问题的解决

出资不实是企业上市过程中的硬伤，在挂牌和上市前必须采取相应的措施予以规范解决。对于挂牌新三板而言，解决出资不实的主要措施有以下几种。

（1）无形资产出资比例过高的问题。有些企业可能在设立当时或是增资过程中使用无形资产出资的比例过高，不符合法律规定，那么在实际处理时，若无形资产的比例已经低于规定比例，则只需要出具书面材料向监管部门说明；在有可能的情况下，还要由推荐挂牌的保荐机构或律师事务所出具专业意见，说明该出资不实的情况对企业的资本无影响，不影响后续股东的利益，而且该无形资产对企业的发展贡献巨大。这样监管部门一般都会认可，不会成为挂牌障碍。

（2）无形资产的权利瑕疵问题。如果企业在设立时用以出资的无形资产该股东并没有权利处分，但在企业设立以后，该股东拿到了其所有权或使用权，那么，只要在企业申请挂牌前，将该无形资产的权利转移给企业，且由有关验资机构出具补充验资报告，就不会对企业申请上新三板挂牌交易造成实质性影响。

（3）无形资产评估问题。如果企业设立时对出资的无形资产未作评估，或评估价格不实，那么通常采用的做法是重新由专业评估机构对无形资产进行评估，对于评估低于出资的部分，由责任股东以货币形式予以补足；对于评估高于出资的部分，则归公司所有。为避免日后出现纠纷，无责任股东还要同时出具免责说明书，表示不再追究出资瑕疵或出资不实的股东的责任。

（4）出资不实问题。一般通过补足出资的方式处理，补足出资后即可挂牌；也可进行减资。但是对于申请上市的企业而言，补足出资后，还要根据出资不实的部分占注册资本的比例规范运行相应的时间。

（5）出资不当问题。可采用出资置换的方式用现金置换相应的不当出资。

类似案例还有奥尔斯（430248）、今日创（430247）、联动设计（人力资源、管理资源出资，430266）等。

2.3.5 股份代持问题

股权代持又称委托持股、隐名投资或假名出资，是指实际出资人与他人约定，以该他人名义代实际出资人履行股东权利义务的一种股权或股份处置方式。在此种情况下，实际出资人与名义出资人之间往往仅通过一纸协议确定存在代为持有股权或股份的事实。

目前，对于公司上市时存在的股份代持，中国证监会的态度是明确的，即不允许存在代持。之所以禁止代持，一是因为《首次公开发行股票并上市管理办法》中规定：发行人的股权清晰，控股股东和受控股股东、实际控制人支配的股东持有的发行人股份不存在重大权属纠纷，如存在代持，将有可能导致股权不清，容易发生纷争，导致公司不稳定；二是代持将有可能使公司股东超过 200 人；三是代持可能隐藏违法犯罪行为，可能产生腐败。

为此，中国证监会官员明确表态：员工持股进行代持的，除了有特殊政策，否则不被允许上市。特殊政策当时一方面指股份制试点初期，如全聚德等进行定向募集的公司，披露清晰，能拿到有关批文；另一方面指中国平安等因股权结构拿到特批的员工持股案例，其他情况均需在上市前进行清理。

特别提示：2011 年发布的公司法司法解释三正式承认了实际出资人的权利。

案例索引

【神州云动（430262）】2008 年 9 月 4 日有限公司设立时名义股东杨清利的全部 4 万元出资及 2010 年 1 月 20 日公司增加注册资本时杨清利认缴的 90 万元新增注册资本均为受孙满弟委托而出资。杨清利系孙满弟岳父。2012 年 2 月 8 日，名义股东杨清利将其所持有限公司所有股权转让给孙满弟，恢复了孙满弟真实股东身份，股权代持关系解除。

上市前对于发现的代持，解决的思路如下：

一是让企业进行整改，让实际出资人复位。整改时，很多保荐机构会让实际出资人和名义出资人到公证处办理公证，必要时要录音、录像，让名义出资人、实际出资人出具承诺，承诺代持问题已经完全解决，如果日后再出现问题，由名义出资人和实际出资人个人承担问题，与企业和保荐机构无关；有时还会要求企业实际控制人也出具承诺，承诺代持问题已经完全解决，如以后出现问题，由实际控制人承担责任。最后，由保荐机构出具整改意见。保荐人需将上述材料置于申报材料当中，并在招股书中引用和说明。

二是股份转让，让代持人或其他具有出资资格的人成为相应股份的所有权人。

三是请求司法确权。根据这一司法解释，对于可能产生争议的代持，可提前通过法院判决的方式在上市前就真实股东的身份予以确认。

《公司法》第五条规定：公司从事经营活动，必须遵守法律、行政法规，遵守社会公德、商业道德，诚实守信，接受政府和社会公众的监督，承担社会责任。即公司不得存在以下情形。

（1）行政处罚：是指经济管理部门对涉及公司经营活动的违法违规行为给予的行政处罚。

（2）重大违法违规情形：是指凡被行政处罚的实施机关给予没收违法所得、没收非法财物以上行政处罚的行为，属于重大违法违规情形，但处罚机关依法认定不属于的除外；被行政处罚的实施机关给予罚款的行为，除主办券商和律师能依法合理说明或处罚机关认定该行为不属于重大违法违规行为的，都视为重大违法违规情形。

（3）公司最近 24 个月内不存在涉嫌犯罪被司法机关立案侦查，尚未有明确结论意见的情形。

（4）企业申请挂牌前 36 个月不能有违法发行股份的情况。

案例索引 1

【连能环保（430278）】反馈问题：请主办券商和律师补充核查公司生产经营是否符合环境保护的要求。

龙能自动化尚未按照法规的要求办理环评，但其目前所实施的项目内容、项目性质、规模、项目采用的生产工艺或者防治污染、防止生态破坏的措施与连亮自动化环评批复中的内容基本相似，且未出现对周边环境污染情况。

龙能自动化出具了《关于及时办理环评手续的承诺》，承诺尽快办理环评手续。公司实际控制人出具了《关于公司上海市捷华环评事项的说明》，承诺督促龙能自动化、连亮自动化及时办理完毕环评手续。

若连能环保科技及其下属公司因上述事项而遭受任何罚款、违约赔偿金及其他经济损失时，由本人负责赔偿连能环保科技及其下属公司的全部经济损失。

最近两年，股份公司、子公司连能机电科技、子公司龙能自动化及其控股子公司连亮自动化没有受到有关环保方面的行政处罚。

律师认为，子公司龙能自动化尚未办理环评手续、龙能自动化控股子公司连亮自动化已经取得环评批复但未办理完毕环评竣工验收手续，存在瑕疵。但最近两年，股份公司、子公司连能机电科技、子公司龙能自动化及其控股子公司连亮自动化没有受到有关环保方面的行政处罚。同时，连亮自动化已经在积极办理环评手续中，预计于 2013 年内完成验收。

龙能自动化出具了《关于及时办理环评手续的承诺》，承诺尽快办理环评手续。公司实际控制人出具了《关于公司上海市捷华环评事项的说明》，承诺督促龙能自动化、连亮自动化及时办理完毕环评手续。

若连能环保科技及其下属公司因上述事项而遭受任何罚款、违约赔偿金及其他经济损失时，由本人负责赔偿连能环保科技及其下属公司的全部经济损失。

因此，上述问题不会对公司本次挂牌构成实质性障碍。

案例索引 2

【捷虹股份（430295）】反馈问题：关于公司是否需要取得工业产品生产许可证、环保、安全生产方面的情况。

顾问律师对公司是否取得经营范围内所必需的行政许可、行业许可证书等进行了详细说明，并就公司取得相关证书的时间、许可范围、许可证书有效期间予以图标列示。

案例索引 3

【随视传媒（430240）】反馈意见二：公司通过互联网采集相关数据的行为是否符合现有法律、法规针对互联网用户个人信息保护的相关规定；未来公司运营是否会受到对互联网用户个人信息保护法律、法规变化的影响。

顾问律师认为公司的业务领域主要为互联网广告数字营销和技术服务，

公司不属于《规范互联网信息服务市场秩序若干规定》提及的互联网信息服务提供者，因此前述规定并不能直接适用于公司。

另外，公司通过互联网采集的数据主要由互联网信息服务提供商提供或公司经互联网信息服务提供商同意主动收集，为数据的间接收集和使用方，直接的数据收集方和记录方为互联网信息服务提供商，其应当遵守《规范互联网信息服务市场秩序若干规定》关于个人信息收集的相关规定。

公司目前收集的用户数据，并未涉及个人敏感信息，且为批量分析使用，不针对某特定主体，也不会指向某特定主体。

综上所述，律师认为，公司通过互联网采集相关数据的行为符合现有法律、法规对互联网用户个人信息保护的相关规定。

案例索引 4

【倚天股份（430301）】重点问题 2：2012 年 11 月 25 日，公司因在未办理营业执照的情况下，擅自从事云母带生产活动，收到霸州市工商行政管理局行政告诫书。公司于 2013 年 2 月取得设立霸州分公司的《营业执照》。请律师对上述事项核查并对公司的生产经营是否合法合规发表明确意见。

回复称：由于有限公司设立初期内部治理不规范，管理人员对相关规章制度不了解，认为霸州工厂只是生产基地没有销售经营活动，因此在未办理分公司工商登记的情况下进行了生产活动。

2013 年 3 月 15 日，霸州分公司取得霸州市工商行政管理局出具的《证明》，除 2012 年 11 月 25 日收到行政告诫书外，无其他因违反工商行政管理法律法规受到处罚的记录。并认为行政告诫书系行政管理机关对违反行政管理法律、法规、规章的轻微违法行为或不宜直接作出行政处罚的违法行为，督促当事人改正而作出的行政训诫或建议，公司收到行政训诫不属于重大违法违规，并且公司在规定期限内完成工商备案手续。

截至本补充法律意见书出具之日，不存在重大违法违规，对公司本次挂牌不构成障碍。

2.4　公司规范运行问题

申请挂牌的公司在规范运行方面可能存在问题的情形如下。

（1）公司三会的有效运行问题：公司三会一层是否有效运行。

（2）董事、监事、高级管理人员的任职资格问题：资格瑕疵。

（3）行政处罚问题：是否存在重大违法违规行为。

（4）企业劳动人事问题：劳动合同的签订、五险一金的缴纳。

（5）公司各项制度是否健全，内部控制制度是否有效实施等相关问题。

2.4.1　关于三会的运行有效性

案例索引

【盛世光明（430267）】关于公司三会召开及职工监事履职情况。

律师在补充法律意见书中对公司三会运行情形及监事履职情况进行了详细说明，历次股东大会、董事会及监事会的召集和召开程序，出席会议人员的资格、召集人资格、会议议案的提出和审议及会议表决程序和表决结果等事宜，均符合《公司法》等法律、法规、规范性文件及《公司章程》的规定，会议内容合法、有效。

2.4.2 关于高级管理人员的任职资格

有下列情形之一的，不得出任公司、企业的高级管理人员：

（1）无民事行为能力或者限制民事行为能力。

（2）因贪污、贿赂、侵占财产、挪用财产或者破坏社会主义市场经济秩序，被判处刑罚，执行期满未逾五年，或者因犯罪被剥夺政治权利，执行期满未逾五年。

（3）担任破产清算的公司、企业的董事或者厂长、经理，对该公司、企业的破产负有个人责任的，自该公司、企业破产清算完结之日起未逾三年。

（4）担任因违法被吊销营业执照、责令关闭的公司、企业的法定代表人，并负有个人责任的，自该公司、企业被吊销营业执照之日起未逾三年。

（5）个人所负数额较大的债务到期未清偿。

（6）被中国证监会采取证券市场禁入措施尚在禁入期的。

（7）最近 36 个月内受到中国证监会行政处罚，或者最近 12 个月内受到证券交易所公开谴责。

（8）因涉嫌犯罪被司法机关立案侦查或者涉嫌违法违规被中国证监会立案调查，尚未有明确结论意见。

案例索引

【锐创信通（430285）】刘志春于 2000 年 6 月至 2003 年 10 月任海军工程设计研究局工程师。2003 年 12 月创办有限公司。请主办券商补充核查刘志春与原单位是否存在竞业禁止方面的约定，公司登记的软件著作权、使用的技术是否侵犯原单位权利，是否存在纠纷或潜在纠纷。请律师补充发表意见。

顾问律师对该问题进行详细核查，刘志春与海军工程设计研究局不存在竞业禁止方面的约定。2003 年 12 月刘志春创办北京锐创信通科技有限公司时，其与海军工程设计研究局不存在工作、人事、工资待遇等方面的关系。公司目前具有的软件著作权、使用的技术，不存在侵犯海军工程设计研究局等其他单位或个人的权利的情形，也不存在纠纷或潜在的法律风险。

【拓川股份（430219）】董事、高级管理人员亲属任公司监事。

公司董事刘柏荣为公司控股股东、董事长兼总经理刘柏青之弟；公司监事马小骥为董事兼副总经理马捷之子；公司监事刘绵贵为公司董事长兼总经理刘柏青之姐夫，为董事刘平之父。

为了保障公司权益和股东利益，确保监事及监事会有效履行职责，公司建立了相应的治理机制；《公司章程》明确规定了监事及监事会的职责、权利和违法违规处罚机制，同时公司制定了《监事会议事规则》、《关联交易管理办法》等制度，要求公司监事严格按照有关规定监督董事及高级管理人员的行为，并建立了关联监事回避表决机制。

2.4.3 关于是否存在重大违法违规行为

案例索引

【连能环保（430278）】税务罚款及滞纳金问题：上海市金山区国家税务局因公司丢失上海市 40K 收据 50 份的罚款 1 000 元，因数额较小，且公司已经实际缴纳，并未造成严重不利后果。对于公司因报税员未能及时报税而延期纳税，2011 年缴纳了滞纳金 885.38 元，2012 年缴纳了滞纳金 38 429.86 元。

公司在期限内补缴了税款、缴纳了滞纳金，并未受到行政处罚，也未造成其他严重不利后果。同时，公司出具了《关于税收滞纳金、税务罚款、支票罚款等情况说明及承诺》，承诺做好报税工作，严格按照法律法规的要求及时进行纳税，故均不属于重大违法违规行为。

银行罚款问题：公司在 2012 年期间，因账户内余额不足开具支票而被中国人民银行上海分行处认定为签发空头支票并依据《票据管理实施办法》第三十一条的规定“签发空头支票或者签发与其预留的签章不符的支票，不以骗取财物为目的的，由中国人民银行处以票面金额 5%但不低于 1 000 元的罚款；持票人有权要求出票人赔偿支票金额 2%的赔偿金”处以罚款 87 544.38 元。该处的银行罚款 87 544.38 元属于行政处罚。

律师认为，银行罚款系因公司资金紧张及因股份制改制后账户名称变更导致资金未能及时入账而致，并无骗取财物的目的，且公司已缴纳了罚款，并未造成严重不利后果，故上述处罚不属于重大违法违规行为。

【布雷尔利（430260）】2012 年 9 月，北京市工商局石景山分局出具京工商石处字（2012）第 208 号《行政处罚决定书》，认定公司利用互联网作引人误解的虚假宣传，属于不正当竞争行为，并作出责令停止违法行为，消除影响，并处以 50 000 元罚款的行政处罚。2013 年 4 月，北京市工商行政管理局出具证明文件，认定布雷尔利公司上述行为不构成重大违反工商行政管理法律、法规的行为。

请公司补充提供上述（2012）第 208 号《行政处罚决定书》及 2013 年 4 月北京市工商行政管理局出具的证明文件。请主办券商及律师对其是否构成挂牌障碍发表专业意见并在公开转让说明书中补充披露。

回复：公司收到《行政处罚决定书》后，立即删除了广告宣传网页上的相关信息，并按期缴纳了罚款。2013 年 4 月 15 日，北京市工商局出具文件，认定布雷尔利的上述行为不属于重大违反工商行政管理法律、法规的行为。

鉴于布雷尔利上述行为未造成严重后果，并积极进行整改，消除了不利影响，且北京市工商局对本次行政处罚已作出不属于重大违法行为的认定，本所律师认为，上述行政处罚不构成本次股票挂牌转让的法律障碍。

2.4.4　关于企业的劳动人事

（1）公司员工与劳动人事方面的要求主要有：

① 与全体员工签订书面劳动合同，依《劳动法》、《劳动合同法》及劳动相关法律法规执行工时、加班工资、劳动保护、职业病防治等制度。

② 依法足额为全体员工缴纳五险一金。

③ 取得劳动与社会保障部门、住房公积金管理部门出具的企业近三年无违法违规行为的证明文件。

（2）审核态度：历史问题可以历史地判断和认定，但不能影响发行条件（如追缴社会保险、住房公积金发行人不能满足三年连续盈利要求；存在重大违法违规情形）。

案例索引

【连能环保（430278）】社会保险（以下简称“社保”）滞纳金问题：公司因资金紧张未能及时缴纳 2012 年 9 月社保保险金。公司于 2012 年 11 月补缴了上述社保保险金，并缴纳了滞纳金 1 998.43 元。该处滞纳金不属于行政处罚。

《中华人民共和国社会保险法》第八十六条规定：用人单位未按时足额缴纳社会保险费的，由社会保险费征收机构责令限期缴纳或者补足，并自欠缴之日起，按日加收万分之五的滞纳金；逾期仍不缴纳的，由有关行政部门处欠缴数额一倍以上三倍以下的罚款。

律师认为，上述滞纳金因数额较小，且公司在期限内补缴了社保、缴纳了滞纳金，并未受到行政处罚，也未造成其他严重不利后果，故不属于重大违法违规行为。

空调押金问题：请公司说明收取员工空调押金的具体内容。请主办券商和律师核查公司是否存在违反劳动法规的情形，并发表意见。

律师核查及公司提供出具的《关于空调押金的说明》，核查到公司为方便员工租房，将公司租赁的部分房屋免费提供给员工居住，作为员工福利。后经公司有关员工提议，由公司在上述房屋中安装空调，公司接纳了员工建议，为员工宿舍统一安装了空调。为督促员工妥善使用、维护好上述空调，公司对有关员工收取了空调押金，并在其不再居住员工宿舍时退回。如空调有毁损时，则扣除部分金额。公司已于2013年6月13日将空调押金退还给相关员工。

《劳动合同法》第九条规定：用人单位招用劳动者，不得扣押劳动者的居民身份证和其他证件，不得要求劳动者提供担保或者以其他名义向劳动者收取财物。律师认为，公司收取空调押金的行为不属于《劳动合同法》第九条规定的情形，并不存在违反劳动法规的情形。

2.4.5 关于企业内部控制制度

企业的内部控制是否有效运行，是否存在被大股东占用资金、违规担保等相关情形。

案例索引

【光电高斯（430251）】公开转让说明书披露公司在2011年向天津光电高瑞电子有限公司借款形成其他应付款180万元，天津光电高瑞电子有限公司在2012年注销，公司已经将此其他应付款项归还。请公司说明并补充披露：（1）报告期与关联方资金往来的余额、发生额；（2）上述资金是否支付资金占用费、是否存在利益输送的情形；（3）公司内部资金控制制度有效性。请主办券商、律师核查并发表明确意见。

回复：律师对上述光电高斯与关联方资金往来的余额、发生额的情况进行了详细说明，认为因北京华旗数码实验室有限公司欠光电高瑞公司的货款 24 万元，由于光电高斯和光电高瑞的股东相同，因此就该笔债权光电高斯与光电高瑞之间进行了债权转移，故光电高斯在应收账款中应体现并支付给光电高瑞。上述光电高斯占用光电高瑞资金，没有向光电高瑞支付任何资金占用费，因此律师认为，不存在关联方向挂牌公司进行利益输送的情况。

经律师适当核查，光电高斯在有限责任公司阶段，存在内控制度不完善的情况。变更为股份公司后，光电高斯加强了内部控制制度和财务制度，并建立了关联交易管理制度，重视健全公司治理结构以杜绝类似问题的发生。

2.4.6　对外担保问题

（1）公司应严格控制对外担保，建立健全相应的公司内部控制制度。

（2）控股股东或实际控制人不得强令公司对外提供担保。

（3）公司对外担保等事项应符合法律法规和公司章程。

2.4.7　独立性问题

现有文件中尚未有直接的规范对新三板的独立性作出要求，但是参照企业上市的要求，新三板也应具有独立性，主要表现为 5 个方面：公司应在资产、人员、机构、财务、业务等方面独立于控股股东、实际控制人及其控制的其他企业。

（1）判断公司业务的独立性。

（2）判断公司资产的独立性。

（3）判断人员独立性。

（4）判断财务独立性。

（5）判断机构独立性。

对于公司的独立性方面，无论是上市企业还是拟在新三板挂牌的企业，都无法回避两个重要的问题：关联交易和同业竞争。因为这两个问题都涉及发行主体利益，进而直接关系到中小股东的权益。

关联交易是指公司或是其附属公司与在本公司直接或间接占有权益、存在利害关系的关联方之间所进行的交易。关联方包括自然人和法人，主要指上市公司的发起人、主要股东、董事、监事、高级行政管理人员及他们的家属和上述各方所控股的公司。

法律及主管部门对于公司上市中关联交易的基本态度是减少和规范。现存的关联交易必须符合以下条件：一是在实体上应符合市场化的定价和运作要求，做到交易价格和条件公允；二是在程序上必须严格遵循公司章程和相应制度的规定；三是在数量和质量上不能影响到公司的独立性。

总的来说，公司应尽量减少并规范关联交易，关联交易价格应该公允；公司不应通过关联交易制造或转移利润，也不应将关联交易非关联化；对于关联方占用公司资金，必须及时清理欠款并不得发生新的欠款。

关联方的认定及关联交易：根据《全国中小企业股份转让系统挂牌公司信息披露细则（试行）》第三十一、三十二条的规定来确定。

2.5　新三板企业挂牌流程

一个企业挂牌新三板的项目，就是一个简版的 IPO。一方面，它与 IPO 上市有很多相似之处，所以一定要严格要求；另一方面，它与 IPO 相比，门槛低、流程少、时间短、费用省，所以流程可以适当简化，没有必要、也不可能死搬 IPO 的所有规则。

根据现行法律法规的规定，主板、中小板和创业板的股票上市发行实行审核制，企业登陆主板、中小板、创业板，都要向中国证监会上报申请材料，业经发行审核委员会审核通过方可，这就意味着上市的时间成本、人力成本和费用成本均较为昂贵。

而根据《证券企业代办股份转让系统中关村科技园区非上市股份有限企业股份报价转让试点办法（暂行）》（以下简称《试点办法》）和《主办券商推荐中关村科技园区非上市股份有限企业股份进入证券企业代办股份转让系统挂牌业务规则》（以下简称《挂牌业务规则》）等相关规定，新三板市场在协会的严格监管下，实行备案制，形成了以协会自律性管理为主导、政府及券商相配合的多层次监管体制。

新三板企业挂牌操作具体流程如图 2-1 所示。

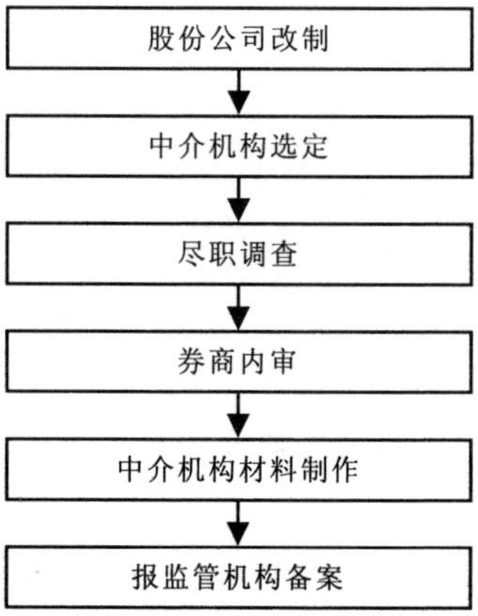

图 2-1　新三板企业挂牌流程

2.5.1 股份制公司改制

新三板市场主要以非上市股份有限企业为主，目前尚处于有限企业阶段的拟挂牌企业首先需要启动股改程序。根据《试点办法》的要求，拟挂牌企业需成立满两年。为保证企业业绩的连续性，拟挂牌企业应以股改基准日经审计的净资产值整体折股，即由有限企业整体变更为股份企业。

如果现行公司为有限责任公司，则需要通过改制，将有限责任公司整体变更为股份有限公司。改制过程需确保企业在股权结构、主营业务和资产等方面维持同一公司主体，将有限责任公司整体以组织形式变更的方式改制为股份有限公司。目前较为常用的方式为以有限责任公司净资产折股整体变更为股份有限公司。

改制需要根据《公司法》等法律规定，召开董事会、股东会，对公司净资产进行审计、评估，并召开股份公司创立大会、董事会、监事会，选举公司董事、监事及高级管理人员，并办理工商变更登记，领取新的营业执照。该阶段所需时间为1～2个月。

公司配合：

（1）确定发起人。

（2）发起人出资。

（3）办理工商变更登记。

中介工作：

（1）起草公司章程，办理验资手续。

（2）完善股份公司创立大会的相关法律文件及“三会”议事规则等，核查拟任董事、监事及高级管理人员的任职资格。

（3）召开股份公司第一届董事会第一次会议和第一届监事会第一次会议，选举董事长、监事会主席，任命总经理、副总经理、财务总监及董事会秘书等高级管理人员。

2.5.2 中介机构选定

经过论证，如果发现企业具备挂牌新三板的条件，就可以找律师事务所为企业设计个性化的新三板登陆方案。

挂牌新三板只是一种手段、一种方式，并不是企业的目的，所以不能为了挂牌而挂牌，要在此阶段设计好包括后续的融资和资本运营在内的整体方案。

设计好个性化的挂牌方案后，就可以选择、联系中介机构（包括券商、会计师等），并签订相应的服务协议。至于如何选择券商、如何签订协议、签订协议需要注意哪些问题，都需要咨询律师，由律师提供专业的法律意见。

为实现企业在新三板挂牌，主办券商须制作公开转让说明书、主办券商推荐报告，公司会计师须制作审计报告，公司律师须制作法律意见书等申请文件。该等申请文件系公司申请在新三板挂牌的必备文件，通常制作时间为两个月。各券商新三板挂牌情况如表 2-1 所示。

表 2-1 券商新三板挂牌情况一览（截至 2015 年 7 月）

券商简称	挂牌家数	股份总量（亿股）	可交易股份总量（亿股）	资产合计（亿元）	总资产均值（亿元）
合计	2 873	1 636.40	656.41	7 136.62	2.48
申万宏源证券	248	152.12	63.51	469.94	1.89
齐鲁证券	161	66.81	25.01	208.47	1.29
国信证券	126	85.15	33.46	187.67	1.49

续表

券商简称	挂牌家数	股份总量（亿股）	可交易股份总量（亿股）	资产合计（亿元）	总资产均值（亿元）
广发证券	117	61.39	28.51	262.59	2.24
长江证券	109	37.75	13.05	141.22	1.30
中信建投证券	107	85.10	35.65	404.92	3.78
安信证券	101	39.97	11.28	162.66	1.61
东吴证券	82	27.79	10.70	103.97	1.27
国泰君安证券	80	57.74	18.77	198.48	2.48
招商证券	79	59.30	34.58	1 374.57	17.40
东北证券	77	24.46	8.16	82.46	1.07
光大证券	67	42.30	12.99	136.45	2.04
海通证券	59	31.43	10.60	123.13	2.09
兴业证券	57	28.04	9.58	62.69	1.10
中信证券	57	91.46	59.99	272.20	4.78
中原证券	53	18.77	7.58	63.38	1.20
国金证券	48	21.21	7.81	101.74	2.12
西部证券	45	68.09	41.82	188.65	4.19
财通证券	44	10.53	2.16	34.70	0.79
宏源证券	43	22.28	9.96	92.70	2.16
方正证券	43	10.58	3.99	31.16	0.72
中国银河证券	40	26.53	10.59	98.86	2.47
东兴证券	39	11.59	3.03	43.67	1.12
南京证券	37	10.14	3.21	36.93	1.00
西南证券	36	46.59	28.74	362.53	10.07
广州证券	34	24.67	3.72	63.29	1.86
金元证券	34	11.67	4.64	62.31	1.83

续表

券商简称	挂牌家数	股份总量（亿股）	可交易股份总量（亿股）	资产合计（亿元）	总资产均值（亿元）
中国中投证券	32	14.06	7.76	29.28	0.92
国元证券	32	14.43	5.19	67.17	2.10
东方花旗证券	32	16.15	6.85	109.55	3.42
中山证券	29	17.48	5.62	86.48	2.98
天风证券	29	9.70	2.92	28.96	1.00
大通证券	28	10.25	2.65	39.18	1.40
上海证券	27	8.13	3.78	22.85	0.85
平安证券	27	14.95	4.24	73.00	2.70
山西证券	26	10.65	3.83	35.40	1.36
华泰证券	25	9.61	1.65	64.86	2.59
东莞证券	25	7.20	2.01	21.57	0.86
长城证券	24	48.75	5.15	87.60	3.65
财达证券	24	53.76	19.65	176.77	7.37
首创证券	23	10.60	3.98	42.20	1.83
湘财证券	23	7.60	2.85	42.83	1.86
太平洋证券	23	17.17	6.93	113.42	4.93
浙商证券	22	5.98	1.07	23.40	1.06
国海证券	22	12.71	3.13	45.90	2.09
东海证券	21	10.92	4.52	34.21	1.63
信达证券	21	6.57	2.22	23.13	1.10
民生证券	21	11.38	3.15	48.31	2.30
国盛证券	18	4.39	1.30	18.36	1.02
华创证券	18	9.11	2.92	43.56	2.42
新时代证券	18	7.05	2.47	32.77	1.82

续表

券商简称	挂牌家数	股份总量（亿股）	可交易股份总量（亿股）	资产合计（亿元）	总资产均值（亿元）
国联证券	16	5.06	2.61	37.72	2.36
华融证券	16	15.25	6.74	65.32	4.08
华龙证券	15	10.49	4.37	30.48	2.03
华安证券	15	5.53	1.60	22.75	1.52
财富证券	15	5.52	2.05	17.06	1.14
国都证券	15	3.76	1.06	8.71	0.58
江海证券	14	4.90	1.15	12.54	0.90
华西证券	14	6.90	2.46	21.09	1.51
华林证券	14	10.44	5.63	21.40	1.53
中银国际证券	13	3.81	1.17	16.66	1.28
渤海证券	11	7.61	2.79	19.38	1.76
华福证券	11	4.13	1.94	14.43	1.31
德邦证券	10	7.70	2.25	26.19	2.62
万联证券	10	2.97	1.18	11.14	1.11
日信证券	9	3.49	1.65	14.10	1.57
中国民族证券	9	2.51	0.60	10.96	1.22
华鑫证券	8	1.30	0.22	2.90	0.36
中航证券	7	2.75	1.41	6.66	0.95
英大证券	7	1.40	0.00	5.23	0.75
爱建证券	6	5.13	2.34	30.86	5.14
西藏同信证券	5	1.23	0.12	2.10	0.42
红塔证券	4	3.18	1.05	11.34	2.84
中国国际金融	4	2.51	0.81	19.14	4.79
世纪证券	3	0.62	0.18	1.19	0.40

续表

券商简称	挂牌家数	股份总量（亿股）	可交易股份总量（亿股）	资产合计（亿元）	总资产均值（亿元）
恒泰证券	3	0.87	0.12	1.43	0.48
第一创业证券	2	0.55	0.00	0.84	0.42
国开证券	2	3.80	1.98	21.11	10.56
五矿证券	1	0.34	0.02	0.56	0.56
川财证券	1	0.60	0.00	1.18	1.18

2.5.3 尽职调查

尽职调查是指主办券商遵循勤勉尽责、诚实信用的原则，通过实地考察等方法，对拟挂牌企业进行调查，有充分理由确信企业符合《试点办法》规定的挂牌条件及推荐挂牌备案文件真实、准确、完整的过程。

主办券商针对拟挂牌企业设立专门的项目小组，至少包括注册会计师、律师和行业分析师各一名，并确定项目小组负责人。项目小组制定项目方案，协调其他中介机构及拟挂牌企业之间的关系，跟进项目进度。资产评估企业、会计师事务所、律师事务所等中介机构完成相应的审计和法律调查工作后，项目小组复核《资产评估报告》、《审计报告》、《法律意见书》等文件，根据《主办券商尽职调查工作指引》，以财务、法律和行业三个方面为中心，开展对拟挂牌企业内部控制、财务风险、会计政策稳健性、持续经营能力、企业治理和合法合规等事项的尽职调查，发现问题，梳理问题，理顺关系，与拟挂牌企业、中介机构通力合作，彻底解决拟挂牌企业历史上存在的诸如出资瑕疵、关联交易、同业竞争等问题，建立健全企业法人治理结构，规范企业运作，协助企业制定可行的持续发展战略，帮助企业家树立正确的上市和资本运作观念，把握企业的盈利模式、市场定位、核心竞争力、可持续正常潜力等亮点，并制作《股份报价转让说明书》、《尽职调查报告》及工作底稿等申报材料。

2.5.4 券商内审

券商内审是新三板挂牌的重要环节，由主办券商内核委员会审议拟挂牌企业的书面备案文件并决定是否向协会推荐挂牌。

三方中介机构制作完成股票挂牌申请文件初稿后（律师出具《法律意见书》（内核稿），会计师出具《审计报告》（内核稿），主办券商在律师、会计师工作的基础上制作《公开转让说明书》（内核稿）、《尽职调查报告》（内核稿）及《尽职调查工作底稿》（内核稿）等全套挂牌申请文件），券商项目小组将公司股票挂牌申请文件（内核稿）递交主办券商内核会议审核。内核会议召开后，项目小组根据内核会议反馈意见进行补充调查与说明，并将"对内核会议反馈意见的回复"提交内核专员审核。内核专员审核通过后，出具补充审核意见，同意推荐拟申请挂牌公司进入全国中小企业股份转让系统挂牌。

证券公司出具"主办券商推荐报告"，同意推荐拟申请挂牌公司进入全国中小企业股份转让系统挂牌并公开转让。该阶段工作时间主要取决于各券商内部流程，基本可控制在半个月左右。

2.5.5 中介机构材料制作

（1）会计师事务所出具审计报告、资产评估报告。

（2）律师事务所出具法律意见书。

（3）主办券商起草股份公开转让说明书。

（4）主办券商起草推荐报告。

2.5.6　报监管机构备案

这是新三板挂牌的决定性阶段，由中国证券业协会审查备案文件并作出是否备案的决定。

通过内核后，主办券商将备案文件上报至协会，协会决定受理的，向其出具受理通知书，自受理之日起 50 个工作日内，对备案文件进行审查，核查拟挂牌企业是否符合新三板试点办法和挂牌规则等规定。如有异议的，可以向主办券商提出书面或口头的反馈意见，由主办券商答复；无异议的，则向主办券商出具备案确认函。

协会要求主办券商对备案文件予以补充或修改的，受理文件时间自协会收到主办券商的补充或修改意见的下一个工作日起重新计算。协会对备案文件经多次反馈仍有异议，决定不予备案的，应向主办券商出具书面通知并说明原因。

主办券商项目小组向全国中小企业股份转让系统公司递交股票挂牌申请文件。全国中小企业股份转让系统公司对股票挂牌申请文件进行反馈，项目小组对反馈意见进行回复和解答，直至全套挂牌申请文件最终封卷归档，全国中小企业股份转让系统公司出具“同意挂牌的审查意见”。

全套挂牌申请文件封卷归档之后，根据《国务院关于全国中小企业股份转让系统有关问题的决定》的规定，股东人数未超过 200 人的挂牌公司申请在全国股份转让系统挂牌，中国证监会豁免核准。股东人数超过 200 人的挂牌公司，主办券商项目小组需向中国证监会递交企业股票挂牌申请文件（单行本），由中国证监会审查通过后出具核准文件。

2.5.7　股份登记与托管

完成上述审批程序之后，挂牌公司向全国中小企业股份转让系统公司申请公司证券简称及证券代码，与深圳证券信息公司联系在指定的公开网站上披露相关文件，主要包括公开转让说明书、公司章程、法律意见书、审计报告、推荐报告等。

公司需与中国证券登记结算有限责任公司深圳分公司签订《股份登记及服务协议》，办理全部股份的集中登记。拟挂牌公司股东初始登记的股份托管在主办券商处。公司控股股东及实际控制人挂牌前直接或间接持有的股份分三批进入系统转让，每批进入的数量均为其所持股份的三分之一。进入的时间分别为挂牌之日、挂牌期满一年和两年。

核准后至挂牌前的补充工作如下：

（1）与中国证券登记结算有限责任公司（以下简称“中国结算”）签订证券登记及服务协议，办理全部股票的集中登记。

（2）申请挂牌公司全体董事、监事和高级管理人员签署《董事（监事、高级管理人员）声明及承诺书》。

综观来看，新三板的挂牌速度较快。通常意义上讲，如拟挂牌企业需进行股改的，需要2～3个月；主办券商进行尽职调查及内核需要1～2个月；协会审查（包括反馈时间）需要两个月；经协会核准后可以进行股份登记挂牌，全部流程预计需要半年左右的时间。当然，如果企业自身存在法律或财务等某方面的障碍需要整改的，前述时间会随着整改进度而有所调整。

公司在新三板挂牌后，应按照规定披露年度报告、半年度报告和临时报告。主办券商对所推荐的公司信息披露负有持续督导的职责。

案例索引

新三板挂牌公司股权转让问题

公司在成长过程中，股权转让与增资是公司逐步发展壮大的必经之路。

很多创业者在公司的发展过程中，对于公司的股权转让及增资操作比较随意，没有专业人士的参与，或者根本没有咨询专业人士的意见，完全按照自己认为可行的方式操作。对于想进行资本运作，真正让公司发展壮大的创业者来说，规范的股权转让与增资，可以给公司在未来免去很多潜在的法律风险与不必要的麻烦。

领信股份（831129）自设立至挂牌披露期间，共进行了三次股权转让，股份公司历次股权转让的价格均为每股 1 元，定价依据由双方协商确定，按照转让方出资时的股权价格为准，上述历次股权转让价款均已实际支付。同时时，根据股份公司提供的相关财务报表，股份公司历次股权转让的价格与转让当时的公司净资产差额不大，价格公允。

股份公司自设立至今共进行过一次增资，注册资本由 500 万元增加至 1 000 万元，本次增资经股东大会审议通过，经山东舜天信诚会计师事务所有限公司莒县分所出具的鲁舜莒会验字[2011]第 A136 号《验资报告》审验，增资款已全部出资到位，并依法办理了工商变更登记。同时，股份公司不存在抽逃出资的情形。

根据股份公司出具的说明及股权转让方的声明，股份公司历次股权转让中，孙建东、赵延军、单玉贵三人的股权转出原因是将从公司离职，李胜玉股权转出的原因是个人购置房屋等急需资金。历次股权转让均为转让双方真实意愿，不存在代持情形，也不存在潜在争议或利益安排。

2011 年 12 月 20 日，领信科技董事赵延军将其持有的股份公司的全部 100 万股股份转让给毕文绚，领信科技监事单玉贵将其持有的股份公司的全部 50 万股股份转让给毕文绚，领信科技监事孙建东将其持有的股份公司的全部 75 万股股份转让给李鹏。同日，领信科技股东大会审议同意进行上述股权转让。根据公司当时的登记资料，赵延军为公司董事，单玉贵、孙建东为公司监事。

法律分析：

根据《中华人民共和国公司法（2005）》第一百四十二条第二款规定："公司董事、监事、高级管理人员应当向公司申报所持有的本公司的股份及其变动情况，在任职期间每年转让的股份不得超过其所持有本公司股份总数的25%；所持本公司股份自公司股票上市交易之日起一年内不得转让。上述人员离职后半年内，不得转让其所持有的本公司股份……"

根据《中华人民共和国合同法》第五十二条规定："有下列情形之一的，合同无效：……（五）违反法律、行政法规的强制性规定。"第五十八条规定："合同无效或者被撤销后，因该合同取得的财产，应当予以返还；不能返还或者没有必要返还的，应当折价补偿。有过错的一方应当赔偿对方因此所受到的损失；双方都有过错的，应当各自承担相应的责任。"

领信科技在进行上述股权转让时，董事赵延军及监事单玉贵、孙建东的股份转让比例超过了《中华人民共和国公司法（2005）》规定的 25%的转让限制，上述股权转让超出法律规定的比例部分应认定为无效，受让方应依法将超过法律规定比例的部分股权返还转让方，转让方应将股权转让款返还受让方。

解决思路与法律风险评析：

相关股权转让的当事人的行为并不符合当时《公司法》的规定，在法律上存在瑕疵。但股权转让已经过去了多年，不可能进行简单的逆转。实践中应该遵循解铃还需系铃人的思路，让股权转让的当事人双方对股权转让作出合理的说明，并作出不存在股权转让纠纷的承诺，再根据时限来做具体的风险分析与评估。

本案例中，领信科技股权转让方孙建东、赵延军、单玉贵分别在 2014 年 6 月出具相关声明与承诺："一、本人转让上述股权的原因为本人将离开公司，不再担任公司相关职务；二、本人转出的领信科技的股权系本人以自有资金取得，不存在代持、信托或其他股权受限情形，不存在任何潜在纠纷；三、本人的股权转让行为系本人的真实意思表示，不存在以欺诈、胁迫等导致股权转让行为无效的情形；四、本人已收到股权受让方支付的全部股权转让款，与股权受让方、领信科技之间不存在任何债权、债务或其他潜在纠纷。”

从时限上来看，本案例中，2012 年 2 月 28 日，赵延军不再担任股份公司董事，单玉贵、孙建东不再担任股份公司监事，至 2012 年 8 月 28 日，已满足法律规定的离职 6 个月后可以转让的条件，因此导致上述股权转让无效的情形已经消除，上述股权转让双方并未要求对方返还股权或转让款，上述超比例转让部分股份可以认定为无效情形消除后发生的转让。相关股权转让方已经作出上述承诺，同时，股权受让方李鹏、毕文绚也出具《股东书面声明》，确认其所持股份不存在任何形式的转让受限情况，也不存在股权纠纷或其他潜在纠纷，所持股份公司股份不存在与其他人之间的股权纠纷、委托持股、信托持股等应披露而未披露的情形。

综述：

本案例中股权转让为双方真实意愿体现，转让价格公允，不存在代持情形，也不存在潜在争议或利益安排，股份公司历次增资合法合规，不存在出资不实、抽逃出资情形。

股份公司上述部分股权转让虽然违反了当时《公司法》的规定，曾存在可能发生股权争议纠纷的法律风险。但限售情形消除后，上述股权转让方对上述股权转让的真实性进行了确认，且股权转让双方均声明上述股权转让不存在潜在争议纠纷，相关法律风险情形已经消除。

根据《全国中小企业股份转让系统股票挂牌条件适用基本标准指引（试行）》的有关规定：股权明晰，是指公司的股权结构清晰，权属分明，真实确定，合法合规，股东特别是控股股东、实际控制人及其关联股东或实际支配的股东持有公司的股份不存在权属争议或潜在纠纷；股票发行和转让合法合规，是指公司的股票发行和转让依法履行必要的内部决议、外部审批（如有）程序，股票转让须符合限售的规定。

领信科技的上述股权转让虽然存在一定的法律瑕疵，但上述股权转让已经股东大会审议通过，履行了内部决议程序；且事后转让方对上述转让事实的真实性进行了确认，转让双方均声明上述股权转让不存在权属争议或潜在纠纷。

目前，股份公司的股权结构清晰，权属分明，真实确定，合法合规。因此，股份公司满足“股权清晰，股票发行和转让行为合法合规”的挂牌条件。

第3章

新三板挂牌公司情况分析

挂牌公司和投资者是参与证券交易的两大要素，是研究证券市场的基础。因此，本章主要进行挂牌公司情况的分析。本章将从挂牌公司总体情况、行业分布、财务及盈利情况、估值水平等方面对新三板挂牌公司现状进行具体分析。

3.1 挂牌企业总体情况

研究挂牌公司特点，首先需要明确挂牌公司这个概念。公司在新三板挂牌，其性质类似于在主板市场 IPO 上市，但挂牌公司与上市公司有几点不同，主要体现在三个方面。

第一，二者的公司性质不同。上市公司是上市公众公司，可以面向非特定对象发行股票，公司股票在上海证券交易所或深圳证券交易所公开交易；而挂牌公司属于非上市公众公司，允许股东人数超过 200 人，但不能面向公众发行股票，只能针对特定对象定向发行，公司股票在全国中小企业股份转让系统中挂牌交易。

第二，二者的监管部门不同。我国上市公司接受中国证监会上市公司监管部监督管理，而新三板挂牌公司是受到中国证监会非上市公众公司部监督管理的。

第三，二者的准入门槛不同。上市公司，包括在主板、中小企业板和创业板上市的公司，较新三板而言，其上市的标准相对较高，不仅对公司财务指标有严格要求，同时对公司治理、合规经营、存续年限等方面均提出了严格要求；而新三板对挂牌公司并没有明确的财务指标要求，仅需要净资产达到 500 万元可以满足设立股份有限公司的基本条件即可，在合规及治理方面也体现出较大的包容性，以公司的持续经营能力为主旨，在一定范围内允许挂牌企业逐步规范，对不符合要求的地方要提出相应整改对策并落实执行。

从这三个方面的不同即可看出，新三板对挂牌公司放低了准入门槛，以更加包容的心态接受发展中的中小企业。也正是这些特点吸引了全国各地不同行业的企业来此挂牌，寻找发展之路。

自 2013 年 12 月 14 日国务院发布《关于全国中小企业股份转让系统有关问题的决定》，新三板扩容至全国以来，其市场规模迅速扩大，挂牌公司数量与日俱增，总市值屡创新高。

2012 年成立之初，新三板挂牌公司总数仅 200 家，总股本 55.27 亿股，总市值不过 336.10 亿元。然而经过短短两年多时间，新三板各项指标都有了指数级的增长。

截至 2015 年 6 月 30 日，新三板挂牌公司总数达到 2 637 家，直逼上海证券交易所和深圳证券交易所上市公司总数，是 2012 年挂牌公司总数的 13 倍多；挂牌公司总股本 1 277 亿股，是 2012 年挂牌公司总股本的 23 倍；市场总市值达到 11 933.69 亿元，是 2012 年挂牌公司总市值的 35 倍，如图 3-1 和图 3-2 所示。

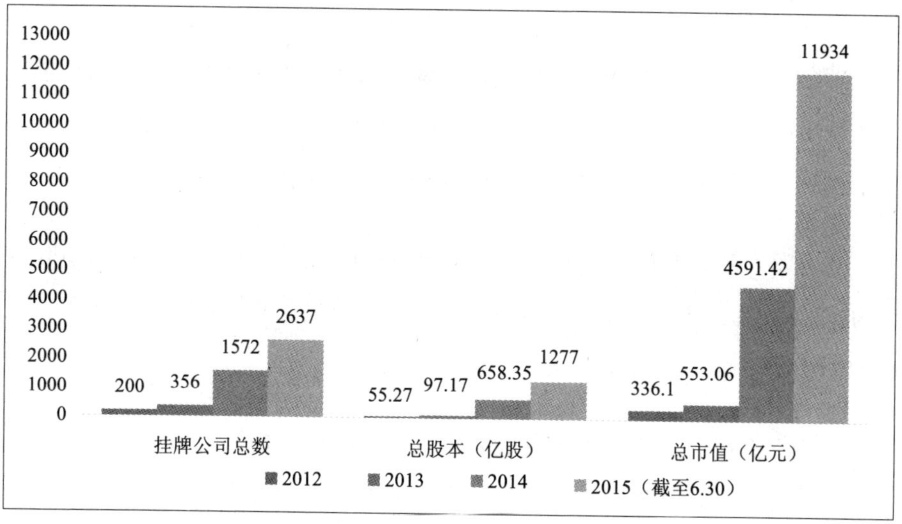

数据来源：全国股份转让系统统计报告。

图 3-1　新三板市场规模

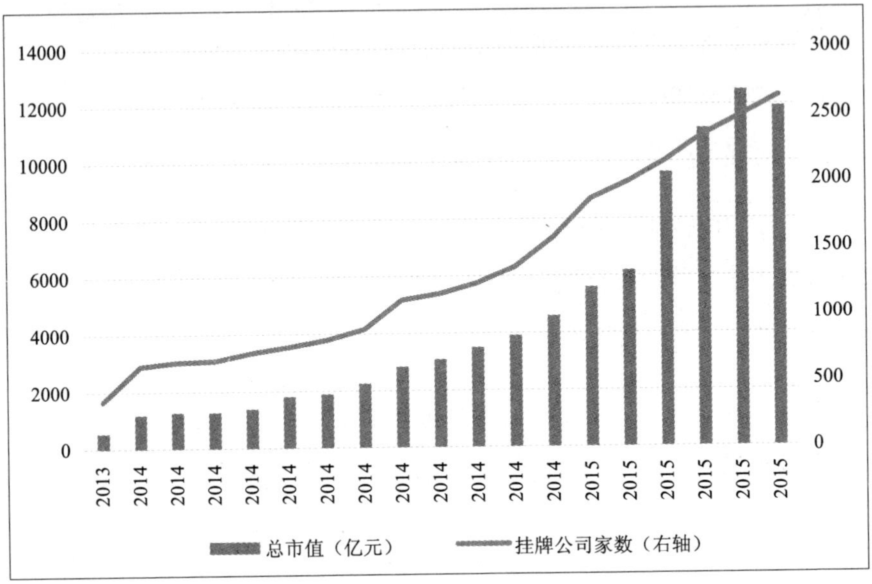

数据来源：全国股份转让系统统计报告。

图 3-2　新三板市场规模月度变化

尽管新三板多数公司规模还较小，但市场内不乏行业巨头，高成长性的创新科技型公司更是占据主体。

根据全国中小企业股份转让系统有限责任公司统计（见图 3-3），2014 年挂牌公司股本小于 500 万股的仅有一家，大于 10 000 万股的达到 89 家，这体现出新三板对挂牌公司规模的宽容性，同时也反映出新三板的吸引力之大不仅针对小型公司，也适用于股本 10 000 万以上的大公司。

从股东人数分布情况来看，目前新三板挂牌公司中股东人数超过 200 人的为 12 家（见图 3-4），仅占全部挂牌公司的 0.76%，多数挂牌公司股东人数在 50 人以下。

这一方面是由于挂牌公司发展时间较短、股东结构较为简单，另一方面是由于挂牌公司为避免股东人数超过 200 人而增加申请流程而刻意为之。股东人数较少、股权结构相对集中也是造成目前新三板交易频率低于国内其他市场的原因之一。

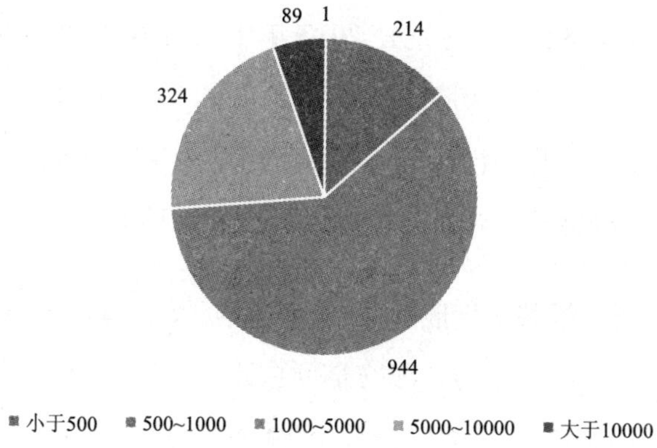

数据来源：全国股份转让系统 2014 年度统计报告。

图 3-3　挂牌公司股本分布情况（万股）

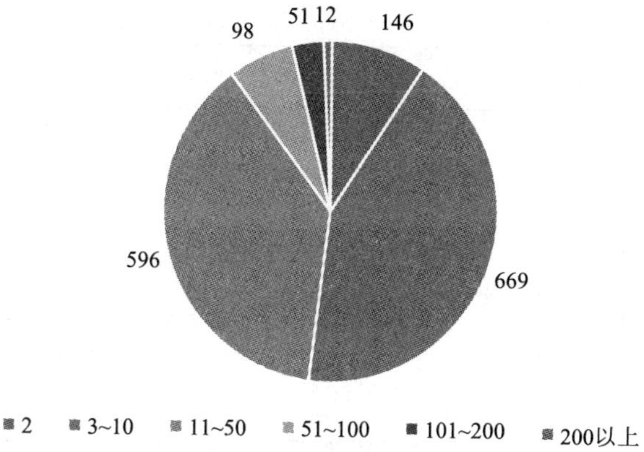

数据来源：全国股份转让系统 2014 年度统计报告。

图 3-4　挂牌公司股东人数分布情况

在市场交易情况方面，尽管目前新三板成交额、成交量及换手率等指标还不及主板，但我们必须看到，随着挂牌公司数量和质量的增长，新三板关注度不断提升，参与其中的投资者也随之增加，许多基金、信托公司也开始布局新三板，将其视为新的掘金点。

截至 2014 年 12 月 30 日，在新三板开户的个人投资者共计 43 980 户、机构投资者共计 4 695 户，分别是 2012 年年底的 10 倍和 5 倍。在供需双方的相互促进作用下，新三板股票发行规模扩大、股票转让愈发活跃、交投情绪高涨。特别是 2014 年包括做市商制度在内的各项新制度推出，新三板市场的制度设计日趋完善，带来了更加活跃的交易环境。

2014 年，新三板共实现股票发行 327 次，发行股票 26.43 亿股，融资金额总计 129.99 亿元；股票转让成交金额总计 130.36 亿元，成交总股数 22.82 亿股，换手率由 2012 年的 4.47 上升至 19.67（见表 3-1）。

表 3-1　历年新三板股票成交情况

年　度	成交数量（万股）	成交金额（万元）	成交笔数	换手率
2006	1 592.63	8 340.71	251	-
2007	4 420.15	23 156.63	521	-
2008	5 407.86	29 527.82	484	-
2009	10 735.76	48 342.53	878	-
2010	6 951.29	41 872.24	644	-
2011	9 562.76	56 169.56	832	5.57%
2012	11 455.51	58 431.81	638	4.47%
2013	20 242.52	81 396.19	989	4.47%
2014	228 212.40	1303 580.47	92 654	19.67%

数据来源：全国股份转让系统年报。

在新三板一派繁荣的景象背后，新三板挂牌公司的质量究竟如何呢？是什么使得广大投资者、基金经理趋之若鹜？这与新三板挂牌企业的质量息息相关。

3.2 行业分布分析

2010 年 10 月 10 日，国务院下发了《国务院关于加快培育和发展战略性新兴产业的决定》（国发[2010]32 号），指出：“发展战略性新兴产业已成为世界主要国家抢占新一轮经济和科技发展制高点的重大战略。”为加快培育和发展战略性新兴产业，文件要求：“推进场外证券交易市场的建设，满足处于不同发展阶段创业企业的需求。完善不同层次市场之间的转板机制，逐步实现各层次市场间有机衔接。”可以说，新三板在设立之初，正是秉承这样的目的，在全国范围内开启先行先试的。

所谓创新型企业，一般是指拥有自主知识产权的核心技术、知名品牌，具有良好的创新管理和文化，整体技术水平在同行业居于领先地位，在市场竞争中具有优势和持续发展能力的企业。这些企业通常以研究与开发作为核心职能之一，自主创新能力较强。

目前，创新型企业主要分布在高科技行业、消费品行业及知识密集型服务业。从新三板成立以来的挂牌公司行业构成来看，这种创新型行业始终是挂牌企业的“聚居地”。

新三板扩容以前，其挂牌公司主要集中在中关村科技园区内。其中信息技术类公司占 54%，先进制造业公司占 15%，其余挂牌公司分布在医药、生物制品、新材料、节能环保、咨询服务等行业。这些挂牌公司的产品及服务技术含量较高，行业发展迅猛。

根据中关村国家自主创新示范区的规定，企业申请在新三板挂牌，必须先行通过高新技术企业认定。根据《高新技术企业认定管理办法》（以下简称《办法》），高新技术企业必须同时满足四项条件：其一，在中国内地注册的企业，近三年内通过自主研发、受让、受赠、并购等方式，或通过 5 年以上的独占许可方式，对其主要产品（服务）的核心技术拥有自主知识产权；

其二，产品（服务）属于《国家重点支持的高新技术领域》规定的范围；其三，具有大学专科以上学历的科技人员占企业当年职工总数的30%以上，其中研发人员占企业当年职工总数的10%以上；其四，企业为获得科学技术（不包括人文、社会科学）新知识，创造性地运用科学技术新知识，或实质性地改进技术、产品（服务）而持续进行了研究开发活动，且《办法》对近三个会计年度的研究开发费用总额占销售收入总额的比例作出了明确要求。

从中关村出台的《办法》即可看出，新三板虽然对挂牌企业的财务状况、经营治理等方面放宽了标准，但在“创新”二字上可谓做足了文章，严格把关。也正是由于新三板在创新上的高要求，使得挂牌企业在行业分布上一直存在着行业集中的特点。

随着新三板扩容至全国，挂牌企业数量增加的同时也丰富了挂牌企业的行业属性。截至2014年，在新三板挂牌的1 500余家企业覆盖了18个行业（见表 3-2），较扩容前大大增加，但仍然可以看出其行业较为集中的特点。制造业挂牌企业数量仍然稳居新三板首位，无论是从企业数量还是总股本来说，都占据了新三板的半壁江山。如果再加上位居第二名的信息传输、软件和信息技术服务业，从属于这两个行业的挂牌公司之和在全部新三板挂牌公司中占比近90%。

因此，可以说新三板成立以来，信息技术类企业始终是主要成员。2015年，尽管挂牌公司数目继续增加，但整体行业分布没有明显变化。预计未来，制造业和信息传输、软件和信息技术服务业两大行业仍将是新三板的主流行业。

表 3-2 2014 年挂牌公司行业分布情况

	2014 年年底		2015 年 3 月	
	总家数	占比	总家数	占比
制造业	883	56%	1 220	57%
信息传输、软件和信息技术服务业	360	23%	443	21%

续表

	2014 年年底		2015 年 3 月	
	总家数	占比	总家数	占比
建筑业	57	4%	78	4%
科学研究和技术服务业	55	3%	71	3%
农、林、牧、渔业	38	2%	48	2%
租赁和商务服务业	30	2%	52	2%
文化、体育和娱乐业	28	2%	35	2%
批发和零售业	26	2%	45	2%
水利、环境和公共设施管理业	24	2%	27	1%
交通运输、仓储和邮政业	15	1%	25	1%
采矿业	14	1%	18	1%
金融业	12	1%	20	1%
卫生和社会工作	11	1%	14	1%
居民服务、修理和其他服务业	7	0%	10	0%
电力、热力、燃气及水生产和供应业	5	0%	8	0%
教育	4	0%	4	0%
综合	2	0%	2	0%
住宿和餐饮业	1	0%	3	0%
合计	1572	100%	2123	100%

数据来源：全国股份转让系统年报，Wind 数据库。

在本节中，我们选取一些行业中有特点的企业进行重点介绍。

1．联飞翔（430037）——制造业

联飞翔成立于 1999 年，是一家致力于高科技领域技术开发及高科技产品生产销售的高新技术企业。公司成立之初由于资金缺口，主要进行研发方面的工作，通过挂牌新三板实现多轮融资，公司开始着手生产工作，目前已

经研发出了环保节能型滤清器、人体健康饰品、高效能灭菌塑料薄膜等产品。2014 年公司实现营业收入 1.67 亿元，净利润超过 3 000 万元，近 3 年盈利平均增速超过 30%。

目前，这家公司股东总数已超过 200 人，前十名股东持股比例为 53%，是新三板中股权结构较为分散的股票之一。同时该公司还是首轮采取做市交易的股票之一，股票流动性较好。

近年来，由于大气污染问题日益严重，环保节能概念股一直受到市场的关注。2015 年年初，柴静拍摄的《穹顶之下》更是再次引发了市场对环保股的追捧。2015 年 3 月，联飞翔股价涨幅近 70%，近 3 个月涨幅更是超过 100%。

2．中搜网络（430339）——信息传输、软件和信息技术服务业

中搜网络成立于 2004 年，2011 年变更为股份有限公司。公司注册资本 4 395 万元。公司主要从事互联网信息服务，其核心技术——第三代搜索引擎技术是具有自主知识产权的国内领先技术，主要盈利来自搜索业务和行业搜索业务。2013 年公司实现营业收入 1.9 亿元，但净利润亏损 1.4 亿元。主要是由于公司自 2013 年开始启动了移动互联网战略，前期研发投入较大使得净利润下降。

尽管从 2013 年年报及中报的净利润水平来看，公司表现不佳，但投资者对于中搜网络未来的发展仍然具有信心。2014 年公司完成了两轮定向增发，分别以 23 元/股增发 4 347 826 股和 25 元/股增发 7 992 174 股，公司规模不断扩大。

3．顺达智能（430622）——建筑业

顺达智能成立时间较短，2013 年在无锡设立，总注册资本 5 000 万元。

2014 年 1 月，公司正式在新三板挂牌转让。它是一家智能化物流输送设备和低碳环保涂装设备的专业供应商。

随着国家对信息化、数字化生产的大力推进，传统制造业对新型智能化生产线的需求增加，拓展了公司的市场空间。2015 年 3 月，公司股票涨幅达到近 43%，近 3 个月内涨幅超过 122%。2013 年公司实现营业收入 1.4 亿元，利润 1 804 万元，每股收益 0.36 元，较上年增长 38%。总体来看，公司处在盈利能力稳步上升的阶段。

4．竹邦能源（430360）——科学研究和技术服务业

竹邦能源成立于 2003 年，注册资本 3 000 万元，主要业务是通过合同能源管理模式提供照明节能服务。2011 年，公司与太原机场签订了候机楼照明节能改造项目，这也是国内首家采用合同能源管理模式应用 LED 照明解决大空间功能照明的机场，反映出公司在该领域的领先地位。

截至 2013 年 12 月，公司已完成的照明合同能源管理项目共 7 个。但由于公司收入的特殊计算方法，从财务收入来看，还不能完全反映其盈利能力。2013 年公司营业收入 670 万元，净利润 44 万元，数据并不算惊人。但从机构入股的积极性来看，公司前景较为看好。2014 年，北京万鼎安华投资管理中心以 1 000 万元总认购金额认购公司 200 万股，比做市价格高出 72.4%。定增消息一经发布，公司股票价格迅速上升，2015 年前 3 个月股票价格涨幅超过 140%，近一年累计涨幅达到 447%。

5．银丰棉花（831029）——农、林、牧、渔业

银丰棉花是国内较大型的棉花专业供应链运营商，主营业务覆盖棉花收购、加工、贸易、专业仓储物流、交易市场运营等棉花专业供应链的全部环节。该公司于 2014 年 8 月正式挂牌新三板，挂牌当天即受到市场关注，2015 年年初至 3 月累计涨幅超过 60%。原因是这家企业 2013 年销售额达 73 亿元，

毛利润 2.3 亿元，实现净利润超过 5 000 万元，在国内棉花加工企业中排名前三。

另一点令人关注的是，由于银丰棉花所处行业受棉花价格波动影响较大，公司采用期货与现货结合的方式降低市场风险，通过期货市场的操作增加了实际盈利。银丰棉花的这种经营模式目前在上市企业和挂牌企业中都比较少见，对于通过期货市场盈利的可持续性问题，不少投资者持观望态度。但作为投资者和市场监管者，关注这类特殊经营模式的企业很有必要。

6. 达仁资管（831639）——金融业

达仁资管是一家“另类”的挂牌公司。它之所以引起市场的关注，一方面由于其规模，另一方面由于其特殊的盈利模式。2015 年年初，新三板出现了这样一家金融公司：股本总数 5 000 万股，注册资本 5 000 万元，在职员工总计 10 人，所处细分行业为阳光私募基金，经营范围包括投资信息咨询、投资咨询、投资管理。如果不是在新三板，这样的公开转让说明书恐怕永远不会进入大众的视野。

这家达仁资管，且不说注册资本和员工总数之小，单就其经营业绩与市场波动的相关而带来的业绩风险就会使这家公司永远被关在主板之外。但是在新三板，这家公司获得挂牌资格，正式开始公开转让。在首次公开转让说明书中，公司详细介绍了自己的公司业务关键资源要素——投资策略，以及公司旗下基金以往的业绩情况。

近年来，随着我国金融市场的发展，金融行业涌现出了不同业态，阳光私募基金就是其中之一。这一行业属于人才密集型行业，投资者最关心的是产品的收益率，而收益率的高低主要依赖于基金管理团队的投研能力。

此外，2014 年以来，新三板还挂牌了首家纯第三方支付企业、小额贷款公司、餐饮企业、碳资产管理公司等。这些公司不仅是首次登陆新三板，在国内资本市场中也是首次出现。它们或是由于成立时间短不能满足国内原有资本市场要求，或是由于经营范围特殊不能适应主板要求，但共同的特点是一个“新”字。它们的出现让整个资本市场眼前一亮，让投资者看到了更多样的投资标的。

随着我国各行各业创新之风的兴起，未来必将出现更多样、更细分的行业，这些行业短时间还不能为主板所接纳，新三板将成为它们腾飞的起点。

3.3　挂牌企业财务状况分析

在新三板放宽门槛，近乎“来者不拒”的设立标准下，不少投资者开始为挂牌企业的质量担忧。特别是由于新三板对挂牌企业的财务状况没有明确要求，甚至可以接受暂时亏损的企业挂牌，很多投资者一直处在观望状态。事实上，从新三板扩容以来交出的业绩答卷来看，挂牌企业盈利水平确实存在良莠不齐的现象，但从整体来看，多数企业保持盈利状态、实现高速增长。

截至 2015 年 4 月 30 日，新三板大规模挂牌后第一次年报全部披露完毕，整体成绩单相当靓丽，2 318 家公司总营收 3 184.57 亿元，这其中大多数盈利，盈利企业 1 988 家，占比 84.8%。即使是放在主板，这样的盈亏比例也是一份不错的成绩单。更何况，新三板挂牌企业的亮点更多地体现在成长性上。

2014 年年报显示，新三板挂牌企业利润增速高于中小板和创业板。据统计，2014 年 2 318 家挂牌公司共实现营业收入 2 365.31 亿元，同比增加 13.86%，增幅较去年增加 1.21 个百分点，合计实现归属于母公司净利润 187.94 亿元，同比由 2013 年的−4.64%上升至 28.80%。而 2014 年中小板收入和净利润同比增速分别为 11.57%和 11.4%，创业板收入和净利润同比增速分别为 28.36%和 25.08%。这反映出新三板挂牌企业在成长性上优于其他市场内的企业。

2014 年新三板公司整体 ROE（净资产收益率）为 11.87%，高于 2013 年的 7.46%，2014 年新三板的大规模扩容大大提升了公司质地。2014 年新三板公司整体毛利率水平为 25.4%，较 2013 年同期略回升 1.3 个百分点。虽然这一毛利率水平低于创业板，但明显高于中小板（见图 3-5）。毛利率水平反映了一家公司的盈利能力。

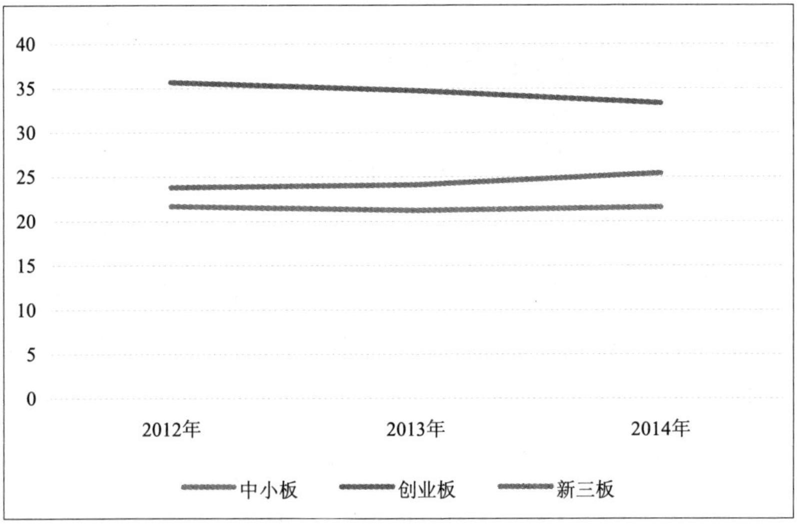

数据来源：Wind。

图 3-5　各市场毛利率比较

新三板的挂牌公司之所以能保持较高的毛利率水平，主要是由于挂牌公司的“高新”特点。拥有核心技术的挂牌企业在市场定价中能够有较强的话语权，从而保持更高的毛利率水平。而稳定高水平的毛利率是新三板挂牌企业获得高利润增速的制胜法门。

根据中国证监会 2014 年 5 月发布的创业板上市条件，以其中“最近两年连续盈利，最近两年净利润累计不少于 1 000 万元；或者最近一年盈利，最近一年营业收入不少于 5 000 万元；或者最近一期末净资产不少于 2 000 万元”等主要财务指标进行筛选，目前在新三板挂牌的企业中已有约 1/3 初步符合创业板上市要求，新三板正在成为绩优企业上市外的另一个选择。因此，从整体来看，新三板挂牌企业财务状况良好，且多数挂牌企业盈利增长明显。

2014 年新三板“盈利王”之战在 2015 年年初打响。湘财证券以 7.90 亿元的归属母公司股东净利润荣膺2014年年度“盈利王”，击败了此前占领2014年半年度“盈利王”的成大生物。事实上，无论是成大生物还是湘财证券，在 2014 年的成绩单都着实为人称道。2014 年，作为国内狂犬病疫苗行业龙头企业的成大生物实现了营业收入 9.37 亿元，较 2013 年增长 10%，公司净利润达到 4.42 亿元，同比增长 9.5%。而湘财证券在这一年更是实现了 142%的营收增长，净利润增长高达 5 倍。新三板不断刷新的“盈利王”成绩单，证明了新三板挂牌企业的价值。

另一个可喜的变化是，从资产变化来看，挂牌公司 2014 年总资产合计 6 756.25 亿元，平均总资产 2.37 亿元，较 2013 年年末增加 24.74%；净资产合计 2 578.94 亿元，平均净资产 0.9 亿元，较 2013 年年末增长 29.12%；平均资产负债率为 61.8%，比 2013 年年末降低约 2 个百分点。从资产规模变化情况来看，新三板挂牌企业正在成长之中，企业规模不断扩大。值得注意的是，公司净资产水平的提高和负债率的下降反映出挂牌企业的整体财务风险正在下降。企业财务质量逐步提高对挂牌公司持续稳健运行是十分重要的。

此外，挂牌公司 2014 年经营性现金流状况同比大幅提升。所有挂牌公司中经营性现金流净额为 85.7 亿元，是 2013 年同期 32.2 亿元水平的 2.7 倍，经营性现金流占营业收入的比重从 2.2%大幅提升至 4.5%。经营性现金流的改善是公司长治久安的前提之一，一定程度上也体现出挂牌公司销售收入实现情况开始改善。

在前面的财务数据中，我们看到了一个欣欣向荣的新三板市场。但我们也应该注意到，新三板市场中的挂牌企业目前业绩分化仍较为明显。挂牌公司 2014 年盈利的占比为 85%。从盈利分布来看，以 100～500 万元居多（见图 3-6），占比为 37%。371 家企业亏损，占比为 15%（见图 3-7）。其中两家公司亏损金额超过 5 000 万元，中搜网络亏损金额最大，达到 1.29 亿元。从分布来看，亏损最集中的金额同样是 100～500 万元和 100 万元以内，分别占 42.1%和 25.9%。

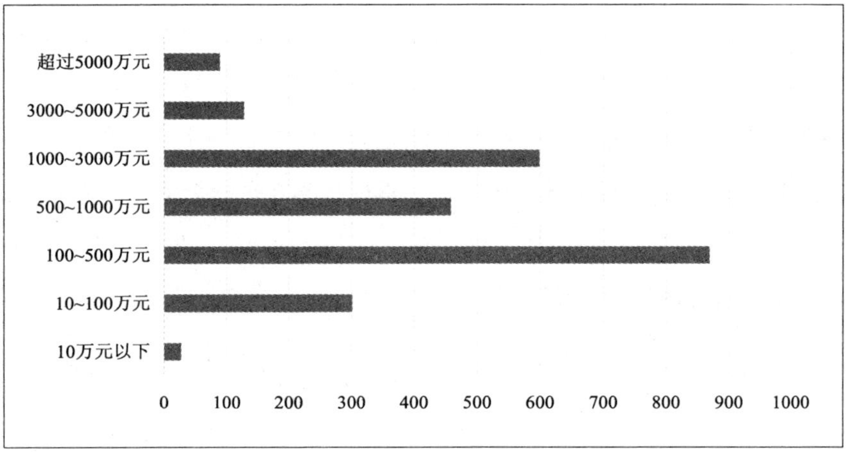

数据来源：全国股份转让系统，Wind，申万研究。

图 3-6　2014 年中报盈利的挂牌公司净利润分布

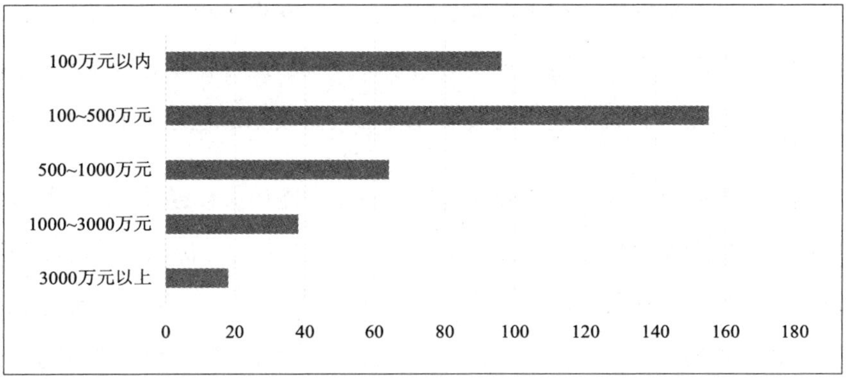

数据来源：全国股份转让系统，Wind，申万研究。

图 3-7　2014 年中报亏损的挂牌公司净亏损分布

类似的现象还体现在业绩增速上。尽管从整体来看，新三板挂牌企业利润增速惊人，但在市场内部仍然分化明显。图 3-8 展示了挂牌公司 2014 年业绩增速的分布情况。在图中我们可以清晰地看到两极分化现象。多数企业落在增速分布的两端，即增速超过 100%的公司和增速下滑超过 50%的公司占比分别高达 20%和 30%。

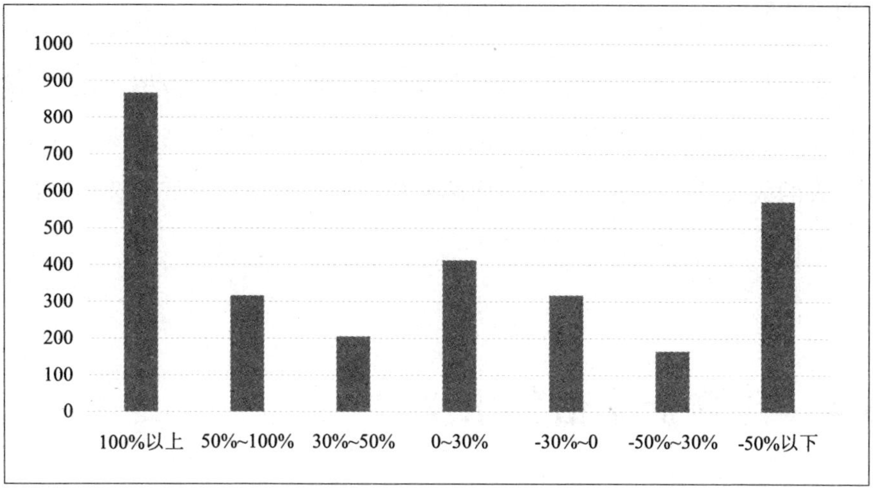

数据来源：全国股份转让系统，Wind，申万研究。

图 3-8 新三板 2014 年中报业绩增速分布

两极分化的特点事实上符合新三板挂牌企业规模小、高科技、初创期的公司特点。由于挂牌公司所处成长时期的特点，这些公司的盈利状况还不稳定，特别是一些高科技公司，往往由于研发投入与销售收入的时点不匹配造成不同会计期间的盈利水平差距较大。比如 2014 年业绩突出的成大生物，其 2013 年全年营业收入负增长 14%、净利润负增长 19%。扭亏为盈、转盈为亏的企业在新三板屡见不鲜。也正因如此，在新三板投资的投资者，不仅需要关注企业当期的财务状况，更需要以发展的眼光看待公司的业绩。在这里，过去只能代表过去。

正是看到新三板企业的这种特点，投资者在新三板开始试行新的投资策略。尽管一些企业财务报表并不靓丽，还是得到了不少投资者的支持。比如仁会生物（830931），财务数据显示，该公司 2013 年营业收入为 19.07 万元，净利润亏损 808.61 万元。2014 年该公司净利润依旧亏损 576 万元。但就是这样一家没有漂亮财务报表的公司，却得到了 5 名自然人投资者 3 250 万元的慷慨支持，2015 年公司又通过定向增发发行股票 3 917 000 股，募集资金 97 925 000 元。类似的，中搜网络（430339）、东芯通信（430670）等新三板上的“亏损大户”也受到诸多投资者的青睐。

这主要是由于新三板定位不同，挂牌企业特点不同，投资者在参与新三板挂牌企业投资过程中的关注点也往往不同。比如投资者会更加注重公司未来的成长性，对于一些目前面临亏损、但后期发展看好的公司同样会予以支持。

3.4 挂牌企业估值水平

对于投资者来说，除了要关注企业财务状况等基本面信息，还要关注目前股票的价格，二者相比较以权衡一家公司是否值得投资。因此，考察新三板企业的整体情况就避免不了对挂牌企业估值情况的探讨。

传统的估值方法分为相对估值和绝对估值两种。相对估值是使用市盈率、市净率等价格指标进行估值分析的方法。其中，常用的市盈率（PE）法以股价与每股收益的比值作为市盈率，考察公司标价与实现收益时间的关系。直观地看，市盈率越高，反映出股票标价越高，估值越高。

价格受到供求双方的影响，只有在市场活跃、交易充分的市场中，市盈率指标才能正确反映一家公司的估值情况。2014 年以前，由于新三板挂牌公司采取协议转让方式，交易频率较低，且转让价格由交易双方协商确定，其价格的参考性较低。2014 年 8 月，新三板做市商制度正式上线，首批采用做市转让方式的挂牌公司共计 43 家。在做市商的报价撮合下，市场活跃度有了明显上升，带动不少采用做市交易的股票价格上涨，股票估值也有了明显提高。

截至 2015 年 6 月底，采用做市转让的挂牌公司总数已达到 523 家，做市交易形成了一个较为活跃的交易市场，同时也带动了协议转让方式股票的交易活跃度。图 3-9 展示了新三板市场市盈率的月度变化数据。可以看到从 2014 年至 2015 年 6 月，新三板挂牌公司的平均市盈率从 2014 年的 21.44 倍上升至 45.9 倍。

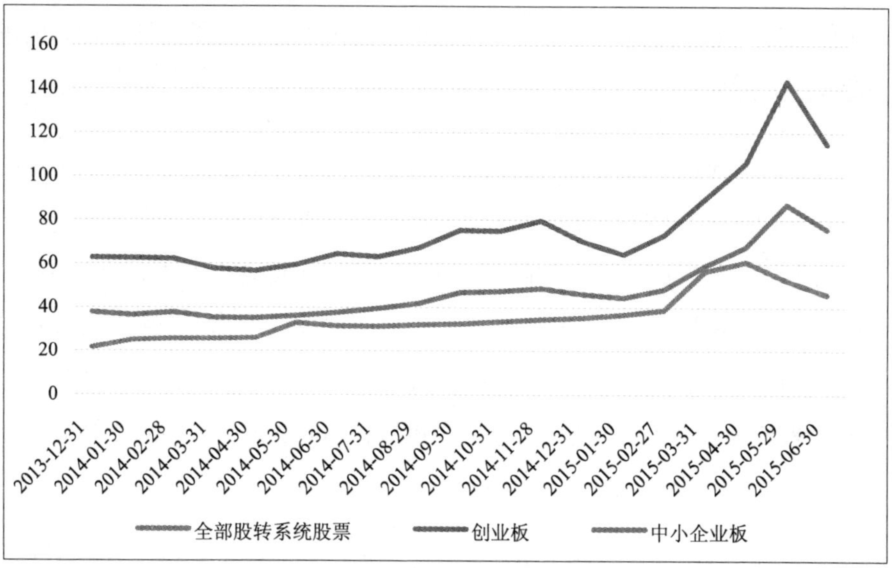

数据来源：全国股份转让系统、深圳证券交易所。

图 3-9　2014 年以来各市场市盈率比较

新三板挂牌公司股票市盈率的提高有四方面因素共同作用。

第一，市盈率的提高是过去股票价值低估的一种回归。由于过去市场交易量小，在协议转让方式下交易价格往往不能达到市场公允价格，较低的市盈率其实是对投资者流动性的一种补偿。随着做市交易制度的推出，投资者可以通过做市商完成股票的买卖，很大程度上缓解了过去寻找交易对手的难题，使得股票流动性得到很大提升，因此市盈率也随之得到提升。

第二，市盈率的提高体现了投资者对挂牌公司质量的认可。从新三板扩容以来，不少绩优公司的目光从主板转移到新三板，使得新三板挂牌公司的整体水平有了很大提高。同时，新三板交易制度的改进、信息披露制度的完善都使得投资者对这个市场更有信心，需求方力量的增强推高了股票价格，使得市盈率有所提升。

第三，近年来政策红利逐渐释放，不少新三板挂牌企业从新三板“转板”，或是被上市公司收购。转板和收购预期使得不少投资者把新三板看作一个待开采的金库，纷纷抢占有潜力的公司，以期在未来公司转板或被收购时大赚一笔。

第四，即便是从目前股票的回报来看，新三板挂牌股票也有不少不错的选择，受到投资者追捧。据中国证券报统计，已披露 2014 年度利润分配方案的近 30 家新三板公司中，约有半数推出了每 10 股送转超过 10 股的方案。比如麟龙股份拟推出 10 转 20 派 1.08 元的分配方案、金润科技披露 10 转 25 派 10 元的分红方案、金正食品宣布拟推出 10 股转增 90 股的创纪录分配方案……这些高送转高分红的公司使得主板股民啧啧称羡，对于看重当期收益的投资者来说也是具有十足吸引力的。

因此，综合各方面因素，投资者开始对新三板趋之若鹜，一路拉高了新三板挂牌企业的估值水平，具体如表 3-3 所示。

不过，与创业板和中小板相比，新三板挂牌企业目前的市盈率仍然处于较低水平。深圳中小企业板 2014 年年平均市盈率为 41.06 倍，而创业板更是达到了 64.51 倍，最高时甚至超过了 70 倍。而从目前来看，不少新三板挂牌企业已经达到了登陆创业板或中小板的基本条件。从这个意义上说，一旦挂牌企业能够转板，带来的收益无疑是巨大的。

表 3-3 新三板市场估值变化

时间	挂牌公司家数	总股本（亿股）	无限售条件股本（亿股）	总市值（亿元）	市盈率（倍）
2013.12	356	97.17	38.95	553.06	21.44
2014.01	621	213.20	65.53	1 194.46	25.03
2014.02	649	220.68	68.16	1 268.00	25.66
2014.03	660	225.86	70.79	1 270.96	25.56
2014.04	717	242.28	76.35	1 376.63	25.83
2014.05	762	255.24	82.00	1 825.24	32.84
2014.06	811	280.16	93.15	1 900.83	31.41
2014.07	891	349.20	122.34	2 255.85	31.34
2014.08	1107	448.24	157.14	2 848.28	32.05
2014.09	1153	468.92	164.39	3 093.45	32.42
2014.10	1232	514.10	182.23	3 503.62	33.53
2014.11	1354	570.57	196.15	3 908.91	34.48
2014.12	1572	658.35	236.88	4 591.42	35.27
2015.01	765.78	269.05	496.73	5 591.64	36.64
2015.02	833.67	299.41	534.26	6 196.13	38.78
2015.03	919.16	329.15	590.01	9 622.04	56.55
2015.04	1 058.51	372.02	686.49	11 166.43	60.90
2015.05	1 155.74	409.11	746.63	12 500.86	52.31
2015.06	1 277.02	476.92	800.10	11 933.69	45.90

数据来源：全国股份转让系统。

业内人士表示，随着注册制的落地，在市场供需关系发生显著变化、估值已有高估的态势下，创业板未来的估值将缓慢下移，预计两年后市盈率将从现在的 100 多倍下降到 50 倍左右。反观新三板，现已有做市商的 523 家公司目前的总市值不到 5 000 亿元，平均估值水平为 45 倍市盈率，较现有创业板低了 50%以上。未来随着新三板分层设想的实践和竞价交易制度的实施，新三板 A 层公司的平均估值要较创业板高 50%以上，新三板的市盈率还可以增长一倍多。

目前，随着机构投资者涌入市场，新三板整体估值水平不断走高。2015 年 6 月，据全国股份转让公司统计，新三板股票平均市盈率达到 45.9 倍，比 2014 年年底的 35.27 倍上升 30%。从目前趋势来看，未来新三板股票相对估值超过中小企业板平均水平几乎是确定的。

但是，资本市场的故事往往是复杂多变的，正如站在 6000 点上杀入中国股市的投资者无法想象此后如何跌入 2000 点深渊而无法自拔一样。要分析新三板挂牌企业的估值是否合理，不是一个简单的问题。针对个股，由于所处行业、自身特点的不同，需要作出不同的估值，不能一概而论。因此，目前分析新三板估值水平过高还是过低还为时尚早。但作为投资者，如何建立自己的估值体系，在近 3 000 家挂牌公司中准确选定千里马是一个迫在眉睫的问题。

由于新三板挂牌公司大多属于创新创业型企业，企业经营模式不够成熟，可比公司较少，给投资者估值带来了很多困难。目前，全国股份转让系统正在积极联系主办券商的研究所，探索新三板挂牌企业估值体系的建立方法。

目前，申银万国研究所提出了一套新三板估值系统，旨在为新三板市场交易价格提供合理的参考区间。这套估值体系的基本架构分为两个部分：一为新三板行业相对估值体系；一为新三板个股估值调整体系。使用者可以首先通过行业相对估值体系确定行业相对估值区间，再通过个股估值调整体系确定具体公司的相对估值区间，最后根据新三板整体的最新估值结构得到具体公司的绝对估值区间。在行业相对估值体系部分，模型以历史交易数据测算新三板市场内各行业历史市盈率、市净率运行中枢及标准差，并在此基础上计算各行业相对 PE、相对 PB 运行中枢及标准差。

在完成对新三板行业的相对估值之后，结合公司财务数据和公司本身的特点，模型通过常规调整系数和特殊调整系数对公司所属行业的相对估值进行调整。这里的常规调整系数从增长性、盈利能力和杠杆三个维度出发，而特殊调整系数从公司本身的管理团队、治理情况、长期发展因素等方面综合考虑给出一个主观评定。

尽管该模型给出的估值方法还存在很多不足之处，但模型中指出的几点考虑因素不容忽视，比如公司的财务情况、盈利水平、长期发展、公司治理、团队水平等。从行业分布和平均成长水平来看，新三板与创业板较为接近，但目前二者估值水平相差巨大，这其中正是受到上述多方面原因共同作用的结果。创业板高估值的逻辑在于其高成长性，新三板挂牌公司虽然也有不少增速惊人，但由于规模、技术、研发能力等诸多因素的制约，其成长性的不确定性太大。

正如我们在此前的挂牌公司财务分析中指出的，新三板挂牌公司在财务水平和盈利能力上存在较为严重的两极分化现象，同时这两级可能在不同的会计年度之间调换。也就是说，目前来看盈利、增长俱佳的明星公司，明年可能成为巨亏公司，这其中的风险性较大，因此需要考虑适当的风险溢价。

具体到行业来看，为方便与主板比较，我们将新三板公司按照主板分类标准进行重分类，能够发现新三板公司主要集中在化工、机械设备、电气设备、公用事业、医药生物、电子、计算机、传媒、通信这 9 个行业。图 3-10 展示了不同行业的相对市盈率。

所谓相对市盈率，是指具体到一个行业的市盈率与市场整体市盈率的比较，市盈率越接近 1，表示该行业与市场整体的市盈率越接近。

从图 3-10 中可以看到，新三板不同行业的股票市盈率基本相等，不存在很大悬殊。而 A 股市场不同行业之间则存在较大的市盈率差别。比如公用事业相对电子、计算机等行业而言，相对市盈率明显较低。这种现象不难理解，由于市盈率往往反映了投资者对一家公司未来成长的期望，成长性越好的企业一般市盈率越高。公用事业行业属于传统防御型行业，成长性较弱而稳定性较好，因此其市盈率一般低于电子、计算机等行业。而在新三板，各个行业的相对市盈率基本都在 1 附近，反映出新三板内部市盈率较为统一。这是由于新三板挂牌的企业整体具有较好的成长性，在各个行业都有较好的发展空间，同时也具有类似的风险，因此在估值水平上基本相似。但是未来，随着新三板逐渐发展和挂牌日趋成熟，不同行业之间的估值水平仍有出现分化的可能。

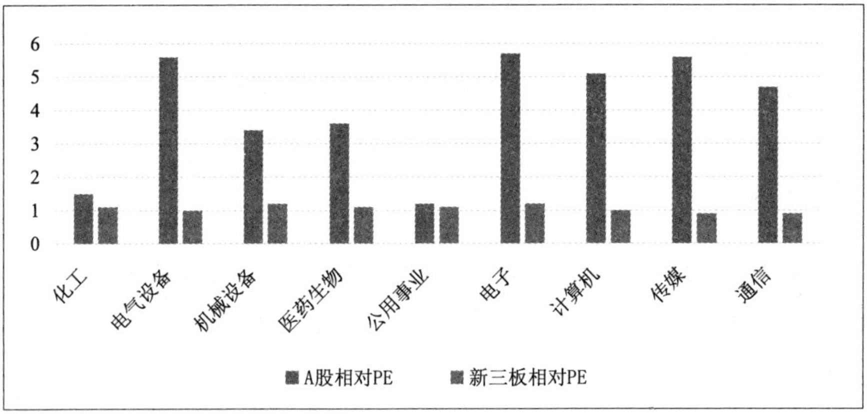

数据来源：申银万国研究所。

图 3-10　相对市盈率比较

新三板为创新创业型企业提供发展平台，也造就了自身增长快、风险高的特点。从挂牌企业的数量、行业分布、财务水平和估值水平来看，新三板近年来的发展无疑是喜人的。这反映出我国建立多层次资本市场是适应市场需求的，为企业和投资者提供了便利。

但另一方面，我们必须冷静面对目前新三板如日中天的发展势头。在期待新三板缔造出一个高成长、高估值神话的同时，我们必须清醒地看到新三板挂牌企业中存在的诸多风险点。只有这样，新三板才能走得稳，投资者才能睡得安。

第 4 章

新三板做市商制度分析

4.1 做市商制度简述

4.1.1 做市商的定义

做市商作为源于柜台交易市场的交易制度，最早出现在20世纪60年代的美国证券柜台交易市场。随着20世纪70年代初电子化即时报价系统的引入，传统的柜台交易制度演变为现代意义上的场外交易市场（OTC），并形成了规范的做市商制度。纵观世界主要国家金融衍生市场的发展，做市商制度作为国际证券市场及期货与期权市场的一项重要制度，恰好与金融衍生市场的创新同时出现，在近40年的发展中其作用已被广泛认同。

在做市商制度中，具备一定实力和信誉的机构充当特许交易商，不断向公众投资者报出某种证券的买卖价格，并在所报价位上接受公众投资者的买卖要求，以其自有资金或证券与投资者进行证券交易。正是通过这种不断地买卖报价和交易，做市商维持证券的交易活跃度和市场的流动性，满足投资者的投资需求。与此同时，做市商通过买卖报价价差来对提供的服务进行补偿，并实现一定的利润。设立做市商是为了提高证券交易的稳定、高效和流动性，因此做市商是伴随着证券市场发展而产生的，是历史的产物。

根据是否具有竞争型的特点，做市商制度有垄断型做市商制度和竞争型做市商制度两种。在垄断型做市商制度中，每只证券只有一个做市商，垄断做市商是该只股票唯一提供买卖双边报价的交易商，因此必须具有很强的信息综合能力，其垄断性地位也会为其提供高额利润。在竞争型做市商制度中，每只证券有多个做市商，在一定程度上允许做市商进入和退出。通过做市商之间的竞争，能够有效减少买卖差价，降低交易成本，使价格定位更为准确，但同时交易利润也有所减少。大多数国家采用的是竞争型做市商制度。

另外，伴随着股票交易活跃度的提升，参与的投资者越来越多，单纯依靠做市商提供报价交易服务不能满足投资者的需要，同时做市商不得不与庞大的市场进行博弈，交易风险大大提升。因此，在市场流动性有了极大提高以后，纯粹做市商制度的不足就逐渐暴露。这时突破原有做市商制度，引入竞价交易方式，形成竞价制度和做市商制度并存的混合交易制度，成为一种全新的做市商制度。

4.1.2　我国引入做市商制度的背景

1．一个长期争论的话题

引入做市商制度一直是我国证券市场人士讨论的热点之一。总体来看，关于我国证券市场引入做市商制度的讨论经历了三个阶段。

第一阶段：市场起步阶段（1996 年前）

在该阶段，我国证券市场总体上还处于起步阶段，市场尚未基本定型，因此，对不同制度（包括交易制度）的研究和探索也一直没有停止过。相应地，有关做市商制度讨论的出发点也比较简单，只是把它作为一种可供选择的交易制度，研究它在我国证券市场的适用性。在这期间，STAQ 和 NET 分别从 1991 年和 1993 年起实行做市商制度。1990 年 11 月 6 日，中国证券市场研究设计中心（联办）发布的《证券交易自动报价系统（STAQ）上市规则》规定，“会员可以注册成为也可以被系统指定为某一种系统证券的做市商”。该规定第六章还详细制定了做市商的报价规则。1991 年 9 月 16 日后，STAQ 开始逐步对各类证券正式实行做市商制度。此后，1993 年 4 月 28 日开始运行的中国证券交易系统（NET）也采用了做市商制度。

与 STAQ 和 NET 不同，沪、深证券交易所在一开始就采用了竞价交易制度。尽管如此，1993—1994 年，我国证券界仍探讨过在沪、深市场采用做市商制度的问题。其中，深圳证券交易所内部和券商层面曾提出过多份研究报告，建议在当时缺乏流动性的 B 股市场建立做市商制度。此外，也有人提出在国债市场和未来的高科技板试行做市商制度。1995 年，上海证券交易所曾组织有关证券市场引入做市商制度的大规模研讨活动。

总体上看，在该阶段，市场对做市商制度的讨论虽一度热烈，但并没有形成很大的影响。即使受到了一时关注，也会马上“时过境迁”，远离人们的视野。特别是在 1993 年以后，STAQ 和 NET 的转让功能逐渐削弱，交易日趋不活跃，市场影响逐步消失，人们对做市商制度的关心就更少了。就具体内容而言，由于资料缺乏，对做市商制度的讨论并不深入。

第二阶段：市场发展阶段（1996—1999 年）

1996 年市场大发展之后，对做市商制度的讨论一度沉寂。此后，对做市商制度的讨论却是从另一个崭新的角度展开的。在市场高速发展的同时，鉴于市场的剧烈波动，人们对做市商稳定市场的作用特别关注。特别是在 1999 年“5.19”行情中，机构投资者的出逃导致股价剧烈波动，造成了不良影响，因此，为了稳定市场，有关方面再次提出了引入做市商制度的问题。从该阶段开始，做市商所发挥的稳定市场作用受到了极大关注，研究做市商制度的出发点也转变为是否有助于稳定我国证券市场。

由于人们普遍认为我国主板市场不存在流动性不足的问题，因此，“稳定市场”、“防范操纵”是我国竞价市场引入做市商制度的最主要理由。然而，从总体上看，关于做市商制度有助于稳定市场的讨论并没有形成一致意见，难以监管做市商行为和难以落实做市商责任成为引入做市商制度的最大担心。其中，最根本的原因在于，做市商制度能否起到稳定市场、防范操纵的作用值得讨论。

第三阶段：市场创新阶段（2000 年至今）

2000 年后，随着我国建立创业板市场的日益临近，作为可供选择的交易制度之一，做市商制度是否应该被引入创业板市场就成为热点问题。与十年前的讨论不同，这次讨论的焦点集中在是否有必要在创业板市场引入做市商制度。对此，人们有着不同的看法。主要的支持理由有两个：一是创业板市场的流动性可能较低；二是创业板市场的波动可能较大。但反对者认为，我国创业板市场建立做市商制度既不可行，也不必要，更缺乏必要的理论支持，其主要理由是：我国证券市场换手率较高且小盘股交易更为活跃，并且做市商制度存在着交易成本较高等缺陷。尽管市场讨论十分热烈，但是，最终的方案并没有采用做市商制度，而是仅对主板市场的竞价交易制度进行了修改和完善。

随着推出创业板市场时间的延迟，对做市商制度的讨论也就逐渐冷落下去。从 2002 年开始，人们讨论的重点又重新回到了是否需在主板市场引入做市商制度。这次讨论的主要结论是：出于稳定市场的需要，有必要研究在主板市场引入做市商制度，建立以电子自动撮合竞价制度为主、以竞争性多元做市商制度为辅、投资者的报价与做市商的双边报价共同参与集中竞价的混合交易制度。主要的理由是：自证券市场建立以来，我国证券市场一直采用竞价交易制度，所有交易都通过指令驱动交易系统完成。从目前竞价交易制度的运作效果看，我们不大可能完全抛弃这种制度，因此，即使引入做市商制度，也只能是作为竞价制度的补充。

综上所述，每隔两年左右市场就会重新讨论引入做市商制度，可见该问题的重要性和复杂性。我们不难发现，迄今为止，虽然对我国证券市场引入做市商制度的讨论仍停留在比较原始的阶段，但在某些方面，如引入做市商制度的模式，取得了一定共识，即建立混合交易制度，把做市商制度作为竞价交易制度的补充。

2．现阶段的不同出发点

总结十多年来有关引入做市商制度的讨论，我们发现，不同的市场主体对引入做市商制度有着不同的期望。大致来看，主要有三个方面的市场主体从不同角度论证了引入做市商制度的必要性。

首先是中国证券市场的监管层。这不仅包括中国证监会，而且包括与证券市场相关的立法机构等。他们主要从有利于加强监管的角度来看待引入做市商制度。这些管理层人士推动在中国证券市场引入做市商制度，其诉求点并非是“活跃市场”，而是“规范市场”。他们认为，“中国股市的最大问题是操纵，而做市商制度恰恰可以抑制操纵”。其中，比较有代表性的是中国证监会高层顾问所提出的观点：“做市商与庄家有根本的区别，做市商的交易行为是透明的，而庄家的行为则是不透明的。”这个观点也回应了对做市商制度的一个主要指责：较难对做市商进行有效监管。

与监管层不同，沪、深交易所主要从流动性角度来考虑在我国证券市场引入做市商制度，认为引入做市商制度主要是为了解决可能存在的流动性不足问题。因此，对未来市场流动性判断的差异决定了沪、深交易所对引入做市商制度的态度差异。目前，人们普遍认为，主板市场具有较高流动性，而主板市场之外的其他市场，如银行间债券市场、代办股份转让市场等普遍缺乏流动性。但对于未来的创业板市场的流动性，则有两种截然不同的看法：一种认为我国创业板市场会像主板市场一样具有很高的流动性；另一种认为我国创业板市场部分股票可能缺乏流动性。不论是哪种情况，只要认为市场缺乏流动性，则引入做市商制度就会被看作一个解决流动性不足问题的备选方案而加以考虑。

第三类考虑引入做市商制度的主体是券商，尤其是在我国证券市场居主导地位的几个主要券商。他们的主要出发点是：引入做市商制度将创造新的盈利模式，增加券商新的利润来源。自 2000 年以来，随着浮动交易佣金制、限制委托理财等措施的实施，特别是最近几年市场的持续调整，券商整体盈利能力受到削弱。因此，在努力节流的同时，券商也在不断尝试开源，而做市商制度则被各大券商寄予厚望。一旦引入做市商制度，这些券商希望成为首家或首批做市商，从做市行为中获得一定的收益。此外，券商认为，引入做市商制度有利于活跃市场，促进二级市场交投，从而增加经纪、自营等业务的收入。

4.1.3　做市商制度的优缺点

对于初创小型市场，做市商的制度优势是显而易见的，主要表现在以下几点。

第一，提高流动性，增强市场吸引力。在尚未实行做市商制度的情况下，交易双方需要各自搜索潜在的买卖双方，沟通协调困难，交易成本过高。从中国台湾兴柜市场与中国大陆新三板市场的换手率比较来看，在过去 7 年多时间里，中国台湾兴柜市场年均换手率为 26%，而在做市商制度引入以前，新三板市场换手率仅为 6.2%。此外，场外市场挂牌交易的公司一般规模比较小，风险也比较高。以中国台湾兴柜市场为例，自 2006—2014 年 9 年间，兴柜市场整体市盈率有 5 年为负值，且波动较大。这使得投资者和证券公司参与的积极性受到较大影响，特别是在市场低迷的情况下，广大投资者更容易失去信心。

第二，有效促进市场稳定，防止暴涨暴跌行情。由于做市商具有双向报价的义务，且交易期间，做市商具有一定的存货，因此可遏制过度的投机，稳定市场。做市商对某种证券做市，一般具有较强的资本实力和后续融资能力，具有较高的价值分析和判断能力，并在此基础上进行报价和交易，从而使得操纵者有所顾忌，一方面操纵者不愿意“抬轿”，另一方面也担心做市商的行为会抑制市场价格。

第三，有效减少信息不对称现象，促进价格发现。为了保证做市顺利进行，各交易商会选择优秀的标的进行做市，并且通过买卖价差向市场传递信息。此外，同一标的可能有多家做市商，各做市商之间的竞争关系有利于增加交易的透明程度。

此外，国外市场大多采用混合的交易制度——做市商制度与竞价交易制度相互结合。在单纯的做市商制度下，各交易券商有可能形成寡头，合谋垄断市场，提高买卖价差，从而获得较高收益。为此，在做市商之外引入竞价交易制度，投资者可以通过交易所的交易系统直接交易，在缺乏足够流动性的前提下，做市商才介入，这样有利于缩小价差、减少垄断。

但是做市商制度并非一种完美的制度。首先，做市商监管比较困难，比如做市商的合谋。其次，混合交易制度下，难以平衡做市商的权利和义务。做市商可能难以利用其做市获得的利益覆盖其成本，这就是所谓的“做市商困境”。做市商困境下需要某些补偿，比如延迟披露义务等，可能具有法律风险。最后，运用做市商制度，需要一定的配套环境，比如丰富的衍生品进行过对冲、新三板市场实行做空机制等。

4.1.4 新三板实行做市商制度的必要性

在以协议转让为主的交易制度下，新三板市场极为不活跃，成为市场发展的瓶颈。新三板协议转让方式基本延续了原中关村试点期间的协议转让方式，同时增加了对收盘前未成交定价申报进行自动匹配的功能。在协议转让方式下，投资者委托分为意向委托、定价委托和成交确认委托，投资者通过主办券商执行以上委托命令。在协议转让交易制度下，投资者之间的交易大部分通过事先沟通后再通过交易系统进行成交，交易系统仅起到一个通道的作用，包括信息搜寻成本、谈判成本等在内的隐性交易成本较高，阻碍了市场的活跃程度。

2006—2013 年新三板年交易量基本维持在亿元级别，整体交易不活跃，但随着新三板市场建设的逐步完善，交易量呈现逐年上升趋势。2015 年 3 月，新三板日均交易量突破 10 亿元，但与场内市场动辄万亿元的交易额相比，仍然处于非常低的水平。新三板年换手率维持在 1%～5%的水平，同样大幅低于其他板块市场。同时 2006—2013 年中国台湾场外市场——兴柜市场年换手率基本维持在 15%～27%的水平，活跃度平均是新三板的 6 倍。

参照国际经验，做市商制度是场外市场交易制度的主导，激活交易效果明显。场外市场交易的相对不活跃是多层次资本市场建设的普遍问题，成熟市场国家一般采用做市商制度激活市场交易，并取得了很好的效果。美国的 NASDAQ、OTCBB、日本的 JASDAQ 市场及中国台湾的兴柜市场等场外市场均采用做市商交易制度。2001 年中国台湾兴柜市场建立起来后便采用了做市商制度，激活市场效果明显，兴柜市场年换手率维持在 19%左右（2007 年最高达 27%），是新三板市场年均 3%换手率的 6 倍多；同时兴柜市场交易量占场内交易维持在 0.66%左右，而新三板仅为 0.0018%。美国 NASDAQ 市场在 1971 年建立之初便采用了做市商制度，在市场交易被激活之后，于 1990 年引入“限价委托自动撮合”功能后开始逐步构建竞价交易制度，最终建立起混合交易制度，做市商制度对于 NASDAQ 市场建设功不可没。美国 OTCBB 市场作为较 NASDAQ 低一层次的市场，其流动性相对较低，而做市商制度也一直是 OTCBB 的主导。

简洁的融资制度、流畅的转板制度、适当宽松的投资人准入制度及良好的资产定价功能是成熟场外市场建设的普遍因素，而市场的活跃程度直接决定了以上因素的实现程度，是新三板建设最为核心的制度之一。新三板融资制度及转板制度运行效率较低，一个重要原因在于市场定价功能及信息引导功能的缺失，最为根本的是交易不活跃对于市场功能的限制。做市商制度作为新三板的核心制度，将对新三板未来的发展起到重要的支撑作用。

4.2 做市商制度的功能定位

4.2.1 做市商内在制度优势：激活市场交易

做市商制度对交易不活跃的场外市场可起到独特的激活作用，内在制度优势明显。做市商制度在发达国家证券市场的应用已经非常成熟，被广泛应用于缺乏交易活跃度的市场。流动性的匮乏往往是场外市场各基本功能运行的最大障碍，竞价交易制度虽然在交易成本及信息透明方面具有优势，但其本身对于流动性要求很高。混合制度集合竞价交易的低成本及做市商制度的流动性提供优势，但在混合制度中，由于投资者之间报价可以直接成交，做市商利润空间被压缩的同时还肩负提供流动性的义务，容易陷入“流动性陷阱”。做市商制度在主动增加市场流动性方面具有独特优势，交易成本仍低于目前的协议转让方式。在做市商模式中，券商主要以经纪商、自营商及做市商的身份从市场交易中获利。各种交易制度的比较如表 4-1 所示。

表 4-1 各种交易制度比较

	竞价交易（集合竞价+连续竞价）	混合交易制度（竞价交易+做市商）	做市商制度（竞争性）
代表市场	中国大陆、中国香港、中国台湾等	中国香港市场，德国市场，泛欧证券交易所部分股票	美国 OTCBB，1997 年之前的 NASDAQ 及中国台湾兴柜市场
交易对手	投资者之间	混合	做市商
价格确定方式	投资者竞价确定	混合	做市商确定
优点	1. 交易成本低； 2. 市场透明度高	1. 本质上更偏向于竞价制度，成交成本较低，市场透明度高； 2. 做市商可满足大宗交易需求	1. 对流动性差的市场作用明显； 2. 做市商向市场提供流动性； 3. 对公司具有推介作用
使用市场	流动性高的交易市场（场内）	范围较广（场内、场外均有）	流动性较低的市场（场外）

续表

	竞价交易 （集合竞价+连续竞价）	混合交易制度 （竞价交易+做市商）	做市商制度 （竞争性）
缺点	1. 对市场流动性要求高； 2. 流动性较低时，市场自身难以补救	做市商面临投资者报价竞争，同时要执行提供流动性的义务，面临“做市商困境”	交易成本比竞价市场高
券商盈利模式（在市场交易中）	1. 经济上获得佣金； 2. 自营商获得买卖价差	1. 经纪商获得佣金； 2. 自营商获得买卖差价； 3. 做市商获得价差收入	1. 经纪商获得佣金； 2. 自营商获得买卖价差； 3. 做市商价差收入

交易创造价值，券商对于做市商业务的资本投入及本身的专业定价权是新三板市场被激活的重要保障（见图 4-1）。新三板年换手率仅维持在 1%～5%，市场交易极度不活跃，导致作为新三板基本功能的定价功能、融资功能尚存在一定缺陷。市场基本功能的实现基础是交易的活跃，即交易本身提升了市场价值，中小企业可以在市场融资，投资者也可以充分分享企业的成长价值。

做市商制度激活新三板市场交易具有两方面的天然优势：一是做市商以自有资金买卖做市证券，市场是否活跃直接关系到做市商盈利状况，激励充足；二是做市商专业的定价能力。市场交易不活跃、信息不对称程度较高致使市场定价功能不能较好运行，做市商依靠专业定价能力，一方面通过向市场持续提供股票双向买卖报价，向市场持续输入流动性，另一方面做市商具有扩大所做市企业在市场认知度的激励，降低市场信息不透明程度，激活新三板市场。

新三板市场的活跃可以吸引更多的中小企业进入新三板，充分利用融资功能、转板功能，借助资本市场实现发展，同时新三板对于投资者的吸引力也将上升。中小企业与投资者对新三板市场的认同又反过来进一步激活市场。做市商制度激活新三板市场的根本逻辑源于其在市场功能部分丧失情况下的专业定价权。

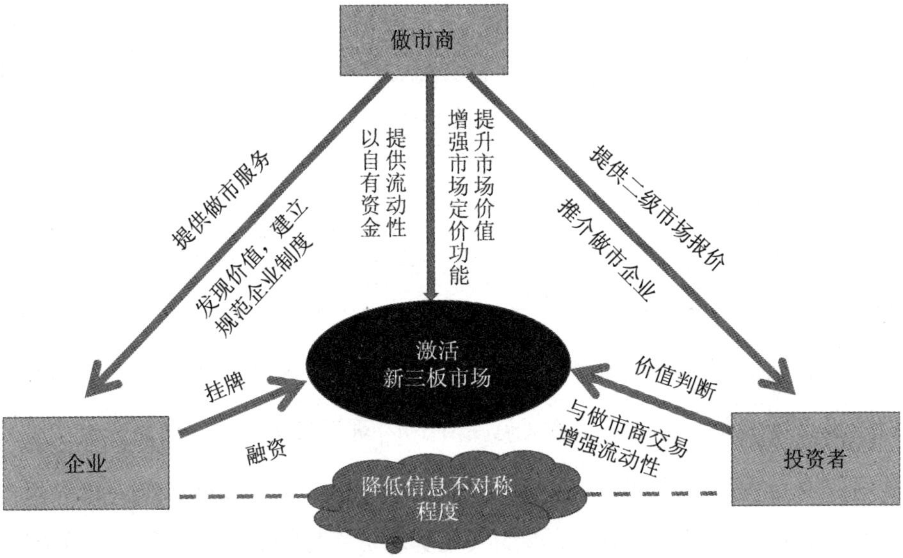

图 4-1　做市商激活新三板的重要保障：自有资金买卖的激励+专业定价权

4.2.2　做市商发展趋势：新三板做市商模式将长期主导

做市商制度是解决场外市场流动性不足的主要途径，国际应用经验已十分成熟。国际成熟市场国家在场外市场建设的过程中，激活流动性是最为基本、最为首要的要求，竞价交易虽然在交易成本及市场运作透明度等方面具有一定优势，但在面对市场流动性不足时主动调节途径却相对缺乏。在做市商制度下，由做市商持续向市场提供双向报价，并负有与在其报价之内的指令成交的义务，同时以买卖价差获取做市商收入，对于市场流动性不足具有主动调节功能。

例如，美国 NASDAQ 市场在 1971 年成立之初即建立做市商制度，成为场外市场建设的典范；OTCBB 市场自 1990 年成立至今及中国台湾兴柜市场自 2002 年年初成立至今一直沿用做市商制度；日本 JASDAQ 市场于 1998 年年底针对部分流动性不足股票引入做市商交易制度。

参照场外市场交易制度发展经验，新三板做市商制度将成为长期主导，激活市场带来更大市场机会。参照国际市场做市商发展趋势，交易活跃之后，在做市商制度基础之上引入竞价制度而建立混合交易制度是主要发展趋势。

伦敦证券交易所 1986 年正式建立现代做市商制度，取代之前一直沿用的叫价交易模式激活市场交易，在此基础上于 1997 年推出 SETS（Stock Electronic Trade System），建立起混合交易制度。美国 NASDAQ 市场 1971 年成立之初即建立了做市商的交易制度，市场活跃程度逐年上升。20 世纪 90 年代 NASDAQ 市场开始在原来做市商基础之上引入竞价交易制度，推出“限价委托自动撮合”功能，报价较优的投资者可以直接成交。1997 年 SEC 颁布 OHR（Order Handing Rules）规则，混合交易制度正式建立。

做市商制度向混合制转化一般需具备两个前提：市场流动性很高及做市商在大宗交易方面专业能力突出。参照场外市场交易制度发展经验，目前新三板主要采用协议转让制度，交易意向及价格的达成基本由双方直接谈判确定，自 2006 年成立以来年换手率仅维持在 1%～5%的水平，仍处于场外市场建设的最初阶段。

国内新三板市场仍处于快速扩张阶段，投资机构对于挂牌企业的认知程度也有一个逐步提高的过程。做市商基于自身盈利需求具有对做市公司进行市场推介、减少信息不透明程度的激励，激活交易提升市场整体价值，是完善新三板市场的主导力量之一，将在较长时间内成为主要的交易方式。场外市场交易制度发展的一般规律如图 4-2 所示。

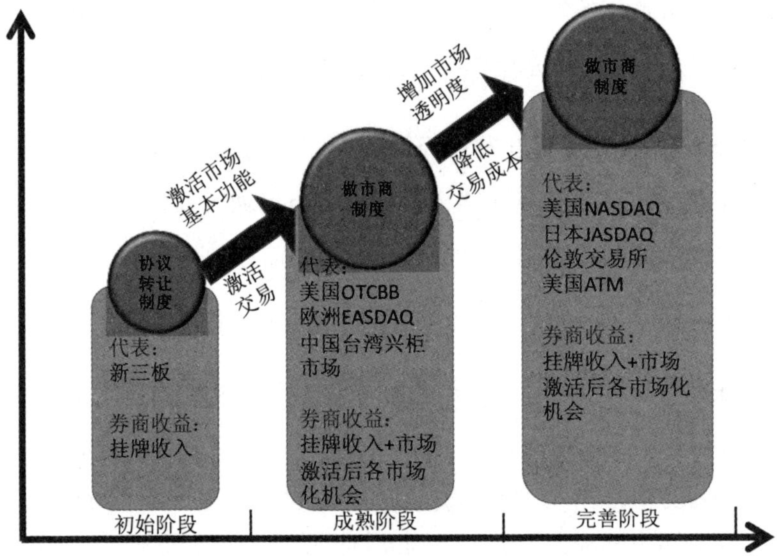

图 4-2　场外市场交易制度发展的一般规律

4.3　做市商制度成功落地

“新三板”做市商制度已于 2014 年 8 月 25 日正式上线。采用传统竞争性做市商制度，即由两家以上的做市商为一家挂牌公司做市，做市商持续向市场提供买卖双向报价，并在其报价数量范围内按其报价履行成交义务，做市转让时间内，投资者之间不能成交。

做市商制度推出之前，已有 66 家主办券商获得做市业务备案，43 家挂牌公司公告采取做市转让方式，涉及 42 家做市商。这些做市商均已完成了做市业务申请、技术系统测试、做市交易单元和做市账户开通、初始股票获取、通关测试等参与做市的一系列流程准备。新三板做市交易制度的建立过程如表 4-2 所示。

表 4-2　新三板做市交易制度的建立

日期	时间
6 月 5 日	《全国中小企业股份转让系统做市商业务管理规定（试行）》发布
6 月 20~25 日	新增 14 家做市商获批：国泰君安证券、东方证券、中银万国证券、长城证券、招商证券、东吴证券、广州证券、齐鲁证券、上海证券、西部证券、兴业证券、长江证券、华龙证券、中山证券
6 月 26 日	全国股份转让系统做市技术系统仿真测试培训会在京召开
7 月 3 日	《全国中小企业股份转让系统股票转让方式确定及变更指引（试行）》发布
7 月 3~28 日	新增 32 家做市商获批：海通证券、华泰证券、东海证券、南京证券、银河证券、东莞证券、光大证券、国信证券、中信证券、中原证券、中信建投证券、国都证券、华鑫证券、中投证券、财富证券、日信证券、首创证券、财达证券、国海证券、方正证券、山西证券、天风证券、红塔证券、广发证券、恒泰证券、东兴证券、万联证券、世纪证券、西南证券、平安证券、华创证券、国金证券
7 月 29 日	关于开展全国中小企业股份转让系统做市业务第一次全网测试的通知，于 2014 年 8 月 2 日进行做市业务第一次全网测试
8 月 6~13 日	新增 19 家做市商获批：中银国际、爱建证券、华林证券、国盛证券、宏源证券、浙商证券、金元证券、国联证券、湘财证券、新时代证券、华融证券、民生证券、东北证券、安信证券、国元证券、华福证券、大通证券、华安证券、财通证券
8 月 12 日	关于开展全国中小企业股份转让系统做市业务第三次全网测试的通知，于 2014 年 8 月 16 日进行做市业务第三次全网测试
8 月 23 日	关于实施《全国中小企业股份转让系统股票转让细则（试行）》中做市转让方式相关规定的公告，自 2014 年 8 月 25 日起，做市转让方式的规定正式实施

根据股转系统安排，首批共有 42 家做市商为 43 家挂牌公司做市。43 家挂牌公司 2013 年平均总资产 2.32 亿元，较挂牌公司均值高出 47.8%；平均净资产 1.16 亿元，较挂牌公司均值高出 92%；平均净利润 2 034.23 万元，较挂牌公司均值高出 154%。

首批参与做市的挂牌企业中还有两家 2013 年度净利润为负的公司：彩讯科技（430033）和金泰得（430029）。

2014 年 8 月 25 日首日做市交易，除了东亚装饰（430376）无成交外，其余 42 家均有成交。从个股表现看，股票走势差距较大，25～31 日，联合永道（430664）、蓝山科技（830815）涨幅居前，分别上涨 2 516%和 1 958%，英思科技（430403）、东亚装饰（430376）、新眼光（430140）和行悦信息（430357）涨幅也超过了 100%；而万通新材（430536）和海能仪器（430476）则分别以下跌 24.00%、13%的表现垫底。

主办券商的做市业务也呈现出差异化特征。首批参与做市的 42 家做市商平均做市股票数量为 2.6 只，其中上海证券、东方证券和申银万国位列前三，分别达 9 只、7 只和 7 只。

做市商的面世确实促进了新三板市场的成交活跃，但是与创业板的成交量相比仍有较大差距，做市商提升流动性的作用体现尚需时日。

4.4 新三板做市商制度介绍

做市商是证券公司和符合条件的非券商机构，使用自有资金参与新三板交易，持有新三板挂牌公司股票，通过自营买卖差价获得收益，同时证券公司会利用其数量众多的营业部网点，推广符合条件的客户开立新三板投资权限，从而提高整个新三板交易的活跃度，盘活整个市场。

根据规定，新三板符合条件的挂牌企业必须拥有两家以上做市商为其做市。这意味着在做市商阶段，企业的估值、买卖价都不再由一家券商说了算，在多家做市商都在报价的情况下，如果估值不客观，不仅难以赢得投资者，也会遭遇挂牌企业的不满，进而丧失做市商业务，甚至引发自营亏损。

根据《全国中小企业股份转让系统做市商做市业务管理规定》，做市商可以通过 4 种方式获得公司股票：挂牌公司定向增发、挂牌公司股份在全国股转系统转让、股份在挂牌前转让，以及其他合法方式。

根据市场规则，做市商每次提交做市申报应当同时包含买入价格与卖出价格，且相对买卖价差不得超过 5%。相对买卖价差计算公式为：相对买卖价差=(卖出价格−买入价格)÷卖出价格×100%。虽然与国际上其他市场相比，相对买卖价差并不低，但是，这也无形中对做市商定价形成了一定的约束。

4.5　2014 年度做市业务分析

4.5.1　挂牌公司做市意愿日益强烈

截至 2015 年 6 月 30 日，新三板的做市股票已有 523 只，较做市商制度上线初期的 43 只增加 480 只，其中 2015 年 6 月新增 143 只，新增数量达到自做市上线以来的最高值，加速趋势已经非常明显；已实际从事做市业务的做市商数量有 67 家，占全部主办券商的 83.75%，较做市商制度上线初期的 42 家增加 25 家；平均每只做市股票有 4 家做市商，每家做市商为 31 只股票做市，较上线初期 2.5 家和 2.5 只分别增长 60%和 1 240%，做市业务参与度增长很快。

首批做市股票在新三板市场上表现良好，形成了不错的带动效应和示范效应；同时，股转系统以开展对接会、培训会等形式，对做市转让方式大力宣传，并加大做市业务的推动工作，督促主办券商大力开展做市业务。做市股票数量很快进入一个快速增长期，于 2015 年 6 月达到峰值，如图 4-3 所示。做市商和做市股票数量排名如表 4-3 所示。

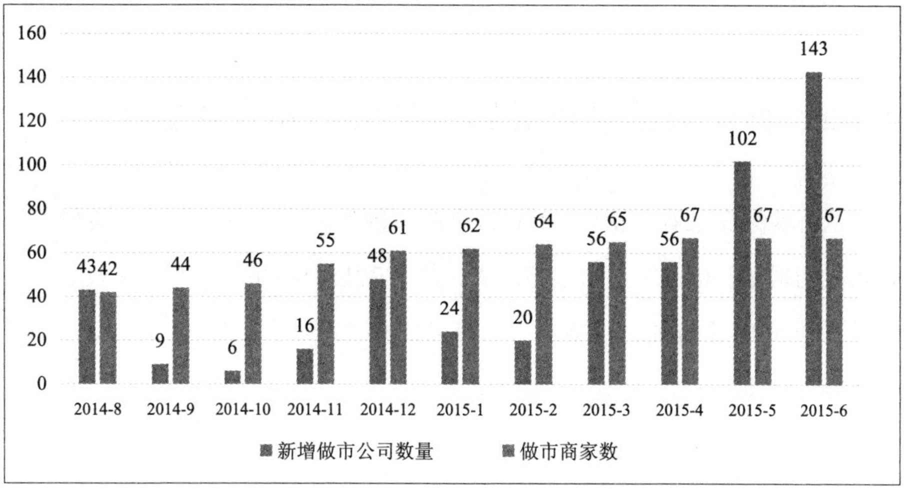

图 4-3　做市公司数量和做市商家数的发展情况

表 4-3　做市商和做市股票数量排名

做市商数量前十名		做市企业数量前十名		
做市股票	做市商数量	做市商	企业数量	覆盖比例（%）
联讯证券	23	齐鲁证券	129	24.67
伯朗特	18	国信证券	80	15.30
树业环保	13	广州证券	78	14.91
田野股份	12	天风证券	77	14.72
联飞翔	12	上海证券	76	14.53
明利仓储	11	兴业证券	69	13.19
兰亭科技	11	国泰君安	68	13.00
华索科技	11	申万宏源	66	12.62
中海阳	11	光大证券	59	11.28
行悦信息	11	东吴证券	57	10.90

数量来源：Wind。

4.5.2　做市股票覆盖面继续扩大，分散度提升

从行业分布来看，初始 42 只做市股票包含在 7 个行业中。随着做市公司家数的增加，行业覆盖面不断扩大，截至 2015 年 6 月底，523 家做市公司涵盖了全部 10 个行业，主要集中于信息技术（179 只）、工业（155 只）、材料（74 只）等产业，如图 4-4 所示。

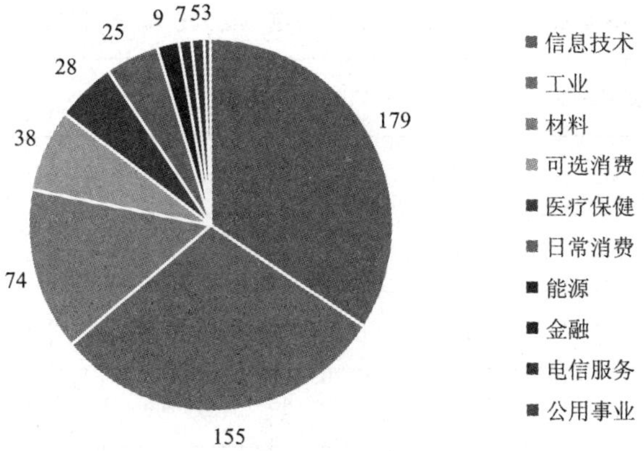

图 4-4　做市股票行业分布

4.5.3　市场交投稳步提升，价格发现功能显现

2014 年市场做市转让总成交量为 2.5 亿股，做市转让成交金额为 21.18 亿元。自 2014 年 8 月做市商制度上线以来至 2014 年年底，仅占挂牌公司总数 7.8%的 122 只做市股票成交金额为 21.18 亿元，占市场总成交金额的 20.41%。做市商制度上线以后，股份数量和交易金额都有放大趋势，如图 4-5 所示。从近期做市商成交量和交易额来看，国信证券（2 500 万股）、齐鲁证券（2 015 万股）和东方证券（1 932 万股）位列做市成交量前三名，成交金额分别为 2.21 亿元、1.57 亿元、3 亿元，如表 4-4 所示。

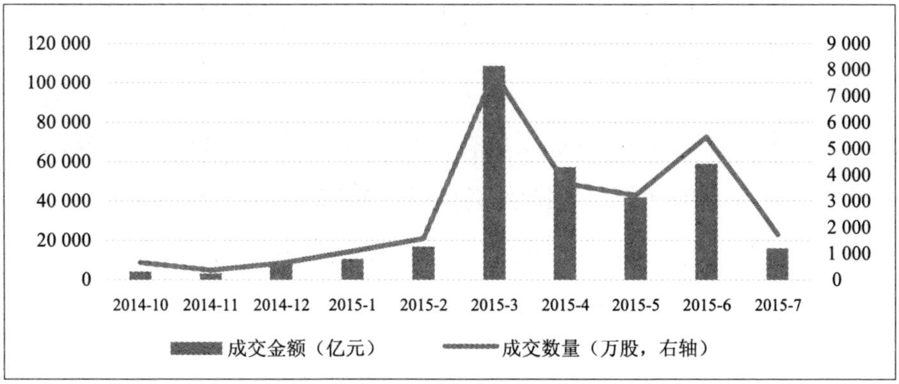

图 4-5　做市交易成交量和成交金额走势

表 4-4　做市商成交金额与成交量前十名（2015 年 6 月 22～26 日）

做市商	成交量（股）	占　比	成交金额（元）	占　比
国信证券	25 008 000	14.34%	220 685 043	12.29%
齐鲁证券	20 150 190	11.56%	156 682 894	8.72%
东方证券	19 320 055	11.08%	300 172 682	16.71%
国泰君安	11 076 761	6.35%	134 529 869	7.49%
广州证券	9 069 719	5.20%	59 065 304	3.29%
天风证券	7 748 633	4.44%	138 769 073	7.73%
中信证券	6 891 602	3.95%	96 803 642	5.39%
安信证券	6 724 000	3.86%	38 070 580	2.12%
财达证券	6 673 000	3.83%	25 285 360	1.41%

数据来源：全国股转系统做市商执业情况周报。

新三板的做市商制度充分激活了新三板整个市场。从做市交易制度推出以来，新三板市场做市交易在短短半年多的时间内，真正实现了从量变到质变的飞跃，无论是做市企业家数，还是做市企业的流动性，都有了质的飞跃。目前做市交易交投活跃，每天都有上亿元的交易额，这在做市制度刚推出时，是根本无法预计和想象的。

换手率方面，自做市商制度上线至 2015 年 6 月，除 2015 年 3 月、4 月换手率超常高，做市股票月均换手率基本稳定在 5%左右，如图 4-6 所示。2015 年 6 月，从做市股票看，融信租赁（69.4%）、智冠股份（49.98%）和洁昊环保（47.3%）位列做市股票月均换手率前三名。

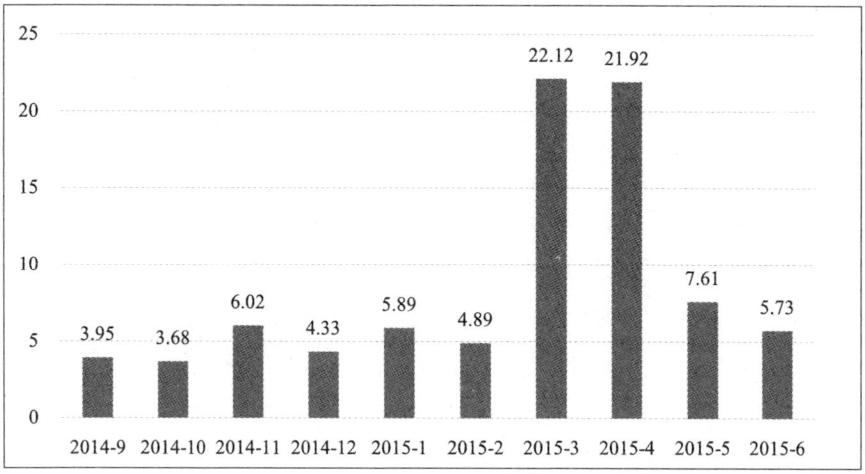

图 4-6　做市股票月均换手率

4.5.4　做市股票价格波动更为平稳

挂牌股票在采用做市转让方式以后，股价波动明显趋于稳定，大多维持窄幅波动，做市商稳定价格的作用体现明显。自开始做市至 2015 年 6 月底，做市股票平均振幅为 40.23%，而发生过交易的非做市股票平均振幅为 51.85%。2015 年 6 月，从月初开始做市的 380 只股票中，258 只股票日均波动幅度小于等于 4%，占比 67.9%；122 只股票日均波动幅度大于 4%，占比 32.1%。同期 2 107 只协议转让股票中 1 306 只股票日均波动幅度小于等于 20%，占比 62%；日均波动幅度大于 20%的有 801 只股票，占比 38%。做市商交易极大地提高了价格的连续性。

第5章

做市商制度具体案例分析

5.1 做市交易股票案例分析

做市商制度为新三板带来新的活力，同时也为新三板企业提供了重要的发展机遇。

5.1.1 联飞翔——首批做市企业之一

北京联飞翔科技股份有限公司成立于 1995 年，坐落于中关村科技园区雍和园内，在河北固安经济开发区和湖北随州经济开发区分别投资数千万元建成了两大研发生产基地。自 2003 年起，公司一直致力于新材料技术及其衍生产品的研发、生产和销售业务，技术产品主要应用于车用节能环保领域。目前，公司将自主研发的无机非金属陶瓷功能材料成功转化为车用环保节能滤清器、车用长效低碳润滑油等多项高新技术产品，并实现了规模化生产和销售。公司凭借技术创新和团队的核心竞争力，从 10 万元资金、5 人的联飞翔科技发展中心发展到今天拥有 7 500 万元注册资金、总资产超过 2 亿元、同时拥有 2 家全资子公司和 2 家控股子公司的国家级高新技术企业。尤其是自 2006 年新材料技术开发完成，实现产品转化以来，每年营业额和利润都以 30%以上的速度增长。并于 2008 年 12 月，作为第一批试点企业在股份报价转让系统（现全国中小企业股份转让系统）挂牌（证券简称：联飞翔；证券代码：430037），直接融资上亿元，为企业的发展创新奠定了坚实的基础，使企业成为集技、工、贸为一体的具有现代企业经营理念与管理机制的高科技股份有限公司。

2014 年 8 月 25 日，联飞翔又成为首批采取做市转让方式的挂牌企业。通过做市转让，联飞翔在媒体影响力、投资者关注度、股票定价能力及股票流动性和稳定性等多个方面得到了进一步的提升。

作为首批做市交易的挂牌企业，联飞翔获得的明显的比较优势如下。

1．知名度大幅提升，企业赢得了空前的市场关注度和影响力

作为全国股转系统的首批做市企业，证券公司在选择公司时也会非常谨慎，力图优中选优。首批 43 家企业经过了证券公司精挑细选，作为第一批“吃螃蟹的人”，它们自然获得了非常高的媒体曝光度。其中，中央电视台对联飞翔的董事长进行了专门的采访报道，各家媒体也进行了相关专题报道，凭借做市，联飞翔的知名度大大提升。这不但有利于企业日常经营业务的拓展和上下游企业的沟通，而且有利于赢得更多的投资者关注，从而很大程度上有助于提升联飞翔以后的股价。

2．做市商的转让极大地增强了股票的定价水平

首先，做市商制度要求，在一般情况下，做市商要至少在交易时间的 75% 时间里提供买卖双边报价，买卖报价价差不能超过 5%。因此，做市商必须要保证价格的连续性、合理性和科学性，防止出现投资者单方向交易股票，进而影响做市商自己手里的库存和资金。做市商在报价时应当对做市股票进行深入研究，确保定价的科学性，这就在一定程度上保证了价格的稳定性。从图 5-1 和图 5-2 可以看出，在做市商制度下，做市股票形成了连续的价格曲线，这改变了以往交易价格时有时无的局面，企业总市值每天都能体现出来。

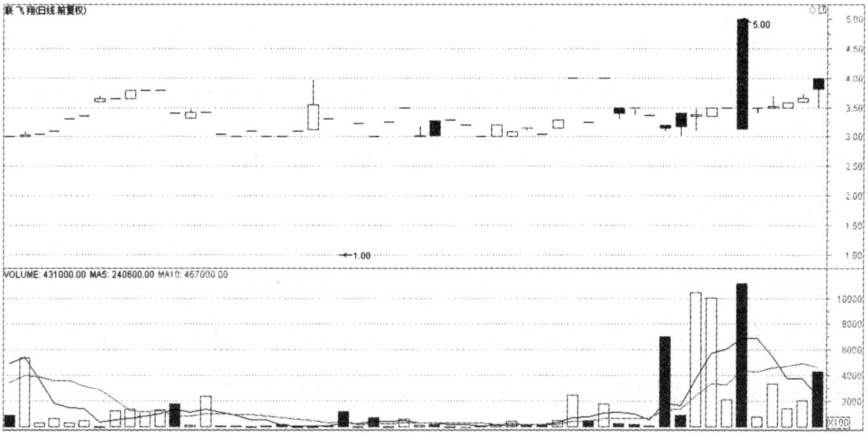

图 5-1 做市前联飞翔的股价表现

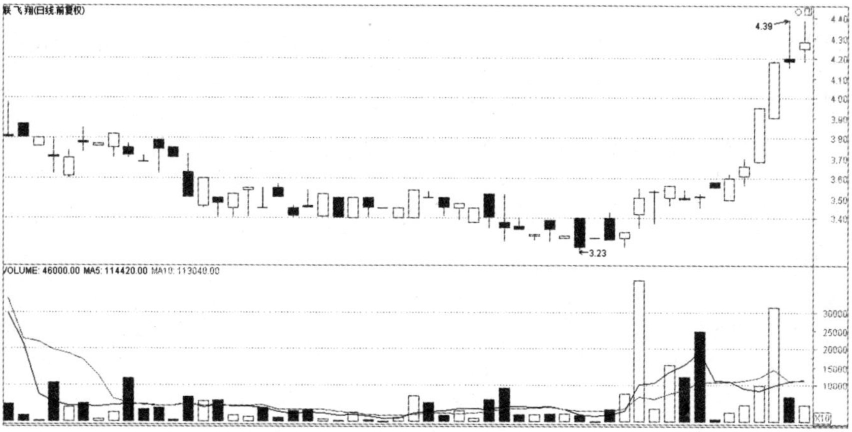

图 5-2　做市后联飞翔的股价表现

其次，目前做市商获取做市所需的库存股是通过采取老股转让或新股发行的方式，不管采用哪一种方式，企业都需要与做市商共同确定获取库存股票的价格。这个博弈的过程对双方都十分重要，关乎双方的成本。在目前的经验下，这个价格会比合理的企业估值低，但对未来做市交易的市场价格具有指导作用，从而间接增强了企业对自身股票的定价能力，同时做市商也可以获得比较客观的库存股增值收益，提高做市商参与做市的积极性。在做市商制度上线的初期，根据笔者的判断，大部分做市股票的价格远远高于做市商的成本价，这使得做市商能够保证不错的浮盈，确保做市业务顺利进行。

但并不能保证所有的股票都能获取这部分盈利。威门药业（股票代码：430369）和联飞翔一样，是 43 家首批参与做市的企业之一。在 2014 年 8 月 14 日威门药业的股票发行情况说明书中，企业发行的全部股份 150 万股均由对公司有做市意愿的新增投资者以现金方式认购，其中广发证券股份有限公司以 1 500 万元认购公司 100 万股股份，中国中投证券有限责任公司以 450 万元认购公司 30 万股股份，国泰君安证券股份有限公司以 300 万元认购公司 20 万股股份。而在做市首日，威门药业以 18.90 元开盘，之后就一路下跌，在 2014 年 9 月 26 日暴跌近 50%，之后保持平稳，12 月 31 日收 9.43 元，截至 2015 年 2 月 16 日，威门药业收盘 9.89 元，如图 5-3 所示。如果做市商获得的成本真如股票发行情况说明书中标出的 15.00 元，那么至少做市商无法通过低成本库存股票获得收益。从这里足以看出做市商的初始定价是非常重要的。

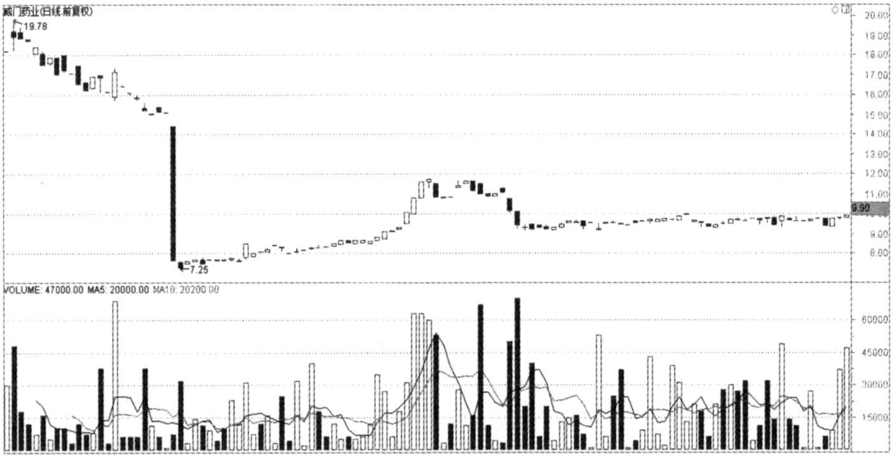

图 5-3　威门药业做市后的股价走势图

3. 做市转让方式改善了市场的流动性

股转系统采取做市商交易制度的目的之一便是提高市场流动性。在企业价格的连续性和稳定性提高以后，做市企业拥有了协议转让企业所没有的便利的退出渠道。流动性提高以后，新三板的投资者对做市企业会更加关注，从而进一步刺激股票交易的活跃程度。以 2014 年 12 月 31 日为例，整个市场的成交金额是 1.8 亿元，其中做市转让成交额占总成交额的近一半，但是做市企业的家数仅占挂牌企业总数的 8%。

此外，引入做市商制度后，做市商的研究所或分析师将企业纳入其研究范围，进行分析与研究，并出具研究报告，这引起了更多投资者特别是机构投资者的关注，从而进一步提升其股票的活跃程度。

5.1.2　雷帕得——参与做市券商最多的企业

2015 年 1 月 12 日上午，山东雷帕得汽车技术股份有限公司（证券简称：雷帕得；证券代码：831613）正式登陆全国股转系统。据股转系统介绍，这是全国股转系统第一家挂牌同时采取做市转让方式的企业。雷帕得开盘价为 8.80 元/股，收盘价为 9.18 元/股。与其他企业在挂牌后转让方式由协议变更为做市的路径不同，此次雷帕得在挂牌的同时完成股票发行融资、做市转让方式确定等业务。

山东雷帕得汽车技术股份有限公司由原山东雷帕得弹簧有限公司整体变更设立。公司成立于 2007 年 6 月，是一家从事汽车钢板弹簧、稳定杆、导向臂、气门弹簧等汽车零部件的设计研发、生产制造的现代化股份制企业。

公司本着“高起点、高标准”的建设理念，产品定位高端市场，坚持“品质决定命运，创新引领未来”的质量方针，实现了稳健、快速发展。现已成为中国重汽集团、中国一汽集团的主供方，并成为中国人民解放军军车产品指定供应商；公司产品已成功进入国际市场，现已与瑞典 Volvo 集团、韩国现代等开展了广泛的合作；公司目前已形成了以货车、客车产品为主体，国内、国际两个市场共同发展的比较合理的市场结构，抵御市场风险的能力显著增强，为公司进一步发展壮大奠定了基础。

雷帕得的主办券商是齐鲁证券，两家做市商为齐鲁证券和华安证券。在挂牌前，齐鲁证券有限公司、鲁证新天使投资有限公司、华安证券股份有限公司参与雷帕得定增，以 3.20 元/股的价格，以现金方式分别认购 140 万股、70 万股、50 万股，此次定增主要是为做市商取得储备库存股。

此次雷帕得在挂牌同时完成股票发行融资、做市转让方式确定等业务，整体审查进度不仅没有变慢，反而提高了审查效率，减少了重复流程，为企业灵活应对市场变化节约了时间成本。经过一段时期的运行后，新三板做市商制度不断成熟，其交易不断活跃的同时，吸引了挂牌企业和拟挂牌企业的注意力，不少企业在与券商接触的时候，都希望券商能为公司做市。随着交易功能不断放大，预计越来越多的企业将愿意在挂牌的同时开启做市交易。而券商是否愿意成为做市商，则主要关注企业业绩及成长潜力等因素。

5.2 做市商案例分析——东方证券

5.2.1 基本介绍

东方证券作为目前新三板市场提供流动性最高的做市商之一，具有非常高的研究价值，其做市模式有着非常重要的借鉴意义。东方证券非常看好新三板做市业务的发展前景，将其列为 2014 年公司重大创新目之一；2014 年年初，东方证券在证券投资业务总部下设独立的二级子部门——场外市场部，专门负责新三板做市业务，并投入将近 10 亿元人民币初始资金来专门开展新三板做市业务。

此外，东方证券证券投资业务总部、东方证券研究所、东方花旗、东方证券销售交易部等部门对新三板做市业务提供了很大的业务支持。

东方证券于 2014 年 6 月 20 日首批获得了新三板做市业务资格，在首批 43 家做市公司中参与了 7 家，排名并列第二。

东方证券的盈利模式，一方面通过选择有成长潜力的标的公司，以股东身份培育标的公司，辅导标的公司充分利用新三板市场便利的融资条件及市场化的并购手段，做大做强，享受标的公司业绩成长带来的库存股股票增值；另一方面，运用创新的做市策略，联合其他几家做市商，努力提升标的公司股票的流通性，使得标的公司的股票得到有效的分散，从而达到竞价转让交易方式的条件，享受流通性提升带来的估值提升，并逐步实现投资退出。总之，通过形成与标的公司的良性合作，达成共赢。

5.2.2 股票做市情况

东方证券首批做市公司情况如表 5-1 所示。

表 5-1　东方证券首批做市公司情况

证券代码	证券简称	行　业	2014/8/25 日价格（元）	2015/6/29 日价格（元）	复权后涨幅（%）	2015/6/29 日 PE
430174	沃捷传媒	可选消费	45	32.98	136	45
830815	蓝山科技	信息技术	21.88	6.9	27	28
830879	基康仪器	信息技术	12.7	11.62	234	40
830837	古城香业	日常消费	12.39	20.15	100	26
430318	四维传媒	可选消费	10.8	12.68	59	32
430357	行悦信息	信息技术	3.01	5.8	339	54
430515	麟龙股份	信息技术	25.8	42.72	597	57

在定价方面，做市商所要考虑的情况更为复杂。与投行业务相比，做市商作为股票开始流通的投资者，已经投入到做市股票中，而不仅仅作为承销商，所以定价并不是越高越好；而做市商又不仅仅是普通的投资者，他不能像投资者一样长期持有以增值，或者进行投机以获取短期利润，他需要通过不断地报价来满足投资者的交易要求，有提供流动性的义务。综合来看，做市商对定价要求更高。

截至 2015 年 6 月底，东方证券参与做市的 51 只股票做市。2015 年 6 月底，周累计成交金额占全部 523 只做市股票成交金额的 16.71%，排名第一。东方证券首批做市的 7 只股票截至 2015 年 6 月底累计平均涨幅为 213%。根据与中国台湾做市商的交流，中国台湾做市商在兴柜市场的做市股票的年换手率分别为 10%～90%；东方证券参与做市的股票行悦信息、四维传媒、麟龙股份的年换手率分别达到了 164%、45%、32%，表现活跃。成交活跃有效提高了股东分散度：如行悦信息、四维传媒、古城香业、麟龙股份、基康仪器等，如表 5-2 所示。

表 5-2　部分做市股票股东分散度

公司名称	做市前股东人数	协议转让分散	做市分散	2014 年 10 月底股东人数
行悦信息	25	0	75	100
四维传媒	23	101	18	142
古城香业	21	71	6	98
麟龙股份	37	0	28	65
基康仪器	16	74	-9	81

在做市股票的估值定位方面，新三板做市股票的估值大约是交易所股票估值的 7 折，库存股的价格大约是做市股票估值的 7 折。

对挂牌企业而言，做市商不是财务投资者，而是战略投资者；做市商并不是简单地持有挂牌股票，而是通过做市交易为挂牌企业创造价值，帮助企业提高流通性，反映企业的合理价格，从而帮助企业更好地利用资本市场的各项功能，并且利用券商自身的资源为企业提供介绍人才、完善治理结构、寻找并购对象等全方位的服务，帮助企业迅速成长。所以挂牌企业应该具有长远的眼光，给予做市商足够的库存股，以便做市商提高股票活跃度，形成反映公司增长潜力的合理价格，为公司融资及并购打好基础。

总之，只有把市值这只“蛋糕”做大，才能实现共赢。

5.2.3　东方证券做市业务经验

新三板企业挂牌门槛比较低，不设财务门槛；同时，投资者准入门槛比较高，在 500 万元以上。这就导致了市场中挂牌企业众多，而投资者较少的情况。笔者接触到的投资者中，很多反映投资标的过多，企业挂牌增长数量过快，投资者短时间内无法正确筛选股票，因此挂牌企业要受到投资者青睐并不容易。一般来说，投资者注重的是股票的成长性，此外还会考虑股票所处行业，而流通性也是投资者关注的另一个重点。截至 2015 年 6 月末，东方证券做市股票的平均市盈率约为 45 倍，其中传统行业的市盈率较低，而新兴行业如行悦信息的市盈率比较高，如表 5-3 所示。

表 5-3　流通性排名前十的做市标的股票

排名	平均日成交金额（万元）		年化换手率		累计成交金额（万元）	
1	行悦信息	174.73	行悦信息	156.67%	行悦信息	9435.56
2	万企达	143.95	万通新材	97.87%	卡联科技	6688.02
3	卡联科技	123.85	万企达	89.47%	沃捷传媒	5228.47
4	中海阳	112.93	卡联科技	74.62%	四维传媒	5041.31
5	沃捷传媒	96.82	东电创新	66.93%	古城香业	4664.53
6	四维传媒	93.36	兴竹信息	40.75%	麟龙股份	3999.68
7	古城香业	86.38	四维传媒	40.55%	基康仪器	3109.93
8	麟龙股份	74.07	铜牛信息	39.95%	兴竹信息	3090.81
9	基康仪器	57.59	麟龙股份	33.52%	方林科技	3011.68
10	兴竹信息	57.24	点点客	28.87%	中海阳	2597.33

注：年化换手率按一年 250 个交易日计算，换手率=日成交金额/市值，年换手率=累计日换手率/实际做市天数×250，下同。

东方证券在选股及做市操作方面有自己的心得体会。在流通性方面，平均日成交金额、年化换手率及累计成交金额前十名中，东方证券做市股票常常占据多数。东方证券做市股票呈现高流通性的原因包括以下几点。

第一，东方证券拥有严格的做市标的股票决策程序，通过筛选选择优质的做市标的。东方证券选择标的证券的主要标准有：（1）成长潜力，挂牌企业必须具备保证公司能够持续盈利的核心优势，例如拥有关键的核心技术、核心科研人员、核心原材料、核心客户、突出的研发优势、突破性的业务模式或极强的市场开拓能力，一般情况下，要保证营业收入或净利润增长速度为 30%以上；（2）行业属性，东方证券要求挂牌企业应在所属细分行业拥有非常广阔的发展空间，在行业上要符合国家战略性新兴产业的发展方向，如

TMT、消费与医疗、节能环保、先进制造等领域；（3）盈利规模，东方证券在筛选标的时设置了必要的财务门槛，以保证企业的收益水平。挂牌企业最近一年扣除非经常性损益后净利润应不低于 1 000 万元，如果公司成长性特别好（如成长速度超过 100%），最近一年扣除非经常性损益后净利润应不低于 500 万元，并且财务稳健、经营性现金流良好。

第二，在做市交易前引导做市标的公司进行适当的宣传推广。目前新三板挂牌企业增长很快，挂牌企业如果想在如此众多的企业中脱颖而出，就必须进行大力宣传，以吸引投资者的眼球。主要宣传方式包括：（1）做市商适时举办现场推荐会，为高净值客户及机构投资者与标的企业高层提供沟通和对接机会，在培训和交流的过程中，投资者会更加了解做市标的公司，提高投资者的投资意愿，调动投资者的积极性；（2）做市商所属证券公司的研究所及合作券商研究所定期或不定期发布关于标的企业的研究分析报告，由明星研究员撰写新三板专题研究报告，在市场上引起投资者的关注，并给予一定的投资参考意见；（3）鼓励企业通过媒体宣传，在众多做市标的企业中形成一定的知名度。

第三，对于股权结构比较集中的挂牌公司，东方证券会在做市交易前进行适当的股票分散，保证股权分散度。只有股东人数足够多，股权足够分散，市场中才能形成交易需求，提高交易活跃度。所以在做市之前挂牌企业就应该对股票进行适当的分散，或者由做市商在做市前将库存股通过协议转让的方式分散给自己的高净值客户来帮助企业分散股票。在这方面，东方证券采用突破性的方式，成功分散股权，具有很好的借鉴意义。东方证券针对基康仪器就做了这样的尝试。基康仪器 2014 年 4 月完成改制，根据《公司法》的规定，其全体发起人股东持有的股份要到 2015 年 4 月才能开始流通；在 2014 年 8 月做市交易前只有定增的 4 个股东共计 430 万股可流通（包括 2 家做市商的 250 万股），占总股本 5 430 万股的 7.92%。在做市交易开始前，东方证券首先通过对接会和推荐会，向高净值客户推荐股票，在它的努力下，成功协议转让了 14.8 万股给 74 个股东，使得可流通股东增加至 78 个，以保证做市后基康仪器的交易活跃度。与另一只做市前没有进行股权分散的股票相比，基康仪器年换手率明显提高，如表 5-4 所示。

表 5-4　股东分散度对比

公司名称	8 月 25 日股东人数	10 月 31 日股东人数	日平均成交金额	年换手率
基康仪器	16	81	57.59 万元	20.82%
XX 股份	8	35	23.63 万元	3.82%

第四，采取适当的做市策略。首日采取低于企业公允价值的价格开盘，并采用慢牛拉升的方式，将股票价格逐渐与企业价值相匹配，让投资者看到企业股票的增值空间，从而吸引一部分投资者进一步购买股票，让前期参与交易的投资者都能赚到钱，形成赚钱效应，让做市交易的股票在二级市场上形成良好的口碑。在市场活跃度提高以后，东方证券适当加大每笔申报的股数，同时尽可能减小买卖差价，进一步提高股票的活跃度。从事后来看，东方证券做市策略效果良好，股票流通性得到极大提升，成为做市股票中的明星股。

第五，做市商要加强对新三板合格投资者的培育。东方证券在 2014 年 7 月开展了为期一个月的“开新三板户协议转让原始股”的活动。这次活动不仅使得东方证券新增了 340 户新三板合格投资者，占东方证券 500 万元以上高净值客户（约 1 400 户）的 24%，更促进了做市部门和其他部门的合作与沟通，有利于业务的开展。受让做市原始股的合格投资者，会主动关心新三板市场，研究做市标的股票，从而吸引他们来参与新三板市场。另外，东方证券积极组织高净值客户及机构投资者参加做市标的公司的推介会，培养其对于做市标的公司的兴趣，并组织有关新三板投资价值与投资策略的培训和交流，加深投资者对新三板投资价值的认识。东方证券还特别设置了新三板销售岗位，推出东方证券新三板 VIP 客户微信群，加强与合格投资者的信息沟通。

挂牌企业也有义务培育投资者。根据中国台湾的经验，企业的很多投资者都是企业的上游客户，这些客户对公司最了解，也最有可能对企业进行投资。

总的来说，做市股票活跃度取决于很多因素，最重要的因素还是做市标的公司的成长性、行业属性、股价高低、股票是否分散、做市商家数、做市策略相关，如表 5-5 所示。

表 5-5　东方证券首批做市公司活跃度影响因素分析

公司名称	成长性	行业属性	股价高低	股权是否分散	做市商家数	是否宣传推广	是否运用适当策略
行悦信息	好	好	低	分散	2 家	是	是
四维传媒	有成长潜力	好	适中	分散	3 家	是	是
沃捷传媒	好	好	高	分散	2 家	是	是
古城香业	一般	好	适中	分散	5 家	是	是
基康仪器	有成长潜力	好	适中	分散以后仍较集中	2 家	是	是
麟龙股份	好	一般	高	分散	2 家	是	是

做市交易在国内是一个新鲜事物，没有成熟的经验可以借鉴。做市商目前虽然取得了一些小成绩，但仍在摸索学习，总结经验教训，探寻如何更好地参与做市业务。

5.3　后续做市商的做市模式分析

据统计，截至 2014 年年底，已通过后续加入形式参与做市的做市商（后续做市商）共 10 家，其中 2014 年 12 月新增 5 家；后续做市商做市股票 18 只，其中 2014 年 12 月新增 11 只，如图 5-4 所示。从做市股票来看，古城香业（4 家）后续做市商最多，行悦信息（3 家）次之；从做市商来看，天风证券做市股票最多（7 只），占其参与做市股票比重 35%，齐鲁证券（5 只）、中信证券（5 只）次之，占比分别为 22.73%和 27.78%。

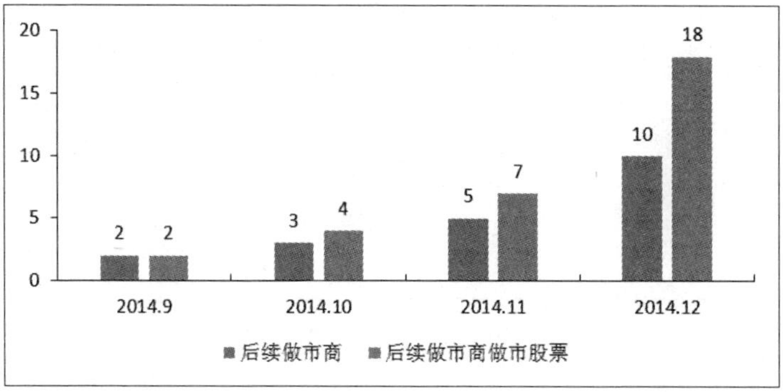

图 5-4　后续做市商和后续做市商做市股票变动趋势

做市商做市股票获取策略目前可归纳为两种操作模式。其一是以齐鲁证券为代表的实力券商，它们主要依托自身推荐业务线优势扩大做市股票规模。它们的优势在于为自己推荐的股票做市，对股票更为了解，能够以低于公司价值的库存股获取价格，同时也便于为企业提供全方位的服务。但劣势在于需要在前期和企业谈判，耗时耗力，谈判出现延迟又不利于双方合作，具有一定成本。

其二是以天风证券为代表与推荐业务较强的做市商进行战略合作，采用跟投策略，直接以市价获得充足的库存股，然后申请成为该股票的做市商，不断积累做市股票资源，加快市场布局。后续做市商承担了更高的成本，但可以不必与企业进行沟通就可以成为做市商，效率较高；同时做市商可以根据自己的研究灵活选股，灵活性更高。

后续做市商拿到的做市股票成本较其他做市商高，但公司对所选的做市企业有信心。此外，做市对券商带来综合能力的提升，随着服务券商数量的增加，也能为企业在定增、并购等其他业务上提供更好的服务。随着未来更多做市股票的发展潜力获得认同，预计采取后续加入方式的做市商数量将会保持较快幅度增长。

第 6 章

新三板转板制度分析及案例

2012 年 9 月 17 日，中国证监会副主席姚刚在“2012 北京 CBD 国际金融论坛”上表示，中国证监会下一步将着重对北京中关村园区非上市股份公司股份转让制度进行调整设计，在总结试点经验的基础上对一系列基础性制度进行完善，以形成适应全国性场外市场的全国制度体系。

在新三板制度设计上，姚刚副主席提出了三个方面的主要工作：一是在北京筹备设立全国中小企业股份转让系统，作为全国性场外市场的运营管理机构；二是在总结试点经验的基础上，对市场准入、股份转让、投资者适当管理、转板机制、市场监管等一系列基础性制度进行完善；三是按照“总体规划、稳步推进、稳妥实施”的原则，逐步将比较完善的国家级高新技术园区纳入试点范围，符合条件的企业均可纳入中小企业股份转让系统挂牌转让。

姚刚指出，中国金融的结构性不平衡，直接融资比重过低，难以适应实体经济发展的需要。在这种背景下，加快发展多层次资本市场体系，也就成为促进经济金融科学发展的重要举措。

时至 2015 年，反观 2012 年所定下的目标，大多数我们已经实现。我们建立了全国中小企业股份转让系统，并将其扩展为全国性的场外市场，不仅将国家级高新技术园区纳入试点范围，全国各地符合条件的中小企业都可以到新三板挂牌转让。但是，对于第二点主要工作中提到的“转板机制”仍然没有落地。那么，什么是“转板机制”？“转板机制”对新三板、对我国资本市场有什么意义？“转板机制”为何迟迟无法落地？对于这些问题，我们将试图在本章探讨出一个答案。

6.1　什么是“转板机制”

市场转板制度是指为主体进行市场间移动而设计的制度安排。转板概念按照含义不同可以分为广义转板和狭义转板。广义转板是指正在资本市场的某板块市场进行交易的市场主体，因经营行为或经营条件的变化，基于证券市场规则的要求，主动或被动地转移到另一板块市场进行交易的主体转移行为。广义转板强调市场交易主体在板块之间的移动，即市场交易主体因条件因素变化而进行的自我交易的环境变动。狭义转板是指场外证券市场挂牌主体不公开发行新股，从场外市场直接主动转到主板或创业板等市场上市，上市之后再进行配股或增发新股的主体转出行为安排。一般来说，狭义的转板制度是理想的转板制度。

在发达国家，由主板市场、柜台市场等构成了一个“正金字塔形”的证券市场结构，发行人会根据自身的盈利能力、筹资需求等选择不同的证券市场来融资，投资者也会基于自身的经验、风险承受能力和资产总量的不同将投资欲望在差异化的市场上实现。当公司发展壮大，盈利能力和管理水平有了稳步提升并达到高一层次市场的进入条件时，若公司对融资能力和股份流动性有更高要求，便可以申请到高层次的市场中上市/挂牌；当上市/挂牌公司发展不尽如人意，无法满足持续上市/挂牌条件或者无法承受高昂的交易成本或披露义务时，就需要被退市或转到低一层次的市场中挂牌。这种灵活的市场转换机制就是狭义转板制度的体现。

而针对我国，可以说，在退市配套措施出台以前，我国不存在真正意义上的转板制度。在实践中，不少人错误理解了“转板”的概念，他们将原先在场外市场挂牌转让股份的公司通过 IPO 方式进入场内市场向不特定对象增量发行股票的这一过程称为“转板”或是“升板”，这显然是将转板制度宽泛化了。真正意义上的“升板”应是转板企业将场外市场中的存量股票转至场内市场上市，而非增量发行。比如过去在代办股份转让系统挂牌的公司久其软件后在中小板上市，紫光华宇、世纪瑞尔、北陆药业、佳讯飞鸿后在创业板上市。这些公司的共同之处在于都是通过首次公开发行程序而非“转板”来实现在场内市场上的增量发行，所谓“转板成功”的说法与一般公司提出的 IPO 申请并无太大区别。

真正的“转板机制”出现应该从 2012 年 12 月中旬，沪、深交易所关于上市公司退市制度配套业务细则的出台开始计算。自此，我国开始出现严格意义上的“转板制度”，尽管这里的转板还不是完全双向的。根据相关规定，退市公司在被终止上市后，可以向上海证券交易所申请其股份在上海证券交易所（以下简称“上交所”）退市公司股份转让系统进行挂牌转让。被终止上市的非上市公众公司自股票进入场外交易市场转让之日起的 12 个月后，可以向交易所提出重新上市申请。交易所有权在受理申请文件之日起的 60 个交易日内，作出是否同意重新上市的决定并报中国证监会备案。这意味着被终止上市的非上市公众公司在从主板退市后，可以进入上交所设立的场外市场挂牌转让股份；对于这类公司，在满足条件后可以不经 IPO 程序和中国证监会的审核，由场外交易市场直接进入场内交易市场上市交易。

之所以说这里的“转板制度”并非完全双向，是因为不存在一条畅通的通道能够使得企业由股份转让系统升板至主板。尽管由主板降板至股份转让系统的企业能够在满足一定条件之后回到主板，但这里的前提是公司必须曾经登上主板。也就是说，对于任何一家公司而言，要想登上主板，除了通过相关监管机构审批、得到主板批准，再无其他登陆主板的途径。受惠于这样一种“转板”制度的只能是被终止在场内市场上市且在退市后于场外交易市场挂牌的公司，而一般企业想要登上主板这艘大船则要排到 IPO 长队中等待一张遥遥无期的船票。

2012 年 8 月，随着中国证监会宣布决定扩大非上市股份公司股份转让试点，新三板正式扩容，徘徊于主板之外的股份公司看到了新的希望。2013 年 12 月 14 日，国务院发布《关于全国中小企业股份转让系统有关问题的决定》（以下简称 49 号文），在决定的第二条“建立不同层次市场间的有机联系”中明确了转板机制：“在全国股份转让系统挂牌的公司，达到股票上市条件的，可以直接向证券交易所申请上市交易。在符合《国务院关于清理整顿各类交易场所切实防范金融风险的决定》（国发[2011]38 号）要求的区域性股权转让市场进行股权非公开转让的公司，符合挂牌条件的，可以申请在全国股份转让系统挂牌公开转让股份。”如此一来，由主板（及创业板）、新三板、区域性股权转让市场所组成的我国多层次资本市场就能够统一起来，相互补充支持。

6.2 新三板引入转板制度的意义

引入“转板机制”不仅是许多投资者、挂牌企业的愿望，对整个资本市场的发展来说也具有重要意义。

第一，对新三板市场来说，转板机制的引入能够大大增强其为企业提供融资渠道的能力。目前来看，在新三板挂牌的企业不同于主板的上市即发行，而是将挂牌与发行分离。挂牌公司只能通过定向增发的方式进行融资，但是受制于市场投资者门槛较高、市场流动性有限等因素，能够实现定向增发的挂牌公司还是少数群体。据统计，2013 年 12 月，在新三板挂牌的 351 家企业中，有 49 家业绩符合创业板首次公开发行条件，占比约为 14%。而当年新三板共实现股票发行 60 次，发行股数 29 193.87 万股，仅占当年挂牌公司总股本的 3%，融资金额为 100 236.43 万元，不到当年挂牌公司总市值的 2%。如果引入转板制度，打通各层次资本市场之间的关节，新三板对投资者的吸引力将会大幅提高，特别是 PE、VC 等机构，将有更大热情投身到新三板中去，从而活跃市场，为挂牌企业发行融资提供空间。

第二，新三板将吸引更多更优质的企业来此挂牌。目前，新三板不设财务指标，挂牌门槛相对较低，不仅为优质企业敞开了大门，同时也可能混入资质较差的企业。在挂牌企业与投资者之间存在信息不对称的情况下，容易形成“柠檬市场”效应，降低对于资质优异的拟挂牌企业的吸引力，使得优质企业宁愿在主板门口排起长队也不愿委身“下嫁”新三板。但如果引入转板制度，给予资质优异的企业转板到二板或者主板市场的途径，板块之间的隔阂消除，新三板对优质企业的吸引力自然随之提高。优质企业的增加与投资者增加是相互作用的，良性循环一旦形成，将十分有利于新三板的健康发展。

第三，对主板和创业板来说，转板机制的引入有利于缓解当前的 IPO“堰塞湖”现象。2012 年 10 月，出于稳定市场的考虑，中国证监会将 IPO 暂停，暂停时间长达一年之久。虽然目前 IPO 窗口已经重启，但是在此期间累计的 600 多家排队上市企业始终是市场的一大隐患。由于排队企业数量巨大，主板短时间内难以消化，形成了“IPO 堰塞湖”，堵在整个资本市场心里。如果能在此时让新三板引入转板制度，相信会分流一部分 IPO 排队中的企业。让这些企业先到新三板挂牌，待时机成熟后再转板到主板或者二板市场，一方面这些公司可以借助新三板市场得到发展，另一方面也为新三板提供了一批优质资源。经历一段时间的挂牌后，这些企业可以陆续流入主板或二板市场，不至于短时间对市场产生强烈冲击。

第四，引入转板制度有利于缓解退市难问题。当上市公司出现业绩亏损达不到所在市场要求时，除了目前存在的退市制度外，还可以通过转至新三板获得一个缓冲期。这既为风险投资的退出提供了良好的渠道，同时也有利于投资者利益的保护。如此，既能够帮助企业度过暂时的难关，又减少了上市企业连续亏损后为保持上市进行报表重组和虚假重组的现象。

应该说，正是看到了转板机制的重要性和积极意义，我国证券监管机构和社会各界才一直呼吁转板制度的尽快出台。

2014 年 10 月，深圳证券交易所（以下简称“深交所”）党委书记吴利军曾表示，要从四个方面着手积极推进创业板改革。其中包括：丰富创业板内部市场层次，增强创业板的市场包容性和制度灵活性；探索建立创业板转板机制，研究建立与新三板、地方股权交易中心的对接机制；增强开放度，提高创业板市场的国际化水平；进一步发挥交易所的职能，整合、优化、升级现有的服务方式，强化创业板对区域经济的促进作用。2015 年全国证券期货监管工作会议又提出要加快发展多层次股权市场，进一步明确深交所市场定位，加强对市场发展的战略规划研究，搞活壮大主板和中小企业板，全面推进创业板改革，丰富创业板层次，推动新三板与创业板转板试点。

6.3 转板面临的问题

既然转板机制的意义重大，监管机构和交易所也希望推动转板机制的落实，为什么经历数年之后，转板机制还是迟迟没有正式出台呢？这其中还存在一些有待解决的问题。

虽然我国对企业上市采取的是发行和上市分离的制度，理论上讲，经过中国证监会批准后，需要经过交易所的批准才能在交易所上市。但是在现阶段，获得中国证监会核准上市是非常关键的一步，这就使企业通过在新三板挂牌然后再转板到创业板等板块上市在理论上已经可行。企业在新三板挂牌，也就是已经获得了中国证监会公开转让的批准，那么从实际操作上来看，是不是就可以顺利实现转板了呢？从目前来看，企业要实现转板，还需要一定的条件，并不是在短期内就可以实现的。

首先，新三板挂牌企业要达到在证券交易所上市的条件。比如按照沪、深交易所修订的上市规则，主板上市需要股本在 5 000 万元以上，公开发行的股份达到公司股份总数的 25%（股本超过 4 亿元的，这一比例是 10%）；创业板则要求股本总额不少于 3 000 万元，公司股东不少于 200 人。从目前来看，挂牌公司中满足股东人数不少于 200 人这一条件较为困难。企业在创立之初一般股东人数较少，截至 2014 年挂牌的 1 572 家公司中，股东人数在 200 人以上的只有 12 家，占比不到 1%（见图 6-1）。如果想要增加挂牌公司股东人数，一是通过挂牌后定向增发来增加股东，二是在挂牌前将股东人数增至 200 人以上。前一种方法主要受到市场深度的限制，后一种方法主要适用于较大型企业，对初创型企业并不适用。

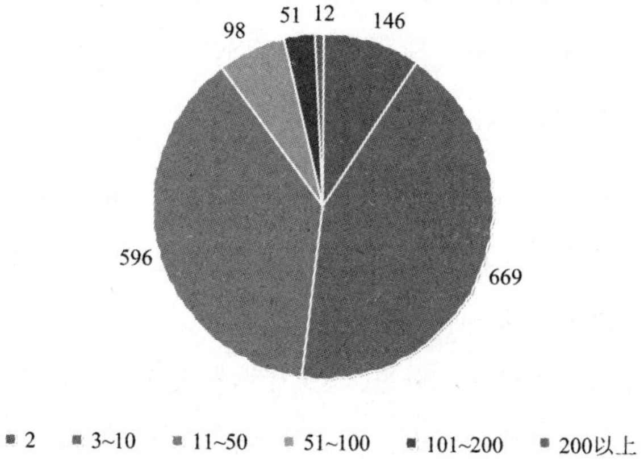

数据来源：全国股份转让系统 2014 年年报。

图 6-1　挂牌公司股东人数分布情况

其次，立法层面的缺失是转板制度落地的重大阻碍。如果转板机制正式引入我国资本市场，我们将需要有一个合理的机制及一套规范的制度安排。这其中包括要对《证券法》进行修改。现行《证券法》有关市场体系的规定主要是立足于交易所市场，欠缺对多层次场外市场的整体设计，对不同层次的资本市场（包括场外和场内）之间的转板机制缺乏基本规定。另外，还应调整现行《证券法》有关对股票发行采取核准制及与之相配套的发行条件、发审委制度等相关规定，实行更加灵活的核准制度或者逐步实现由核准制向注册制的转变。目前，由核准制向注册制的转变已经提上日程，转板机制的具体实施细则和相关制度安排很可能与注册制同时推出。

再次，要设计转板路径，防止监管套利和制度漏洞的出现。如果新三板挂牌企业可以通过直接转板进入创业板或主板市场，那么一个必须面对的问题就是怎样防止转板过程中的监管套利问题。目前不少证券公司和挂牌企业就是看中了新三板未来的转板机制，提前进入新三板等待套利机会。这些企业在新三板市场挂牌就是为了取得企业在股份转让市场挂牌后形成的“壳资源”，并利用它进行资本运作。如果通过几年在新三板的挂牌，公司能够在满足上市条件时绕开漫长的IPO排队直接登陆主板和创业板市场，融资效率将大大提升。不少券商也是不惜压低推荐费用来储备未来上市项目。一套合理的转板机制，必须要避免这种套利行为的发生。那么转板的路径究竟如何设计就显得至关重要。

最后，如果转板通道建立，在新三板挂牌的公司满足条件即可进入主板或二板市场，是否会对主板或二板市场造成冲击也是需要考虑的问题。从目前来看，如果以创业板现行转入条件来看，新三板挂牌的1 500余家企业中有资格进入创业板的不低于700家。如果让这些公司一次性全部进入创业板，势必对整个市场形成冲击。那么，究竟什么样的企业能够进入，是否设计转板公司数量上限，这些问题都需要仔细推敲。

6.4 目前的“转板”路径与案例

目前，新三板挂牌企业是可以转板的。其程序包括三步：第一步，在新三板挂牌的公司要经股东会审议通过首次公开发行，并在主板、中小板或创业板上市的决议；第二步，公司需要暂停新三板报价转让，等候发审；第三步，如果IPO发审会通过，公司就可以在主板、中小板或创业板挂牌上市，反之如果IPO审核未获通过，公司可以恢复在新三板的报价转让。可见，在新三板挂牌的企业若想成功转入主板或创业板市场，仍需符合其上市条件，并经中国证监会审查通过，其实这与普通公司IPO上市无实质上的差别，并没有突显新三板企业转入场内市场上市的优越性和特殊性。

据新三板权威人士介绍，新三板挂牌企业转板创业板存在两种形式：一是创业板设立单独层次，专门接纳在新三板挂牌满一年尚未盈利的互联网和高新技术企业，此种方式实施的前提是降低财务指标等发行条件，即 IPO 方式；二是转板企业不通过发行，只通过交易所之间转板，即在新三板通过定增和交易，股权分散程度达到了创业板的上市条件，实现转板。但需要注意的是，二者的区别是 IPO 条件与上市条件的区别。如果采用第一种方式，深圳证券交易所可以设立一个单独的层次，降低 IPO 条件，专门吸纳在新三板挂牌满一年、尚未盈利的互联网和高新技术企业到创业板上市。目前具体条件尚不明确，但从中国证监会披露的转板条件来看，只包含两条：一是符合行业属性；二是在新三板挂牌满一年。

根据新三板年股报告披露，1 500 余家公司中有 360 家属于信息传输、软件和信息技术服务业，此外还有许多公司属于互联网和高新技术相关的制造业、科学研究和技术服务等。这数百家挂牌企业只要在新三板待足一年就可自动转板？这恐怕很难想象。一种可能是在转板通道开通之后设计一个阈值，限制每年转板的公司数量。同时，为了保证转板公司的质量，还可以在一定时段内，对股票的成交量和成交价格等作出要求，一旦不能满足要求，可以使其退回新三板。

即便算上新三板的前身——退市公司股份转让系统，曾经在股份转让系统（新三板）挂牌后成功登陆主板或创业板的企业数量也不超过 10 家。仔细分析其转板路径，大致可以分为三类。

路径一：通过 IPO 转板。IPO 是目前最为常见的转板形式。事实上，这不符合狭义的转板机制。因为通过 IPO 转板的公司几乎重走了 IPO 所需的全部路径，挂牌公司并没有享受到什么优惠政策。根据新三板提供的数据，截至 2014 年 5 月底，已经有 8 家挂牌公司通过 IPO 的方式转板成功，它们分别是东土科技、博晖创新、紫光华宇、佳讯飞鸿、世纪瑞尔、北陆药业、久其软件、安控科技。其中，除了久其软件在中小板上市外，其余 7 家全部在创业板上市。

我们以安控科技为例，回顾一下通过 IPO 成功转板的企业的特点。安控科技成立于 1998 年，2008 年 8 月在新三板挂牌。2011 年安控科技向中国证监会申请首次公开发行并拟在创业板上市，2011 年 7 月 6 日停牌。2014 年 1 月 3 日，安控科技首次公开发行并上市取得中国证监会核准。由此，安控科技成为第 8 家向中国证监会申请首次公开发行股票并成功上市的全国股份转让系统挂牌公司，它也是全国股份转让系统 2012 年 9 月正式成立以来第一家通过 IPO 上市的挂牌公司。如前所述，安控科技在 IPO 道路上并没有找到什么捷径，由 2011 年向中国证监会提出申请到 2014 年收到中国证监会核准，公司同样经历了漫长的等待。

如果要问新三板挂牌的经历给予了安控科技什么帮助，应该说是 3 年时间的培养。创业板 IPO 首先要过的一关就是财务关。3 年的挂牌时间，安控科技各项财务指标有了显著增长。以 2012 年年末数据为例，营业收入由 4 040 万元增加到 2.6 亿元，增长 5.44 倍；净利润从 120 万元增加到 4 524 万元，增长 36.7 倍；资产总额由 7 170 万元增加到 4.5 亿元；净资产从 3 692 万元增加到 1.98 亿元，每股净资产达到 4.50 元。财务水平的突飞猛进一方面源于公司自身的奋斗，也与对此新三板的规范监督密不可分。

通过在新三板挂牌，安控科技经过主办券商的尽职调查及挂牌后的督导，公司治理得到规范，信息披露义务得以履行，公司的知名度和美誉度得到提升，公司信用等级、融资能力相应得到提高，这为公司的长远发展奠定了良好的基础。2014 年 1 月 23 日，安控科技成功在创业板挂牌，在本次 IPO 中，该公司以 35.51 元/股的发行价发行 1 345 万股，募集资金 1.49 亿元，上市首日收盘价 51.58 元，涨幅 45.25%。发行前公司股东总户数仅 109 人，发行前公司总股本为 4 366 万股，其中约有半数被公司高级管理人员持有。

通过 IPO 转板使得不少原始股东尝到了“一夜暴富”的滋味，但是在这样一个漫长等待核准的过程中，多的是苦涩的失败案例。

2015 年 4 月底，合纵科技预披露了招股书申报稿，拟发行不超过 2 740 万股。这家从事配电及控制设备制造生产的公司 2007 年就在股份转让平台挂牌，2010 年股东会议就通过了公司 IPO 的方案，但 2011 年 11 月却过会失败。如今 4 年过去了，合纵科技再一次冲关，却只能继续等待。另外，双杰电气也在 2010 年就决定进行 IPO 转板，却在 2011 年 6 月主动撤回发审。此外，盖特佳、现代农装、大地股份等均提出过 IPO 的想法，但时至今日仍未能如愿。对新三板挂牌公司来说，通过 IPO 转板可以募集一大笔资金，也因其特殊身份容易获得投资者关注，但 IPO 路途漫长，不确定性较大。由此，在目前的情况下，通过被收购曲线上市，成了第二条路径。

路径二：被上市公司收购。2014 年，8 家新三板挂牌公司被上市公司收购，实现了间接上市。目前，中国证监会已经发布《非上市公众公司收购管理办法》、《非上市公众公司重大资产重组管理办法》两项基础性规定，这使得挂牌企业借道上市之路更加顺畅。

根据《非上市公众公司收购管理办法》第五条，收购人可以通过取得股份的方式成为非上市公众公司的控股股东，可以通过投资关系、协议、其他安排的途径成为非上市公众公司的实际控制人，也可以同时采取上述方式和途径取得非上市公众公司的控制权。根据《非上市公众公司收购管理办法》第二十一条，投资者可以自愿选择以要约方式收购公众公司的股份的，可以向被收购公司所有股东发出收购其所持有的全部股份的要约（简称全面要约），也可以向被收购公司发出收购其所持有的部分股份的要约（简称部分要约）。相关细则的出台使得上市公司收购新三板挂牌企业有法可依，并购道路更加畅通。

据全国中小企业股份转让系统统计，仅 2014 年一年，新三板被上市公司收购的案例多达 8 起（具体情况见表 6-1）。从收购市盈率来看，6 家被收购挂牌公司的收购市盈率平均值为 26.54（金豪制药和嘉宝华分别被上市公司参股子公司和拟上市公司收购，不计算收购市盈率），这一水平基本与新三板市场整体市盈率水平接近。但是具体到每家被收购公司，我们可以看到收购市盈率相去甚远。比如 2014 年收购市盈率最高的一家公司——屹通信息，被东方国信以 45 100 万元的价格收购，收购市盈率达到 80 倍；而年度收购市盈率最低的公司激光设备则被亚威股份以 10 586.58 万元、7.54 倍的市盈率收购。由此可见，被上市公司收购尽管是许多挂牌公司实现尽快上市的路径之一，但想要通过被收购的方式达成市盈率大涨、一夜暴富的愿望也并非易事。

表 6-1　2014 年新三板挂牌公司被收购案例

序号	证券简称	收购方	交易金额（万元）	公司估值（万元）	收购市盈率（倍）
1	瑞翼信息（430531）	通鼎光电（002491）	11 500.00	22 577.00	18.90
2	屹通信息（430364）	东方国信（300166）	45 100.00	45 100.00	80.00
3	金豪制药（430026）	沃森生物（300142）参股子公司	—	—	—
4	嘉宝华（430679）	拟上市公司	—	—	—
5	阿姆斯（430115）	芭田股份（002170）	14 260.00	14 260.00	23.70
6	铂亚信息（430708）	欧比特（300053）	52 500.00	52 500.00	17.66
7	激光装备（430710）	亚威股份（002559）	10 586.58	10 586.58	7.54
8	日新传导（830804）	宝胜股份（600973）	16 200.00	16 200.00	11.44

被收购之后，挂牌公司不再满足新三板挂牌条件，将终止挂牌，退出新三板市场。到目前为止，因被上市公司收购而挂牌时间最短的挂牌公司是瑞

翼信息。2014 年 5 月 20 日，中小板的通鼎光电和新三板挂牌公司瑞翼信息同时发布公告，通鼎光电计划以 15.70 元/股的发行价，发行新股收购瑞翼信息 51%的股权。而当时的购买资产预案显示，截至 2014 年年底，瑞翼信息账面净资产为 2 535 万元，而预估值为 2.25 亿元，预估增值高达 2 亿元。此时距离 2014 年 1 月瑞翼信息在新三板挂牌之日仅仅过去 4 个月。最终，这笔收购完成了交易总额 11 500 万元，达到收购市盈率 18.90 倍。如果仔细查阅新三板的交易数据就会发现，在短短 4 个月的挂牌时间里，瑞翼信息还未来得及发生一笔交易。

我们以瑞翼信息为例，介绍一下新三板挂牌公司通过被并购上市的整个路径。

瑞翼信息成立于 2010 年，注册资本为 1 300 万元，主要是为中小企业提供移动互联网营销解决方案及系统开发，主要业务和产品则包括挂机短信、本地搜、微生活、流量掌厅等，到 2014 年年底，其用户规模约为 22 万户。被收购前，该公司股东由黄健、张煜、陈斌、刘文斌、盛森、黄信、张咏梅、朱健彦、陈亮、方晓亮共 10 名自然人组成，如图 6-2 所示。

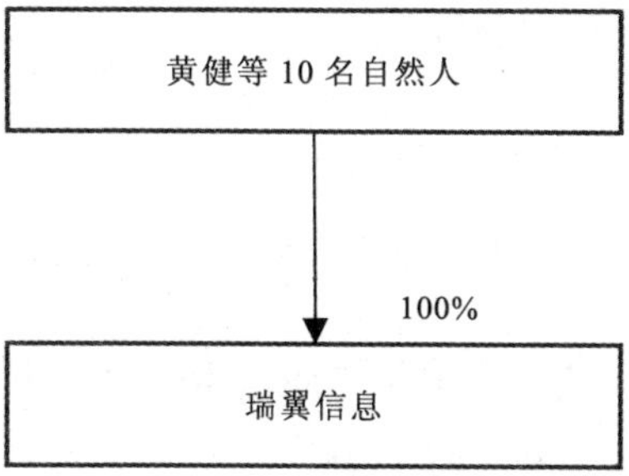

图 6-2　瑞翼信息被收购前股东结构

2014 年 4 月 28 日，通鼎光电第二届董事会第二十七次会议审议通过《关于公司筹划发行股份购买资产事项的议案》，同意公司筹划本次发行股份购买资产事项。

2014 年 4 月 30 日，瑞翼信息第一届董事会第九次会议决议审议通过《关于苏州瑞翼信息技术股份有限公司申请公司股票在全国中小企业股份转让系统终止挂牌的议案》、《关于提请股东大会授权董事会全权办理公司申请股票在全国中小企业股份转让系统终止挂牌的议案》、《关于提议召开公司 2014 年第一次临时股东大会的议案》。

2014 年 5 月 16 日，通鼎光电第二届董事会第二十八次会议审议通过《江苏通鼎光电股份有限公司发行股份购买资产预案》及相关议案。同日，瑞翼信息 2014 年第一次临时股东大会决议公告审议《关于苏州瑞翼信息技术股份有限公司申请公司股票在全国中小企业股份转让系统终止挂牌的议案》，审议《关于授权董事会全权办理公司申请股票在全国中小企业股份转让系统终止挂牌的议案》，并向新三板提出拟终止挂牌申请；瑞翼信息第一届董事会第十次会议审议通过《关于江苏通鼎光电股份有限公司发行股份购买资产之独立财务顾问报告公司 10 名自然人股东向通鼎光电合计转让公司 51%股份并认购通鼎光电非公开发行股份的议案》、《关于同意天衡会计师事务所（特殊普通合伙）对公司实施审计的议案》、《<发行股份购买资产协议>和<发行股份购买资产的利润补偿协议>的议案》，公司对外发布关于公司股东转让合计持有的公司 51%股份的公告。

2014 年 5 月 23 日，瑞翼信息发布关于公司股票在全国中小企业股份转让系统终止挂牌的公告，瑞翼信息正式结束了新三板挂牌历程。

2014 年 5 月 30 日，通鼎光电第二届董事会第二十九次会议审议通过《江苏通鼎光电股份有限公司发行股份购买资产报告书（草案）》及相关议案。同日，瑞翼信息第一届董事会第一次会议审议通过本次发行的交易价格及相关议案，双方达成交易。

通鼎光电收购瑞翼信息的过程如图 6-3 所示。

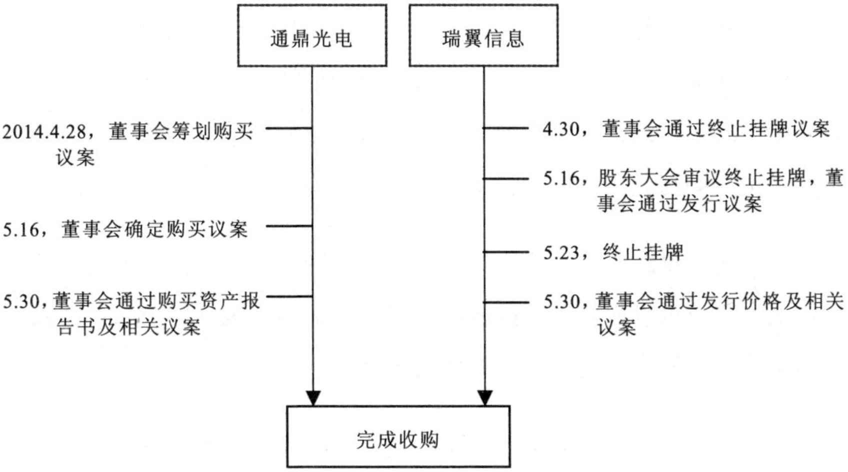

图 6-3　通鼎光电收购瑞翼信息过程

在本次收购中，通鼎光电以黄健等 10 名自然人合计持有的瑞翼信息 51%的股份为标的，作价 11 500.00 万元，以除权除息后 11.92 元/股的发行价格计算发行股份。交易完成后，通鼎光电持有瑞翼信息 51%的股份，成为实际控制人。交易完成后，新的股权关系如图 6-4 所示。

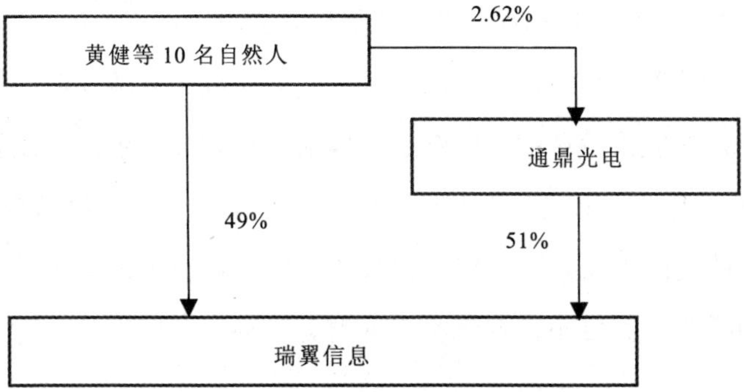

图 6-4　交易完成后股权关系图

在收购这条上市路径上，新三板为挂牌企业提供的帮助至少有三点。

第一，通过在新三板挂牌上市，挂牌公司理顺了股权结构，在收购过程中可以节省很多不必要的麻烦，交易双方都更加放心。

第二，在新三板挂牌期间，挂牌企业的交易价格有了较为公允的标准，尽管目前市场交易量还不能与主板相提并论，但通过公开市场的报价还是能够为并购中的定价提供更好的依据。特别是采用做市交易的挂牌公司，通过做市商报价能够得到连续的历史价格，参考性更强。

第三，新三板的监督作用更好地保障了挂牌公司相关信息的准确性和完整性，上市公司可以通过公开披露的信息更全面地了解挂牌公司，因此在寻找交易标的的过程中，新三板自然成为首选。

目前，新三板正在成为上市公司收购的后备库。因为这里的公司大多拥有核心技术，通过并购能够与上市公司形成协同效应。

不过，通过并购实现上市之路毕竟不同于狭义的转板。目前，市场人士热切期盼的是一条能够直接由新三板“对接”主板或创业板的“绿色通道”。尽管目前在我国资本市场尚未实现，但这种“绿色通道”在其他成熟市场已经出现。

比如，2008 年中国香港联合交易所有限公司（以下简称“联交所”）对创业板进行了改革，其中最突出的一点就是创业板企业转主板的程序和要求被显著简化。在此次改革中，取消了转板前先摘牌的规定，即在创业板上市的公司转往主板，不用先在创业板除牌，可直接“由创业板转板上市”。此外，转板申请人的主板首次上市费将减免 50%；转板时公司还可以公告取代以往的招股章程，并且不需要保荐人或财务顾问。

不过，在联交所退出创业板转板制度的同时，也提高了创业板登陆门槛。首先，在创业板上市的新股市值要求从过去的 4 600 万港元上升至 1 亿港元。其次，对创业板新上市公司财务方面的要求也由过去的“有实质业务及具潜力”变为“过去两年净现金流入记录要超过 2 000 万港元”，上市要求被进一步量化。

2013 年 4 月，中国首家上市 B2B 资讯公司慧聪网（08292，HK）发布公告称，正积极考虑将公司股份由香港联交所创业板转至主板上市。2014 年，慧聪网成功由创业板转至主板。通过转板，慧聪网确实达到了提高影响力、增加股票交易量的目的。

不过，联交所的转板制度也不是十全十美。中国香港证监会在一年一度有关香港交易及结算所有限公司（以下简称“港交所”）上市规则执行方面的检讨中曾指出，港交所在批准公司由创业板转主板时太松手，有四成申请自动撤销，可能与中国香港证监会追问有关。报告中指出交易所简化了创业板公司转往主板上市的流程，主要是考虑到创业板发行人已为交易所熟知，并遵守与主板制度非常类似的制度。但 2013 年有 6 宗申请在监管者详细询问业绩纪录后失效或被撤回，占当年总申请的四成。

中国香港证监会还提供了两个例证，申请公司虽然年收入大幅增长，但与行业气候和政府政策并不相符合。在中国香港证监会质询后，两家公司均未能提供恰当的解释，自动撤销申请。因而，中国香港证监会向港交所提出建议，要求其执行更严格的审查程序和更深入的调查。由此可以看出，在转板制度设立之初，各项审批细则、流程的设计十分重要。这不仅关系到转板机制的顺利落实，也关系到整个资本市场的秩序问题。

6.5　正确看待转板问题

2014 年以来，包括中国证监会在内的有关机构都把新三板转板机制建设提上了日程，深交所也已经开始研究针对互联网和高新技术企业的转板机制。投资者和挂牌企业对转板的预期越发强烈。但正是这个时候，我们需要更冷静地看待新三板的转板问题。

应该说，转板机制的根本目的是为了更好地建设我国的多层次资本市场，使各个市场之间形成相互辅助的作用。本着这一原则，任何扰乱市场秩序的行为将受到禁止。诸如我们在转板的问题部分提到的种种监管套利行为将会从制度设计之初得到防范。既然如此，企业挂牌新三板的目的不应该仅仅是借道上市，而投资者更不能将转板上市作为投资挂牌企业的最终目的。

无论转板制度最终设计方案如何，企业的质量始终是上市的核心条件。正如香港联交所的转板机制中，为了更好地保证转板企业质量，创业板提高了上市门槛。因此，企业要想上市，要想获得投资者的支持，做好自身业绩才是根本之法。

而对于新三板来说，转板制度的推出诚然能够吸引更多优质企业来市场挂牌，但如何留住优质企业将成为不可避免的问题。作为一个独立的证券交易场所，新三板不可能单纯作为企业登上另一个市场的“跳板”，只有留住优质企业，才能使市场发展得更好。为此，新三板在未来需要更快地提高自身服务挂牌企业的能力，从融资能力、定价能力、交易深度等各个方面向沪、深交易所看齐。而一旦新三板完成这一目标，挂牌企业转板的意义和意愿也将有所减弱。

第 7 章

新三板投资策略及案例

自2013年12月扩容至全国以来，2014年全年新三板新增挂牌企业1 232家，是过去7年挂牌企业总数的两倍之多，挂牌企业数量以平均每月不少于100家的速度迅猛增加；2015年6月末，新三板挂牌企业数量增加到2 637家。在这些挂牌企业中，既有如湘财证券这类成熟优质的企业，又有像原子高科这类细分行业龙头企业，还有更多极具潜力、发展前景优良的中小企业。协议转让的交易系统完善后，随着新三板的市场规模不断扩大，交易也逐渐活跃。紧接着，在2014年8月，做市商制度正式实行，可以说更是为投资者进入市场大开方便之门，市场的流动性进一步改善，投资机会也在不断增加。

越来越多的眼睛开始盯住新三板，想从这个市场的成熟发展进程中分一杯羹。可以预见，随着后续竞价交易、市场分层、转板制度的出台实施，新三板的投资盛宴正在逐步开启。已经有不少投资案例告诉我们，进入得越早，投资机会就越多，可以享受的制度红利就越多，收益也会越大。

想要投资的同时我们也应该看到，新三板毕竟在制度、交易方式、挂牌企业资质、投资者门槛等多方面与主板市场有较大的差异，投资于新三板也该有针对性地根据新三板的情况因地制宜地设计投资策略。另外，考虑到新三板市场的流动性有限，买卖渠道都不像主板市场那么畅通，投资者并不是有钱就可以投资的。除了满足投资者适当性条件，准备足够的资金，如何寻找合理有效的投资机会介入挂牌企业，也是投资者应该纳入考虑的问题之一。

本章的第一节将介绍新三板投资的主要方式和策略。在第一节中，我们将新三板的挂牌企业主要分为5个不同的阶段，包括：企业挂牌前的阶段，挂牌后协议转让阶段，挂牌后做市转让阶段，以及预期将有的挂牌后竞价转让阶段和企业转板阶段。不同的阶段对应不同的投资方式和策略。其中，企业挂牌前的阶段包括定向增发和老股转让两种投资方式；挂牌后协议转让阶段同样包括定向增发和老股协议转让两种投资方式；挂牌后做市转让阶段包括定向增发及做市交易转让两种方式。在企业发展的不同阶段侧重的投资方式不同，相同的阶段不同的投资方式实行的难度和投资重点同样存在差异，对于不同的投资者适用的投资方式也不相同。这些将在第一节详细介绍。

本章的第二节将介绍新三板企业挂牌前的投资方式和策略，主要包括参与企业早期融资和老股转让两种投资方式。在挂牌前通过定向增发获得企业的股份进行投资与传统的 PE/VC 等创投机构的风险投资相似，不同之处在于由于新三板的挂牌相比于上市要容易得多，因此对投资企业的筛选标准会相应降低，投资周期也会相应缩短。在挂牌前通过老股转让获得企业股份相对于定向增发难度更大，通常老股东很少会在挂牌前的阶段转让手中股份，仅在引进战略投资者或方便主办券商做市等少数情况下会转让手中的部分股份。不管通过何种方式对挂牌前的企业进行投资，难度都相对较大，对资金和投资者挑选项目的能力要求较高，机构投资者相比于个人投资者具有较大的优势。优质项目来源通常掌握在各主办券商手中，可以从券商的储备项目库中寻找相应企业。

本章的第三节将介绍新三板企业挂牌后协议转让阶段的投资方式和策略，主要介绍定向增发和老股协议转让两种投资策略。随着挂牌企业数量的急速增加，新三板企业定向增发的次数和金额都在不断增加，为投资者通过定增对新三板企业进行投资提供了丰富的投资标的和机会。投资者通过定增入股新三板企业可以实现投资者和企业的双赢，既满足了投资者的投资需求，又满足了企业的融资需求，还分散了挂牌企业股权集中度，提升了新三板市场的流动性。通过定增对企业进行投资，收益主要来源于挂牌企业的成长性及投资者的议价能力。希望通过定增进行投资的投资者通常需要与目标企业的主办券商保持密切联系，关注企业的定增项目，及时介入。同时，该投资方式对投资者资金和项目分析能力、议价能力都有较高要求，相比于个人投资者，机构投资者在定增投资方面更具有优势。除了定增的方式介入，合格的投资者还可以通过新三板的协议转让交易系统进行交易来进行投资。目前新三板挂牌企业股权较为集中，流通股不多，协议转让的交易相对活跃度较低，投资者单纯通过协议转让获得股份的难度较大。可适当通过主办券商与企业股东进行沟通联系，协商达成交易，同样具有较大难度。

本章的第四节将介绍挂牌企业采取做市转让方式后的主要投资方式和策略，包括参与挂牌企业定向增发进行投资和与做市商进行交易来获得股份进行投资两种方式。对于想要通过参与定增来对做市转让企业进行投资的投资者而言，做市转让的企业普遍较协议转让的企业更为优质，多了一层做市商的背书保证，其盈利能力和成长性相比于协议转让的企业更有保障。做市转让的企业资本运作相应更多，从而投资机会比协议转让的企业要多。但参与做市转让的企业定增的难度并没有下降，反而可能因为潜在投资者太多而加大竞争，从而扩大了定增入股的难度。不过相比于协议转让的企业，做市转让企业的投资者退出通道更为畅通，做市商提供的流动性方便了参与定增的投资者退出投资。除了参与定增进行投资，投资者还可以通过与做市商进行交易的方式来对做市转让阶段的企业进行投资。与做市商交易是目前新三板市场最为灵活的投资方式。投资者可以与做市商买卖任意股份的股票，除了需要满足投资者适当性条件，对投资者的资金及项目选择能力等各方面都没有附加要求。

本章的第五节将介绍一些具有代表性的投资案例，包括新三板市场上最新出现的众筹定增模式等案例。

7.1 新三板投资的主要方式

由于新三板市场与主板市场存在不同的交易制度、上市门槛，以及独有的投资者适当性条件等，从而导致了主板上市公司与新三板挂牌企业发展阶段及特征、股票流动性、流通股供应量及投资者特征等多方面的差异，我们需要将主板市场与新三板市场的投资方式区分开来，二者不尽相同。

以投资者来说：受限于投资者门槛，截至 2014 年 12 月 31 日，新三板市场共有机构投资者 4 695 户，个人投资者 43 980 户，连主板市场的零头都不到。而这 43 980 户个人投资者中，又有很大一部分是挂牌企业原始股东，属于受限投资者，只能买卖所属公司的股票；而主板市场可以说是零门槛，成熟的上市企业降低了投资风险，从而放宽了对投资者的要求，沪、深两市目前仍是散户为主，“大妈”、“大叔”投资不亦乐乎。

而以股票供应量来说：主板上市企业公众持股比例不得低于 25%，如果发行时股份总数超过 4 亿股，发行比例可以降低，但不得低于 10%，这就保障了上市企业的股权分散度，从而保障了市场流通股的数量，提供了交易的基础；而新三板挂牌企业在挂牌同时无须公开发行，也没有公众持股比例的要求，只要股权明晰即可，这也是目前新三板市场股权高度集中、流通股数量少、交易不活跃的重要原因之一。这一状况在做市商制度推行后有所改善，但仍将在未来一段时间困扰新三板的投资者。

此外，新三板挂牌企业与主板上市公司相比，存在企业性质不同、发展阶段较为靠前、经营风险相对较大、企业体量相对较小等特点，这些都在第五章有提到，我们就不在此赘述。我们可以认为新三板市场是不完善的，正在成熟和发展当中；但更应该看到新三板市场存在多元化的投资者、包容性的制度政策及多样化的投资方式，这些都将成为市场发展的基础、活力的来源。

从投资者来看，当前参与新三板的投资者是多元化的，除了满足准入门槛的个人投资者，更有多方机构投资者的积极参与，包括在企业挂牌前以投资入股的 PE/VC 创投机构，挂牌后通过定增参与投资布局新三板的 PE/VC 和上市企业，积极参与做市的券商，以及即将成为做市商的证券投资咨询机构，众多已发行或正筹划新三板产品的公募/私募基金等。

而新三板的包容性不仅体现在对挂牌公司挂牌条件、融资便利等机制设计上，同时也体现在其对多样化的投资模式包容上，投资者可以通过协议转让、做市交易及定增等多种方式参与投资，而随着后续分层管理制度的实施，竞价交易制度的引入，降低投资者门槛，甚至转板制度出台等多项政策的落地实施，更多不同的投资者盈利模式都能得到实现。

考虑到新三板市场的特殊性，对于处于不同阶段的新三板企业，应该有不同的投资方式。在此将新三板挂牌企业主要分为 5 个不同的阶段，包括：企业挂牌前的阶段，挂牌后协议转让阶段，挂牌后做市转让阶段，以及预期将有的挂牌后竞价转让阶段和企业转板阶段。我们分析的重点将是前 3 个阶段的投资方式和策略，对于竞价转让阶段和企业转板阶段，由于具体的政策仍待推出，我们目前只能做一些合理的推断和展望。

1．企业挂牌前的阶段

对于尚未在新三板挂牌的企业，其投资方式主要是通过参与企业早期获得股份或是获得老股东转让的股份，二者都可以看作通过参与企业的早期融资来进行投资。这种投资项目一般需要花费较大的搜寻成本，投资者需要对企业进行详尽的尽职调查，投资实施的难度也较大。投资方式本质上与 PE/VC 等创投机构的风险投资并没有太大区别，投资期相对较长，对投资规模的要求也相对校高。但由于投资对象是可能在新三板挂牌的企业，周期相比于以上市为目标的风险投资要短，难度也相对较小。投资收益主要来源于企业改制、规范公司治理带来的企业价值的提升及企业后续成长带来的收益。投资策略主要是以企业的成长性为重点，强调企业后续的发展。

2．挂牌后协议转让阶段

挂牌后的企业已经完成了企业股份制改革，公司治理也已经基本规范，企业改制带来的套利空间已经基本消失，主要的投资策略重点仍在挂牌企业的成长性和发展空间及流动性改善的可能性。此时的投资方式主要有两种：

一种是通过协议转让获得公司的股份来进行投资；另一种是通过参与公司的定增来介入，对企业进行投资。其中，通过协议转让获得公司股份难度较大，投资者想要通过协议转让获得意向公司的机会较少，且转瞬即逝。而通过参与定增来介入作为第二种投资方式具有一定的相对优势。

融资是公司发展过程中避不开的阶段，目前股转系统定增制度完善，且相对主板市场便捷，公司融资需求正不断释放，平均每周有 20 笔定增项目，投资者在资金量足够的情况下通过定增入股相对更加容易。意在定增的投资者应加强与目标企业主办券商之间的联系，关注企业的定增预案，及时介入。

挂牌后协议转让阶段的投资收益来源于三部分：企业成长带来的收益、由协议转让转为做市转让所提供的流动性带来的估值恢复，以及可能的转板和并购机会带来的收益，其中成长性和流动性恢复带来的收益是该阶段投资收益的主要来源。

3. 挂牌后做市转让阶段

对于已经转变为做市转让的挂牌企业，其流动性已经有较大程度的改善，公司股票的获取相比协议转让容易不少，对于资金量较少的个人投资者来说是较为优质的投资标的。该阶段的企业投资策略重点在于挂牌企业的成长性，与传统的主板市场投资策略较为一致。对于采取做市转让的挂牌公司，主要的投资方式也有两种。

第一种方式，通过定增来介入公司。在公司做市转让阶段参与定增和在公司协议转让阶段参与定增来进行投资，二者的区别不大，只是相对来说做市企业的资质通常更优，对定增对象的要求也会相应提升；做市阶段想要通过定增来对公司进行投资，除了要与主办券商保持较为密切的联系，关注定增机会，对投资者的议价能力也提出了一定的要求。

第二种方式，通过与做市商交易来买卖股票。通过与做市商交易来进行投资可以说是目前个人投资者最为畅通的投资渠道，只要符合投资者适当性条件，都可以与做市商进行买卖交易，股票的流动性可以得到保障。唯一的弊端是投资者只能接受做市商的报价，主动性稍打折扣。另外，目前做市商手中的股票并不算太多，也比较惜售，流动性有望进一步提升。

在挂牌后做市转让阶段，投资的收益主要来源于企业成长性和后续发展带来的股价提升。这同样也是做市商除了买卖差价的重要收益来源。

4．挂牌竞价交易阶段

目前股转系统还没有实行竞价交易制度。根据股转系统公司方面有关消息，竞价将是在股权分散的前提下实施的。开启竞价交易是股转系统 2015 年的工作重点。连续竞价交易技术硬件系统目前正在开发中，预计 2015 年中前后竞价交易系统将能够上线。一旦开启竞价交易制度，新三板的投资方式将进一步丰富。竞价交易的情况下，新三板与主板投资方式基本没有差异，除了考虑企业发展阶段不同，与主板的投资策略也基本一致。竞价交易制度下新三板的流动性将大幅提升，可以基本满足所有投资者的需求。

5．转板阶段

2013 年年底，国务院表示要建立沪、深交易所与全国股转系统之间互连互通的机制。2014 年 10 月，中国证监会发布深圳资本市场改革创新 15 条，允许符合一定条件但尚未盈利的互联网和科技创新企业在新三板挂牌满 12 个月后到创业板发行上市，进一步的细则尚未出台。不同层次市场间的互连互通也是我国多层次资本市场体系的重要内容。一旦转板通道打通，在企业转板前进行投资还需要关注挂牌企业转板的可能性，以及由此带来的企业估值的提升。转板后的投资方式和策略不再是新三板的内容，超出了本书的探讨范围，就不在此赘述。

我们将不同阶段的投资方式、实施难度、资金需求及投资周期梳理如表 7-1 所示。

表 7-1　在当前新三板市场环境下不同阶段企业投资对比

投资时点	投资实施方式	投资实施难度	可容纳投资规模	最短投资周期
挂牌前	参与公司早期融资	难	不同项目之间差异较大	一般在2年以上
协议转让	参与定增	较容易（平均每周 20 笔定增项目）	千万至亿元级别(平均每笔定增募资约 4 000 万元)	6～12 个月（转为做市后可实现部分或全额退出）
	协议转让	难	不同公司差异巨大	不定
做市交易	与做市商交易	容易	200 万元以下（周成交额大多处于 20～300 万元区间）	3～12 个月
	参与定增	较容易	千万至亿元级别	6～12 个月
竞价交易（尚未推出）	竞价交易	容易	良好的流动性可以满足大额投资需求	短
转板后	竞价交易	容易	良好的流动性可容纳任何投资额的投资需求	短

资料来源：国泰君安证券研究所。

7.2　挂牌前定向增发和老股转让

对于挂牌前的企业，投资者可以通过参与企业挂牌前融资和接受老股东的股份转让来获得企业股份进行投资。投资者在企业挂牌前对企业进行投资，可以绕开新三板的投资者适当性条件，规避准入门槛的限制。但在实际操作中，由于挂牌前对企业进行投资难度较大，投资方式较难实现，对投资者资金和专业能力都有较高的要求，其门槛往往比新三板市场的投资者门槛还要高得多。

7.2.1 挂牌前融资

企业挂牌前的早期融资可以分为向公司内部进行融资和引入外部投资者两种情况，向公司内部进行融资又可以分为向老股东增资和向员工进行股权激励两种情况。投资者一般不能参与向公司内部进行的增资，能够介入的只有公司引入外部投资者的融资机会。

投资者通过参与企业早期融资介入挂牌前的企业，相比于挂牌后的定向增发，投资阶段更早，搜寻范围更新，合适的投资项目的获取难度也就更大。同时，由于此时公司尚未挂牌，公开信息少，投资者面临的信息不对称问题也将更加严重。这种投资方式本质上相当于对企业进行风险投资，在投资项目挑选和考察上也应该参考 PE/VC 等创投机构进行风险投资时的方法和经验，往往需要对预投资企业进行详尽的尽职调查，考察企业的成长性和核心竞争力，最好还要对企业所属行业有深入的了解，具备相关产业投资的经验。

除了投资者自己去寻找项目，想要参与挂牌前企业的定向增发，投资者还可以从主办券商处入手，从券商的储备项目库中寻找合格的投资标的。随着新三板挂牌越来越火爆，主办券商对企业的筛选也越来越严格。而做市商制度启动后，主办券商将更加能够从企业的成长中分享收益，主办券商挑选项目的标准进一步提升，通常会自设财务门槛来甄选挂牌储备项目。从主办券商的储备项目库中挑选定增目标企业是在主办券商筛选的基础上进行的，基本符合主板券商所设挂牌门槛，企业资质更为优异，也大大缩小了搜寻范围，降低了投资成本。但从另一方面来看，券商储备项目库中的企业一般挂牌在即，除非急需资金，通常会选择在挂牌后定增融资，介入难度将大于投资者自行寻找的项目，定价也可能会更高一些。

然而不管是投资者自己去寻找挂牌前企业的融资项目，还是通过主办券商寻找相应的企业项目，对投资者的获取项目的能力、投研分析能力和资金要求都相对较高，机构投资者相比于自然人投资者具有天然的优势，更能适应该种投资方式。而在机构投资者中，又以 PE/VC 等创投机构在这方面投资的经验最为丰富。

而新三板的成熟和发展也正好为私募股权投资机构和风险投资机构的退出提供了新的通道。2014 年 A 股 IPO 开闸以来，中国证监会改革发行制度，加大审查力度，A 股发行价格整体走向理性，市盈率在 20 倍左右，处于较低水平。其中，在 A 股 IPO 企业中，75 家有 VC/PE 背景企业，占 2014 年全年 A 股 IPO 企业总数的 60%，有金额显示的 IPO 企业为 VC/PE 机构带来 211.61 亿元的账面回报，平均每笔账面回报率为 2.93 倍，退出回报率较低。然而 IPO 排队所带来的时间成本使 PE/VC 承受着巨大的退出压力。据中国证监会披露的数据，截至 2015 年 1 月 8 日，中国证监会受理首发企业 647 家。其中，已过会 32 家，未过会 615 家。未过会企业中正常待审企业 56 家，中止审查企业 559 家，占比超 8 成，主要原因是在审企业财务资料已过有效期。

相比于在上交所和深交所上市退出需要付出巨大的时间成本，通过投资企业在新三板挂牌退出通道要畅通得多。2014 年，挂牌企业的备案审查时间一般在 3 个月左右，远低于 IPO 审核排队所需时间。另一方面，PE/VC 如果考虑通过新三板退出投资，也需要接受新三板低估值所带来的损失。

7.2.2　老股转让

除了参与企业早期融资对企业进行投资，投资者还可以通过从老股东手中获得转让的股份来投资挂牌前的公司。但这种投资机会一般较少，企业原始股东通常不会轻易转让手中的股份，特别是对于未来可能在新三板挂牌的企业而言。

挂牌前的企业通常股权高度集中，尤其是成立以来不曾从创投机构处获得过融资的企业。其创始人往往持有公司大部分股票，保持着对公司的控制权，看重自己企业的发展前景，不会随意转让手中的股份。即使是企业需要资金，也往往是通过外部融资的方式或是债权融资融入资金而不是股份转让。

常见的企业挂牌前股份转让大多属于三种情况：第一种情况是投资者是企业的核心员工，公司控股股东出于股权激励的目的将一部分股份以相对较低的价格转让给投资者；第二种情况是公司控股股东与投资者存在关联关系，将投资者引入自己的企业当中；第三种情况是想在挂牌的同时采取做市转让方式的企业，在挂牌前将一部分股份转让给主办券商和做市商，作为做市的股份。

总而言之，不管是对于机构投资者还是自然人投资者而言，通过老股转让方式获得挂牌前企业股份的投资方式实施难度大，更加适合机构投资者，对于个人投资者而言属于可遇而不可求的投资机会。

不管是通过参与挂牌前的企业定向增发还是获得老股东转让的股份，对挂牌前的企业进行投资的主要收益来源于两部分：一部分是企业在新三板挂牌成功后价值的提升，属于相对短期的收益；另一部分是企业未来成长给投资者带来的收益，属于相对长期的收益。投资者在对挂牌前的企业进行投资的，需要重点考察企业未来挂牌的可能性和所需时间，以及企业的成长性。投资主要策略为投资符合主办券商筛选条件，能够尽快挂牌的企业，以及具有较大的发展空间和核心竞争力，具备较好成长性的企业。

7.3 挂牌后定向增发和老股转让

对于挂牌后的企业，投资的主要方式包括定向增发和老股转让。其中老股转让又分为协议交易转让和做市交易转让。在本节内容中我们定位于企业采取协议转让方式来探讨投资方式和策略，重点介绍协议交易转让，做市交易转让的投资方式将结合做市商制度共同探讨分析。

7.3.1 定向增发

新三板目前只允许挂牌企业进行非公开发行，也就是定向增发。其中合格的发行对象包括挂牌企业原股东，挂牌企业董事会、监事会成员，挂牌企业高级管理人员及核心员工，合格投资者（机构投资者和个人投资者）。每次新增股东不能超过 35 人。与主板市场不能超过 10 人的定增对象相比，可投资空间大大增加。

与主板市场相比，新三板企业的定向增发在审核方面也宽松得多。与主板定增都要通过中国证监会审批不同，新三板挂牌企业的定向增发实行核准制，如果发行对象不超过 200 人，可以豁免审批，事后备案即可。仅发行对象超过 200 人的定增需要通过中国证监会审批。这同样为企业定增融资带来了极大的便利，极大地缩短了发行时间。

此外，新三板企业的定向增发新增股份不设锁定期，可即时交易；新三板企业定增发行价格不受限，由企业与发行对象自行协商决定；定增股份可储架发行，即一次核准，分期发行。这些市场化的制度设计为企业融资带来了极大的便利，也为投资者参与定增对企业进行投资提供了支持。

我们以九鼎投资的定增为例，来更生动地说明一下新三板的定增。在 2014 年 4 月 23 日挂牌的九鼎投资在挂牌当日便发布了其第一次定增方案，公司以 LP 换股的形式拟向 138 名特定对象非公开发行，发行价为 610.00 元/股，募资规模为 35.37 亿元。公司于 4 月 28 日即发布公告称定增完成，新增股票将于 4 月 29 日在股转系统挂牌交易。随后在 6 月 22 日，九鼎投资又发布了第二次定增方案，定增价格为每股 750.00 元，如按预期实施资本公积转增股本并除权后，发行价格相应调整为约 3.92 元/股，共筹资 22.5 亿元。8 月 7 日，本次定增完成；次日，本次定增股票开始在股转系统挂牌交易。而在两次定增之间，九鼎投资的股票价格曾出现过 1.00 元/股的低价和 970.00 元/股的高价，均与定增价格相去甚远。

从上例可以看到，九鼎投资两次定增间隔不到两个月，定增对象人数可高达 138 人，而且定增新增股份次日即可上市交易，极其便捷。发行价格由投资者和企业协商决定，不受交易价格限制。

灵活便捷的定增制度无疑是投资者介入新三板企业的最佳方式之一。而自扩容以来，特别是在 2014 年，新三板挂牌企业定向增发也出现了爆发式的增长，这无疑为投资者通过定增进行投资提供了更多的投资机会。

从新三板市场定增情况来看，定增参与机会较多，定增方案多样化，可以为投资者提供丰富的选择标的。2014 年，在新三板挂牌企业中，共有 290 家企业进行了一共 324 次定向增发，融资总额达到了 129.5 亿元，而 2006—2013 年一共只有 138 次定向增发，融资总额也只有 39.34 亿元；2014 年一年的定增次数就是过去 7 年的两倍还多，而定增融资规模更是过去 7 年的三倍还多。2015 年这一迅猛发展的势头得到了延续，截至 2015 年 6 月末，已完成定增 742 次，募集资金总额达到 317.47 亿元。九鼎投资挂牌至今股份变动情况如图 7-1 所示。

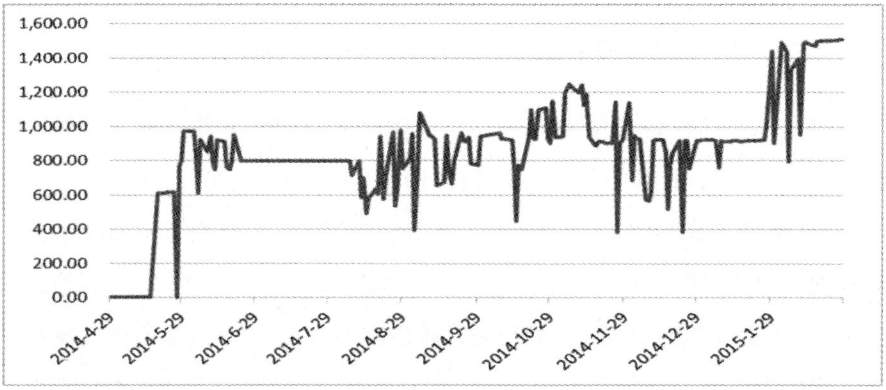

资料来源：同花顺。

图 7-1　九鼎投资挂牌至今股价变动（单位：元）

这些定向增发也呈现出多样化。从融资规模来看，既有融资 14 万元和 16 万元的杨迅科技，又有融资 35.4 亿元和 22.5 亿元的九鼎投资、融资 50 亿元的中科招商。从定增的企业来看，既有 2013 年盈利 1.35 亿元的中科软，也有亏损 1.42 亿元的中搜网络；既有市值高达 19.4 亿元的九鼎投资，也有市值仅 20 万元的道隆软件。此外，还有多家企业在 2014 年进行了多次定增。这些多样化的企业和多样化的定增方案为投资者提供了多样化的投资标的。具体统计数据参见图 7-2、图 7-3 和表 7-2。

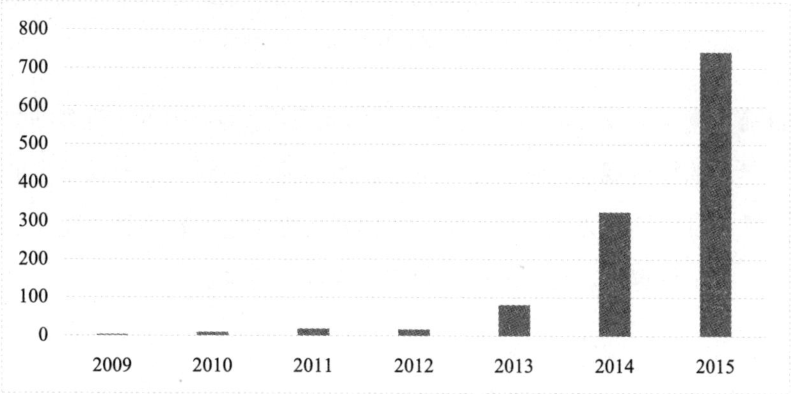

数据来源：全国中小企业股份转让系统。

图 7-2　挂牌企业历年定增次数

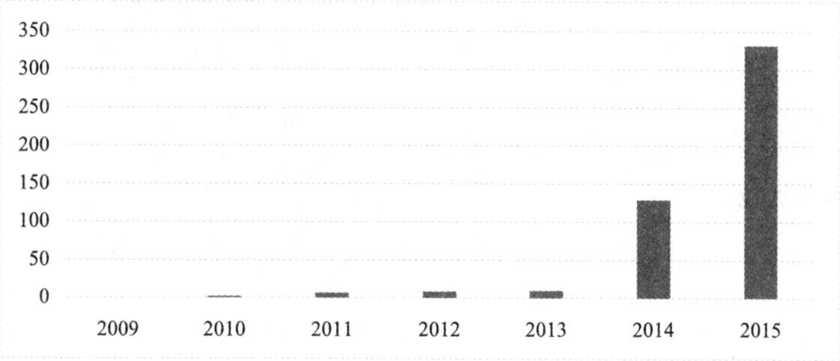

数据来源：全国中小企业股份转让系统。

图 7-3　挂牌企业历年定增总额（单位：亿元）

表 7-2　新三板公司定增募集资金规模分布

规模区间	公司数量	占比（%）	实际募集资金总额（亿元）	占比（%）
500 万元以下	152	18.42	3.98	1.20
500～1 000 万元	164	19.88	11.28	3.41
1 000～3 000 万元	296	35.88	48.72	14.74
3 000 万元～1 亿元	166	20.12	85.20	25.78
1 亿元以上	47	5.70	181.26	54.86
总计	825	100.00%	330.4	100.00%

资料来源：Wind，统计时间为 2014 年 1 月 1 日至 2015 年 6 月 30 日。

目前市场每周发行约 80 笔定增，平均规模约 5 000 万元，可容纳数百万元至上亿元的投资规模，如图 7-4 所示。在当前新三板投资产品不多的环境下，定增项目供给较为充足。该种投资模式在投资企业转为做市交易后可以实现部分或全额退出，使得较短的投资周期成为可能。

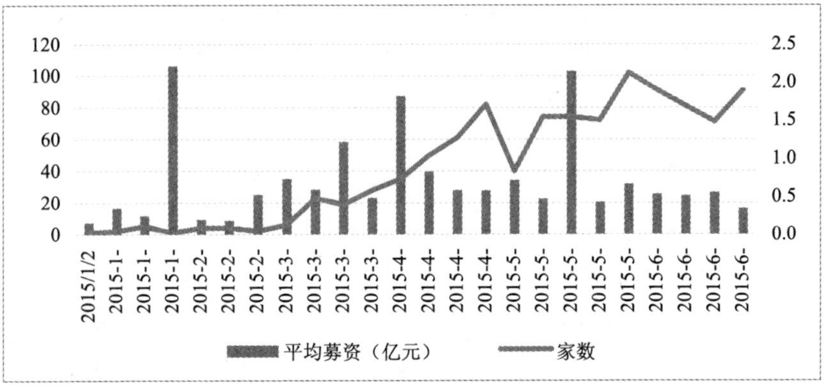

资料来源：Wind。

图 7-4　新三板每周公布约 80 笔定增预案，平均实施募资 5 000 万元

通过定向增发入股的投资者可以得到两部分收益。第一部分是定增发行的折价收益。对于在主板市场定向增发的股票而言，由于存在发行价格不低于公司前 20 个交易日股价的 90%的限制，这一部分收益相对是有限的，但仍有 20%～30%的折价。而新三板挂牌企业的定增价格不受限制，投资者能

够取得多大程度上的折价主要取决于投资者和企业的议价能力。第二部分收益是定增后企业股价变化带来的资本利得。这一部分收益主要取决于定增企业的基本面状况及成长性。投资者在考察定增项目时，应该综合考虑这两方面的因素，在挑选基本面较好及具有成长性和发展前景的企业的基础上，再向企业争取定向增发的折价。

通过参与定增入股对投资者的资本要求相对较高，大部分定增规模在 500 万元以上，如果将分散风险纳入投资者的考虑范围，对资金的要求将进一步提升。相比于个人投资者，机构投资者将能更好地运用这一投资方式。

7.3.2　老股转让

除了参与定增，投资者还可以通过协议转让的方式参与交易，从挂牌企业老股东手中取得股份。

协议转让方式是新三板最早推行的交易方式之一。在代办股份转让系统期间，新三板协议转让要求最低股份为 30 000 股，大大限制了交易的活跃程度。2013 年 2 月 8 日，全国中小企业股份转让系统有限责任公发布《全国中小企业股份转让系统业务规则（试行)》，以及涉及相关业务规定和细则、交易结算、两网公司及退市公司、相关业务指引及收费事宜的 14 个配套文件，每笔报价委托最低数量限制由此前的 30 000 股降低至 1 000 股。2014 年 5 月 19 日，新的证券交易和登记结算系统上线，支持经优化的协议转让方式。交易单位的大幅降低及新的交易系统都大大促进了股转系统协议转让交易的活跃程度。2014 年股转系统日均协议转让量 658.31 万股，日均成交金额 3 560.00 万元。从图 7-5 中可以看到，新的交易系统上线后，股转系统协议转让活跃程度有明显的提升。

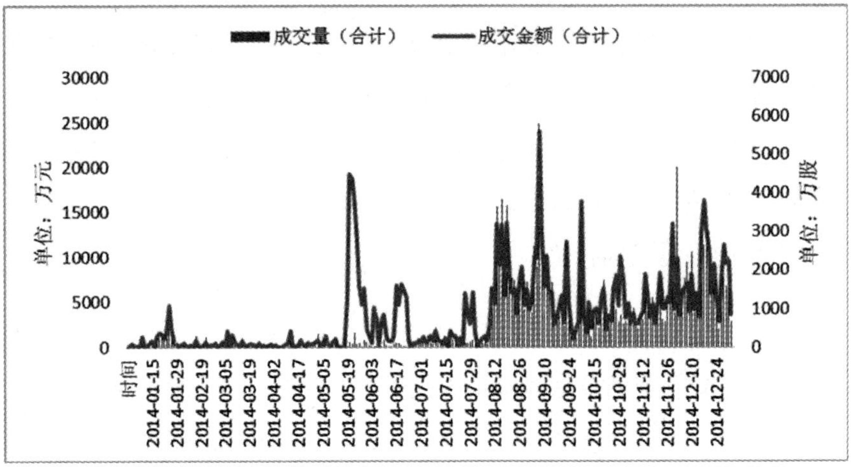

资料来源：同花顺 iFind。

图 7-5　2014 年全年协议转让每日交易统计

虽然交易活跃程度有所提升，但整体而言，新三板市场的流动性仍然很低，与总市值相比，协议转让的交易量极少，换手率较低。2014 年，新三板市场协议转让股份的日均换手率只有 1.49%，如图 7-6 所示。

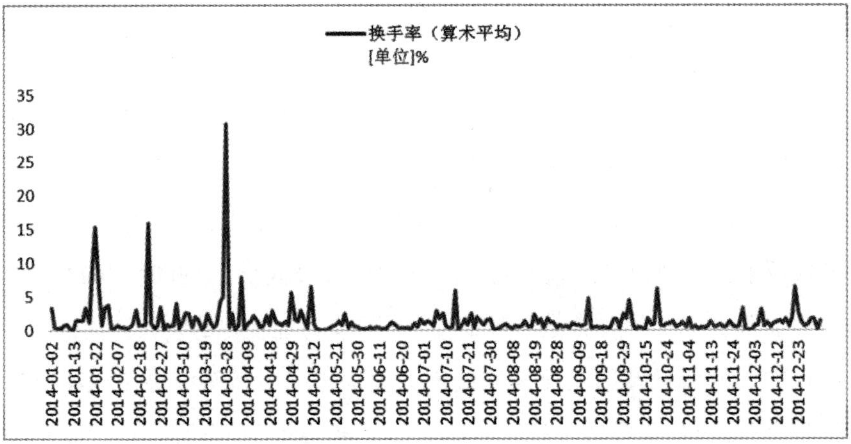

资料来源：同花顺 iFind。

图 7-6　2014 年全年协议转让每日换手率统计

由于挂牌企业的协议转让交易并不活跃，每天仅有少部分股票发生交易，想要通过协议转让方式来进行投资并不容易；同时，协议转让方式的搜寻成本和谈判成本等隐性成本较高，也给交易带来了阻碍。此外，协议转让交易除了交易时间，交易量的选择同样不够灵活，不能很好地满足投资者的需求。

投资者如果想要通过协议转让的方式来对挂牌企业进行投资，较为理想的投资标的为中科软、原子高科等存在相对活跃交易市场的企业，在一定程度上保障了投资者投资和退出渠道的畅通。而对于大部分不存在活跃交易市场的企业，投资者介入的难度较大，往往存在有钱无法投的情况。

相比于通过定增对企业进行投资，通过协议转让方式获得挂牌企业的股票是一种更适合于自然人投资者的交易方式。投资者只要达到了 500 万元的准入门槛即可进行投资，对资金和项目经验没有进一步的要求。

对于通过参与企业定向增发或是协议转让方式投资协议转让阶段的新三板挂牌企业的投资者而言，其获取投资收益的方式主要有三种：第一种实现收益的方式为短线投资，通过获取挂牌企业股价的买卖差价来实现收益，由于新三板市场交易不够活跃，该方式难度相对较大；第二种方式为通过持有可能转变为做市转让方式的挂牌企业的股票，获得股票流动性改善带来的溢价；第三种方式为长期持有公司股票，分享挂牌企业成长带来的收益，甚至可能获得挂牌企业转板或 IPO 带来的超额收益。

7.4　做市后的投资方式

2014 年 6 月 5 日，《全国中小企业股份转让系统做市业务管理规定》公布，标志着新三板市场做市商制度的出台。同年 8 月 25 日，做市商制度正式上市实施。新三板挂牌企业除了协议转让，将可以采取做市转让的方式进行交易。

第一批采取做市转让方式的企业共有 43 家，均由协议转让方式转变而来。对于采取做市转让方式的企业，其投资方式主要也有两种，分别是参与做市企业的定向增发和与做市商进行买卖交易获得股份。这两种不同的投资方式的对投资者的资金、能力要求不同，从而适用的投资者不同，投资的期限和侧重点也不相同。

7.4.1 参与挂牌企业定向增发

与协议转让阶段的企业一样，做市转让的挂牌公司也可以采用定向增发的方式向投资者募集资金，二者在交易制度方面并无任何差异。投资者参与做市转让阶段企业的定增与参与协议转让阶段企业定增的投资方式基本一致，同样对于投资者的资金量、产业投资经验和项目分析能力提出了较高的要求，投资金额从上千万元到数亿元不等。意在参与定增的投资者同样需要积极与挂牌企业的主办券商保持联系，以免错过优质的定增项目。定增的折价程度同样取决于投资者和企业的议价能力，通常会在一定程度上高于该公司做市商获取股票的价格。

但参与做市阶段挂牌企业的定向增发的投资与参与协议转让阶段企业的定向增发的投资仍然有两点不同。第一，相对于协议转让的企业来说，做市转让的企业与做市商特别是主办券商的联系更加紧密，做市商挑选的企业通常质地更优，对投资者的吸引力更大，相关企业的定增项目潜在投资者较多，投资者的议价能力相应会减弱。第二，新三板上定向增发的股份无强制的锁定期，但由于新三板市场流动性较低，交易不活跃，对于协议转让的企业定增投资者来说，即使定增当天股份即可上市交易，其退出期也会因为市场的流动性原因而延长。而对于做市转让的挂牌企业，做市商作为投资者的交易对手方提供了充分的流动性，投资者可以简单地将股份转让给做市商来实现投资的退出。

7.4.2　参与做市交易

投资者在对采用做市转让方式的企业进行投资时，除了可以参与相关企业的定向增发项目介入企业，还可以通过与做市商交易来买卖股票进行投资。

新三板采用竞争性的做市商制度中，由两家以上的做市商为一家挂牌企业做市。做市商作为交易的对手方，报出股票的买卖价格，投资者只能接受做市商报出的价格，投资者与做市商之间按照价格优先、时间优先的原则自动撮合交易，成交价格均以做市商申报价格为准。投资者只能与做市商进行交易，投资者相互之间、做市商之间不能进行交易，做市商在盘后可以通过互报成交确认方式调节做市库存股票。初始做市商合计应取得不低于总股本5%或 100 万股，且每家做市商需持有不低于 10 万股的做市库存股票。

做市商制度的实行大幅提高了新三板市场的交易活跃程度，做市商作为稳定的交易对手可以随时买卖股票，为市场提供了丰富的流动性。2014 年做市商制度实行至今，采取做市转让的企业数量不断增加，截至 2015 年 6 月 30 日，新三板挂牌企业中已有 523 家企业采取做市转让的方式，做市转让的交易也日趋活跃。虽然做市转让的企业数量远少于协议转让的企业数量，但是做市转让的成交金额与协议转让的成交金额基本相当。从做市商制度开始实施起，截至 2015 年 6 月 30 日，做市转让日均成交 4 666.7 万股，低于协议转让的 9 560.6 万股；日均成交金额为 6.6 亿元，高于协议转让的 5.9 亿元。做市转让方式相对于协议转让方式，存在单笔成交量小、交易次数多、价格连续等优势。而从 2015 年以来，做市转让方式更是不断活跃，交易量和交易金额开始超越协议转让总量和总金额，逐渐成为主流的交易方式，如图 7-7 所示。

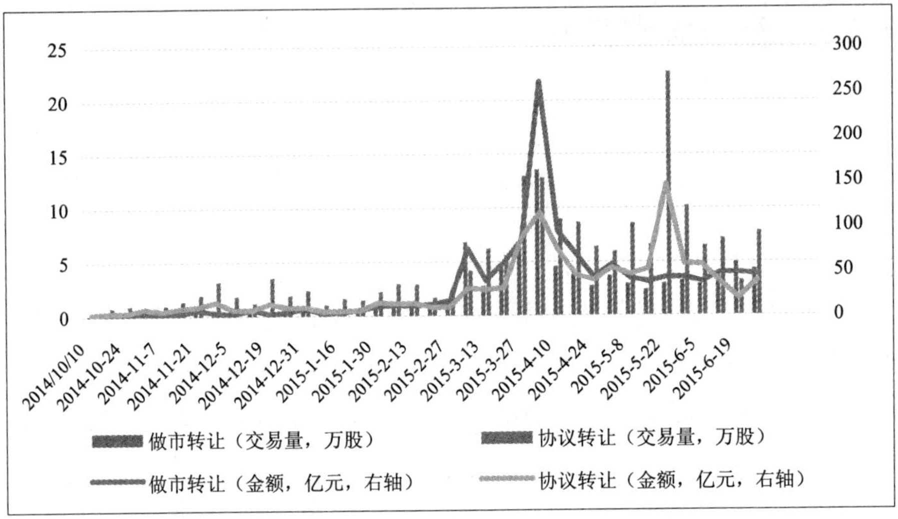

资料来源：同花顺 iFind。

图 7-7 做市交易上线至今协议转让和做市转让每周交易统计对比

由于做市商为挂牌企业股票提供了丰富的流动性，虽然存在做市商持股较少、做市商惜售等情况，但相对来说，做市转让的挂牌企业股票交易相比于协议转让企业的股票更为活跃。投资者可以较为便捷地从做市商手中买到目标企业的股票，也能够相对顺利地将股票卖给做市商退出投资。做市转让的投资方式相比于定增和协议转让，买卖股票的数量和投资金额更为灵活，对投资者资金的要求程度更低，较为接近主板和创业板市场传统的投资方式。但是，在做市转让方式下，投资者只能接受做市商报出的价格，相对自主性有所降低。

对于通过参与做市转让阶段企业定向增发或是做市转让方式的投资者而言，其获取相应投资收益的方式主要有两种。第一种实现收益的方式为短线投资，通过获取挂牌企业股价的买卖差价来实现收益。由于做市企业股票的买卖价格只能由做市商决定，投资者需要持有股票一段时间来等待合适的退出价格。第二种实现收益的方式与协议转让阶段相似，通过长期持有公司股票，分享挂牌企业成长带来的收益，甚至可能获得挂牌企业转板或 IPO 带来的超额收益。相比于协议转让的企业，做市转让企业转板或 IPO 的概率相对更大。未来，一旦竞价交易成功推出，还可能出现第三种收益模式，即通过持有可能转让为竞价交易方式的企业股票，获取由做市转让转变为竞价交易带来的流动性溢价。

7.4.3　做市股票投资策略浅析——做市商角度

高风险意味着高收益。对于股票的研究一般基于基本面和技术面两个方面，从新三板的角度讲，需要在此基础上考虑到新的特点，比如是否是稀缺标的、是否可能享受到政策红利（转板、竞价、市场分层）等，这些可以从 Wind 系统的财务数据中找到符合的投资标的，并且分析角度不一，不再赘述。这里仅从做市商的角度，通过以下几个方面来对做市股票的投资策略进行简要分析。

1．做市商数量研究

做市商为一只股票做市，依据可能有公司资质很好、公司有故事可讲等。总的来说，做市商作为这个市场特殊的投资者，对于做市标的一定会谨慎筛选，避免出现亏损，相当于在你选股之前，做市商作为专业投资者已为你选择了一部分标的。从这个角度上讲，如果参与做市的做市商越多，第一，做市股票受到的认可度越大，这只股票的安全度越高；第二，流动性风险越低，退出越方便。所以，如果是股票研究能力较差的非专业投资者，选择做市商数量较多的股票安全性更高。表 7-3 是截至 2015 年 6 月底，做市商在 10 家以上的做市股票排名。

表 7-3　做市商在 10 家以上的做市股票排名

证券代码	证券简称	做市起始日	做市券商家数	行业
830899	联讯证券	2015-6-18	23	多元金融
430394	伯朗特	2014-12-25	18	资本货物
430462	树业环保	2015-5-7	13	材料 II

续表

证券代码	证券简称	做市起始日	做市券商家数	行业
430037	联飞翔	2014-8-25	12	汽车与汽车零部件
430289	华索科技	2014-11-25	12	技术硬件与设备
832023	田野股份	2015-5-12	12	食品、饮料与烟草
831118	兰亭科技	2015-3-6	11	制药、生物科技与生命科学
830815	蓝山科技	2014-8-25	11	技术硬件与设备
430357	行悦信息	2014-8-25	11	软件与服务
831963	明利仓储	2015-6-19	11	商业和专业服务
430065	中海阳	2014-8-25	11	半导体与半导体生产设备
831379	融信租赁	2015-1-22	10	多元金融
830837	古城香业	2014-8-25	10	家庭与个人用品
830978	先临三维	2014-9-25	10	软件与服务

在做市商会选择好的标的进行做市的前提下，我们分析后续加入做市的做市商（后续做市商）的做市动机。由于没有大宗交易渠道，做市商想要后续加入到做市股票的做市中去，除了通过定增，只能先从其他做市商处买进10万股以上，然后申请后续加入做市。这个买入价已经远远高于其他初始做市商获得库存股的成本价，那做市的目的，除了与公司协商好参与做市，更可能是后续做市商极其看好这家公司，所以愿意承担更高的成本来获得未来收益。因此，如果在后续做市商相近的时点同时买入股票，获得相近成本的股票，至少和后续做市商承担相同的风险。另外，后续做市商的数量也可以作为选择做市股票的动态指标之一。表7-4是截至2014年年底，存在后续做市商的做市股票排名。

表7-4　后续做市商的做市股票排名

股票简称	股票代码	后续做市商数量
古城香业	830837	4
行悦信息	430357	3

续表

股票简称	股票代码	后续做市商数量
九恒星	430051	2
中海阳	430065	2
四维传媒	430318	2
中机非晶	430041	1
星和众工	430084	1
沃捷传媒	430174	1
亿童文教	430223	1
伊禾农品	430225	1
兴竹信息	430253	1
银音科技	430338	1
红豆杉	430383	1
海能仪器	430476	1
上陵牧业	430505	1
中磁视讯	430609	1
凌志软件	830866	1
先临三维	830978	1

只从以上的分析角度讲，古城香业、九恒星、中海阳和星和众工几只股票同时出现在两个排名中，可以专门进行研究。做市商的统计可以通过查找股转系统官网上的公司公告很方便地找到。想进行深入研究的投资者可以首先通过做市股票数量、成交量等指标对做市商进行评价，选出做市效果比较好的做市商，同时找到对应的做市股票进行分析，优中选优，方法不再详细介绍。

2．做市商成本研究

做市商获取库存股是有一个成本，而在这个特殊的市场里，我们有可能得到做市商初始获取库存股成本，从而对目前的股价做一个基本的判断。

从新加入做市的股票来看，做市商目前通过老股转让和定向增发两种方式获取库存股。挂牌企业在做定向增发时要及时向外公布定向发行情况报告书等公司公告，这里会明确地说明做市商的获取库存和获取成本，因此相关数据可以很方便地得到。图 7-8 所示是某做市股票的股票发行方案。

根据股票发行方案，本次发行股份数量不过 200 万股，预计募集资金总额不超过人民币 3,000 万元。发行价格为每股人民币 15 元。

本次股票发行对象为不过超 3 家对公司有做市意愿的机构投资者，根据已签署的认购协议书，认购情况如下：

序号	认购人	认购数量（万股）	金额(万元)	占发行后总股本比例（%）
1	广发证券股份有限公司	100	1,500	1.83
2	中国中投证券有限责任公司	30	450	0.55
3	国泰君安证券股份有限公司	20	300	0.37
合计		150	2,250	2.75

图 7-8　做市股票的股票发行方案

但是通过老股转让的方式获取库存股的做市商，其获取成本不能从公司公告中得到，但是可以从该股票在做市前的协议转让情况中推算出来。目前申请协议转做市的股票一般需要 5～10 个工作日，所以可以参考做市前 10 个工作日左右的成交情况。因为很多股票在做市前基本没有成交量，所以能相对容易地推测出做市商获取成本，甚至库存股获取量。

因此查找做市股票的成本信息，首先应该查看公司公告，如果定增公告里有券商信息，那就可以很方便地查到成本；如果没有，则说明是通过老股转让获取库存股，那就观察做市前股票的成交情况进行推断。

获取做市商的成本信息可以作为未来股票的价格参考基准，但缺点在于：第一，随着时间的推移，做市商获取的库存成本将与初始成本有很大不同，因此价格参照作用仅限于做市时间不长的股票；第二，这种方法不适用于后续加入的做市商。

以上是从做市商角度对做市股票投资策略的简要分析。笔者认为，市场目前处于发展初期，投资者可以提前布局，在没有时间做详细分析的情况下，优先利用以上角度初步筛选股票，在此基础上结合股票特点进行选择，效率最高。

7.5　案例

7.5.1　中科联众挂牌前增资

北京中科联众科技股份有限公司的前身为北京东方无限科技有限公司。2002 年 1 月 28 日，经北京市工商行政管理局核准，北京东方无限科技有限公司在中关村科技园区成立。公司成立初期专业从事移动存储及相关 IT 产品的代理销售。在陈滨的领导下，公司主营业务从代理销售逐步过渡至研发、生产及销售拥有自主知识产权的时间机器等为主，代理移动存储设备等为辅。

公司时间机器（Time Machine）以快速恢复技术为核心，向计算机整机和移动存储产品供应商提供数据加密、实时备份及数据恢复功能模块。2008 年度、2009 年度及 2010 年 1～8 月，公司自主产品时间机器和 HPS 备份系统的销售额占主营业务收入的比重分别为 0.00%、38.58%、57.65%，呈现稳步上升态势。

公司于 2011 年 3 月 15 日在全国中小企业股份转让系统挂牌交易，股票代码为 430083，股票简称中科联众。

在中科联众改制挂牌前，2010 年 6 月 29 日，有限公司唯一股东陈滨作出决定，同意公司按照每份出资额 1 元价格增资，公司注册资本由 261 万元增至 1 200 万元，新增注册资本 939 万元分别由原股东陈滨以货币出资 304 万元，新股东天一投资以货币出资 218 万元，新股东慧识金以货币出资 200 万元，新股东昌瑞投资以货币出资 100 万元，新股东瞿飚以货币出资 50 万元，新股东宋立克以货币出资 33.50 万元，新股东张虹以货币出资 33.50 万元。本次增资价格以公司净资产为基础，并与投资者沟通后确定为每 1 元出资作价 1 元。

本轮增资完成后，上海天一投资咨询发展有限公司以 218 万元获得公司

18.17%的股份，北京慧识金投资咨询有限公司以 200 万元获得公司 16.67%的股份，上海昌瑞投资有限公司以 100 万元获得公司 8.33%的股份，瞿飚、宋立克、张虹也分别以 50 万元、33.50 万元、33.50 万元获得公司 4.17%、2.79%、2.79%的股份。

2010 年 9 月 13 日，有限公司完成股份制改造，公司总股数为 1 200 万股，上海天一投资咨询发展有限公司持股 218 万股，北京慧识金投资咨询有限公司持股 200 万股，上海昌瑞投资有限公司持股 100 万股，瞿飚、宋立克、张虹也分别持股 50 万股、33.50 万股、33.50 万股。也就是说，上述新进股东以 1.00 元/股的价格获得了挂牌公司的股票。

中科联众于 2015 年 1 月 26 日转变为做市转让的交易方式。公司股票第一次交易发生于 2011 年 11 月 7 日，成交价格为 2.20 元，成交数量为 5 万股，涨幅为 120%。截至 2014 年 12 月 31 日，公司最近一个交易日收盘价（后复权）为 5.88 元。通过本次定向增资获得公司股份的股东持有期收益率高达 488%。中科联众股价变动情况如图 7-9 所示。

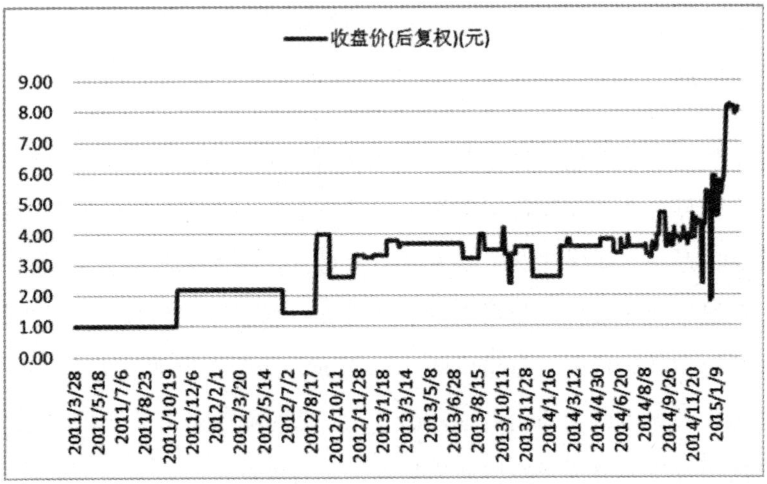

资料来源：同花顺 iFind。

图 7-9　中科联众股价变动

7.5.2　众筹定增模式

2014 年 2 月 11 日，华人天地发布股票发行方案，计划以 12.00 元/股的价格向张津、张纪中、深圳市众投一邦投资企业、深圳市文投国富投资企业 4 名投资者定向发行股份，募集资金不超过 2 760 万元。众投一邦以 1 788 万元认购华人天地 149 万股增发股份。工商登记资料显示，众投一邦执行事务合伙人为深圳市国富金源投资管理有限公司（下称“国富金源”）。国富金源作为主投方成立有限合伙企业管理众筹募集资金，同时负责对众筹企业进行尽职调查等工作。因此，众投一邦实质是为参与华人天地股权融资而设立的项目制企业。通过众筹的方式，原本较高的资金门槛被降低，个人投资者能够参与到新三板企业的定增中来。

这是众筹方式第一次出现在新三板市场。早在 2014 年年初，华人天地就通过 VC 股权众筹平台——众筹邦进行了股权融资，除领投方国富金源投资了 120 万元，其余 1 184 万元全部来自于个人投资者。在年初项目上线后，预定了 3 个月的融资期，但实际上仅 1 个多月的时间，该项目就完成了预定融资额，且完成融资额后，后续又有众多个人投资者加入，因此最终的众筹融资总额实际高于 1 304 万元。当年 10 月，投资者陆续打款到位。在华人天地的公开转让说明书中，我们可以看到其股东之一——东莞市国富股权投资企业执行事务合伙人同样为深圳市国富金源投资管理有限公司。

华人天地此次增发方案另一个值得关注的地方在于设置了回购条款，以保证众筹投资者的收益。华人天地在册股东在方案中承诺，发行完成后，公司 2015 年度扣除非净利润将不低于 2 500 万元。如未能实现上述经营业绩，由公司控股股东张津以每股 18.00 元的价格现金回购本次发行的股份。按照 18.00 元/股的回购价格计算，投资者将能够得到 50%的投资收益。

定增征集投资者和公开发行主要的不同在于，企业定向增资拥有选择权，而公开发行往往按照募集总额以一定比例进行分派。从创新性上来看，互联网众筹模式的应用在现阶段为更多个人投资者参与新三板市场提供了渠道。但也应该注意到，由于推行市场化的管理，虽然新三板挂牌企业披露的信息较多，但与主板市场的信息披露程度仍有一定差距，信息不对称的问题始终存在于投资者和企业之间。而股权众筹模式将会进一步增加投资者和企业，扩大投资者与企业之间的信息不对称，加大投资风险。在鼓励市场创新的同时也应注意对投资风险的把控。

7.5.3 现代农装挂牌后定向增资

现代农装科技股份有限公司成立于 2001 年 7 月 2 日，由中国农机院作为主发起人，联合钢研院、清华紫光、首创资产和机械院，以发起方式设立。公司实际从事的主营业务为：现代农业装备产品的研发、生产、销售、进出口业务及其相关的科研服务。主要产品包括全喂入水稻联合收割机、半喂入水稻联合收割机等。

2006 年 12 月 4 日，现代农装的股份在代办股份转让系统挂牌交易，股票代码为 430010，股票简称现代农装。

2008 年 1 月 25 日，现代农装公布第一次定向增资方案，公司拟以 5.50 元/股的价格向上海天一投资咨询发展有限公司、上海奥锐万嘉创业投资有限公司、纳爱斯浙江投资有限公司、上海信琪实业有限公司、上海昌瑞钢铁有限公司、北京信创融创业投资顾问有限公司、上海联学教育发展有限公司定向募集资金。募集资金将用于免耕施肥播种机和大型自走式植保机械项目的技术改造及产业化，总投资预计约为 5 600 万元。募集资金不能满足项目需求部分由公司以自有资金予以补足；募集资金剩余部分将全部用于补充公司流动资金。新增股份锁定期为 12 个月，自股份登记之日起 12 个月内不得转让，锁定期满后一次性进入代办股份转让系统报价转让。

定向增资前公司股票的市场成交价格为 6.00 元，投资者在本次定增中获得了 8.33%的折价。

2008 年 3 月 28 日，本次定增完成，公司以非公开定向增资的方式成功增资 1 000 万股有限售条件的人民币普通股，募集资金 5 500 万元。其中定向增资前公司原有股东优先认购 12 万股，占本次定增的 1.2%，占增资后总股本比例的 0.24%。定增完成后，公司新增股东 7 人，股东总人数变为 15 人。

本次定增完成后，公司股价曾在 2012 年 6 月 13 日达到最高价 43.82 元，投资者可实现持有期收益 696.73%。后由于现代农装 2013 年年报报巨亏，公司股票一路下滑，截至 2015 年 2 月 28 日，公司最近一个交易日收盘价为 7.54 元，投资者仍有收益。现代农装近三年股价变动情况如图 7-10 所示。

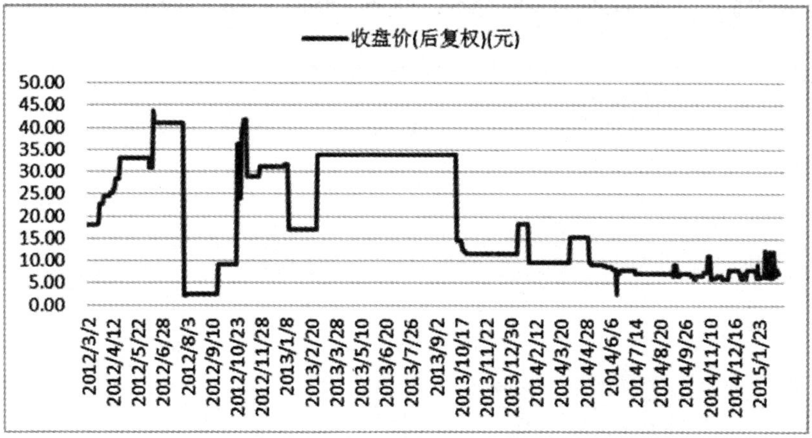

资料来源：同花顺 iFind。

图 7-10 现代农装近三年股价变动

第 8 章

新三板投资收益分析

得益于新三板独特的制度设计和挂牌企业情况，新三板市场的投资收益来源与主板市场不尽相同。除了依靠传统的股权投资中价值投资、成长性投资、股价波动等获得收益，新三板市场的收益来源还包括制度红利带来的流动性恢复提升估值的收益、企业转板带来的收益、企业并购带来的收益等。

本章我们将在第一节介绍新三板投资收益的来源，包括五部分的收益来源：（1）新三板挂牌企业价值被低估，等到估值恢复，获得实际价值低于价格部分的收益；（2）投资于早期企业，企业成长性带来高额收益；（3）通过做市交易、竞价交易等提升流动性带来的估值上升；（4）IPO 或转板带来企业价值的提升；（5）挂牌企业被并购带来企业价值的提升。

本章的第二节我们将介绍新三板挂牌企业在挂牌前后的估值对比。企业为了在新三板挂牌，需要在主办券商的帮助下完成股份制改造、梳理公司股权结构、完善公司内部治理机制。这一系列规范性操作都将在无形中带来企业价值的提升。同时，企业在新三板挂牌后，融资更加便利，转板和 IPO 的机会更大，提升了企业的发展空间；挂牌后股东退出渠道更为畅通，流动性有所提升，同样提升了企业价值。

本章的第三节我们将分析新三板挂牌企业在采取做市交易前后的估值对比。新三板为挂牌企业提供了三种交易方式，分别是协议转让方式、做市转让方式及竞价转让方式，其中竞价转让尚未推出，交易系统和细则仍在研究当中，预计在 2015 年中前后可以实现。挂牌企业可以自主选择转让方式。截至 2015 年 6 月 30 日，新三板市场上共有 523 家采用做市转让的企业，挂牌 2 637 家，占比 19.83%，且做市转让的企业数量仍在不断扩大中，这些企业大部分是由协议转让方式转为做市转让方式。我们将分析做市商制度实行后，这一转让方式给企业价值带来的提升，而这其中又有很大一部分是由于企业股票流动性恢复带来的估值提升。

在本章的第四节，也是本章的最后一节，我们将具体介绍部分投资案例，其中既包括已有的成功的投资案例，又包括目前较为优秀的投资标的企业。

8.1 新三板投资收益来源

在主板市场的投资中，股票收益主要来源于两部分：第一部分是资本利得，也就是股价上升带来的收益，这一部分又可以看作投资企业估值提升所带来的收益；第二部分收益是公司股利分红，这一部分收益可以看作投资者分享公司经营成长成果所带来的收益。基于上述原理，我们在二级市场投资中常用的投资策略有寻找价值被低估的股票买入，直到股票价格等于理论价值再卖出；另外一种常用的投资策略则是寻找具有潜力、高成长性的企业，投资其股票分享公司成长带来的收益。

而在新三板市场中，除了上述两种类型的投资收益，还包括新三板市场独特的制度设计和企业特征带来的独有的投资机会。

（1）通过做市交易、竞价交易等提升流动性带来的企业估值水平上升。这一部分的投资收益主要来源于新三板协议转让、做市转让、竞价转让三种交易制度并存的制度安排，以及不同的交易制度下挂牌股票流动性存在差异，通过把握挂牌企业股票在不同转让方式之间转变的机会，获取协议转让到做市转让、做市转让到竞价转让之际流动性改善所带来的公司估值的提升。

（2）IPO 或转板带来企业价值的提升。新三板挂牌股票可以终止挂牌重新申请上市；同时，预计将来新三板到创业板或是主板的转板通道将会打开。投资者通过投资可能上市或是转板的企业股票，一旦所投资企业上市或转板成功，由于不同市场间的估值水平差异，投资者将能够获得超额收益。

（3）挂牌企业被并购带来企业价值的提升。新三板挂牌企业中不乏细分行业龙头或是成长性优异的企业，同时还存在着新三板挂牌企业价值普遍被低估的情况。对于上市公司来说，这些优质且估值水平大幅低于同行业上市公司的新三板企业无疑是优质的并购标的和投资选择；而对于新三板企业来说，通过“被并购”也是除了停牌重新 IPO 和转板外进入二级市场的最重要的通道之一。投资者通过投资可能被并购的企业，将有可能获得并购高额议价，套利空间巨大。2014 年新三板市场一共发生了包括大智慧并购湘财证券在内的 9 起并购案例，每一次并购均为投资者带来了高额的回报。据广证恒生统计，截至 2015 年 6 月 30 日，新三板当年已发生 162 起被并购重组事件及 183 起主动出击并购事件。

下面我们将分为五部分具体介绍挂牌企业的投资收益来源。

8.1.1　估值洼地，挂牌企业价值被低估

与主板市场和创业板市场相比，新三板市场的挂牌企业估值水平普遍较低。我们使用 2013 年年报的数据作为估值比较的基础，以 2014 年 12 月 31 日的交易价格作为计算的基础得到了如图 8-1 所示的结果。

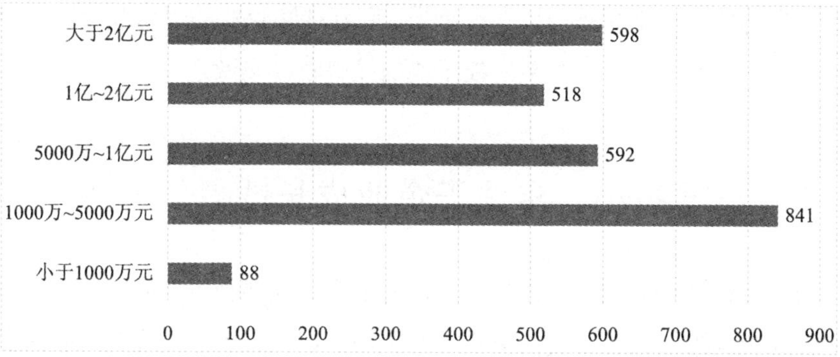

资料来源：Wind。

图 8-1　挂牌企业资产分布（截至 2015 年 6 月 30 日）

根据股转公司统计，2015 年 6 月末新三板系统挂牌股票平均市盈率为 45.90 倍，较深证 A 股 59.55 的市盈率折价 23%，较中小板 69.11 的市盈率折价 34%，较创业板 108 的市盈率折价 57.5%，仅高于上证 A 股 18.48 的市盈率水平。从市净率来看，新三板挂牌股票的平均市净率为 5.93，尽管高于上

证 A 股 2.36 的市净率水平，略高于深证 A 股 5.39 的水平，但是仍低于中小板 6.26 的市净率水平，比创业板 9.90 的市净率水平更是折价 36%。分行业来看，除了公用事业行业估值较高，各行业新三板挂牌企业的市盈率水平也普遍低于主板和中小板市场。其中，电气设备、电子、计算机、传媒、通信等行业，A 股相对 PE 是新三板相对 PE 的 4 倍还多。

分析新三板企业价值被低估的情况，主要有三方面的原因：第一是由于投资者门槛过高、股权集中度高、流通股数量少等原因，新三板的流动性一直较低，这在一定程度上导致新三板挂牌企业价值存在一定的流动性折价；第二是由于机构投资者较多，散户少，资金量也少，新三板市场相对于主板市场要“冷静”得多，这也是造成新三板市场股价低于主板市场的原因之一；第三则是新三板市场交易不活跃，即使存在股票价格被低估的情况，也不能及时通过交易将估值拉回正常水平。

新三板市场作为估值洼地，其挂牌企业的股票还有很大的上升空间。如果新三板的估值水平能够与创业板持平，则其挂牌企业的平均股价还有 50% 以上的上升空间。这将成为新三板重要的投资收益来源之一。

8.1.2 投早投小，专注于企业成长性

新三板挂牌企业大部分规模较小，处于企业发展相对早期的阶段。从资产规模和盈利水平来看，大部分企业的净利润在 1 000 万元以下，资产规模在 2 亿元以下。与主板和创业板市场相比，新三板挂牌企业平均股本和总股本水平相对较小，如图 8-2 所示。这些我们在第 5 章挂牌企业财务状况分析中也有提到，相信读者已经有了一定程度上的了解。

对于新三板市场中这类处于发展相对初期的阶段，规模尚小的企业，我们需要借鉴 PE/VC 等创投机构风险投资的理念，关注企业成长性带来的收益。从图 8-3 和表 8-1 中我们可以看到，从营业收入来看，新三板挂牌企业

的增长率仅次于创业板市场，而新三板挂牌企业经营活动产生的现金流量净额同比增长率显著高于主板、中小板和创业板市场。而从利润来看，新三板挂牌企业的利润增长率显著高于其他市场的企业，既体现了新三板挂牌企业强大的盈利能力，又可以看出其巨大的成长潜力。

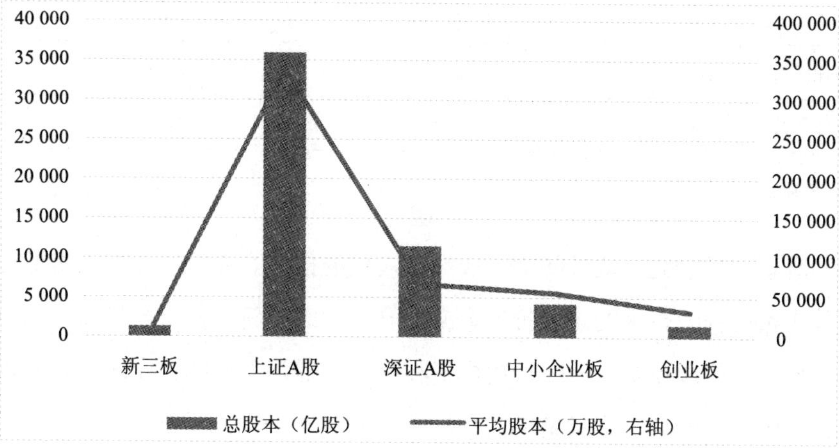

资料来源：Wind。

图 8-2　不同市场企业股本比较（截至 2015 年 6 月 30 日）

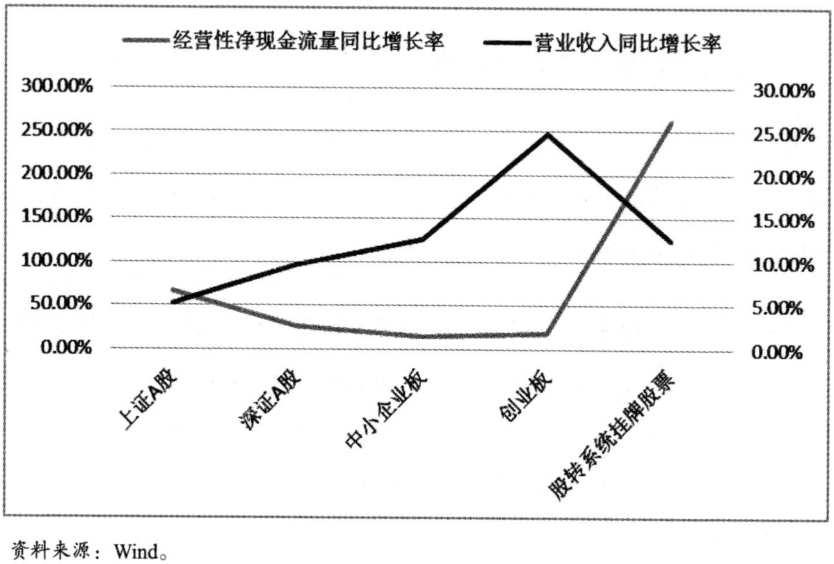

资料来源：Wind。

图 8-3　不同市场企业营业收入和净现金流量同比增长率

表 8-1　不同市场企业盈利增长情况比较

板块名称	营业利润同比增长率（%）	利润总额同比增长率（%）	归属母公司股东的净利润同比增长率（%）
股转系统	195.16	381.33	85.34
创业板	15.53	14.93	15.95
中小企业板	8.16	7.69	7.62
深证 A 股	6.31	8.32	11.63
上证 A 股	9.88	9.04	8.85

资料来源：Wind。

对新三板上处于成长初期、成长性较优的挂牌企业进行投资，将能够分享其成长过程中带来的企业价值大幅提升。考虑到新三板市场目前流动性有限，相比于短线投资，无疑长线投资将更加合适，而挂牌企业的成长性正是在新三板进行长期投资所追求的投资收益的重要来源。

8.1.3　制度红利

1．流动性恢复带来估值提升

得益于新三板独特的制度设计，除了上述传统的投资收益来源，新三板市场还有不少制度红利带来的投资收益。首先我们介绍流动性恢复带来估值提升给投资者带来的收益。

新三板市场目前由于股权集中、投资者门槛高、流通股份少等原因，使得市场的流动性较低，成交不够活跃，平均换手率不到 1%，投资者不能顺利地买卖手中的股票，交易成本较高。流动性低使得挂牌的股票，尤其是交易不活跃的股票价格存在较大的流动性折价，以补偿投资者的流动性损失。而随着新三板市场的不断发展、交易制度的不断完善、投资者数量的增加，以及投资者门槛的降低，市场的流动性将不断提升。而随着市场流动性的恢复，新三板挂牌企业的股票流动性折价也会不断减少，从而带来股价的提升，为早期的投资者带来收益。

而流动性恢复带来的估值提升中，最重要的一种流动性提升方式即挂牌股票转变交易方式带来流动性的增加，从而带动股价上涨。

新三板市场规定挂牌企业可以选择三种交易方式之一来交易自己的股票，分别是协议转让、做市转让和竞价转让，其中竞价转让制度仍在研究中，尚未推出。在这三种交易方式中，做市转让方式相比于协议转让方式更为便捷，做市商作为交易对手方随时准备买卖股票，可以为市场提供流动性，但买卖价格由做市商决定，投资者只能决定是否接受做市商的价格。而竞价转让相比于做市转让，灵活程度进一步加大，对股权分散程度的要求也更高。投资者可以自主决定买卖的价格，按照价格优先和时间优先的原则决定成交对象。

当挂牌企业从协议转让转变为做市转让或竞价转让方式，或是从做市转让转变为竞价转让方式时，企业股票的流动性将有一个跨越性的提升，从而带来企业股价的大幅增长。以第一批 43 家采取做市转让方式的挂牌企业为例，在做市转让的第一天，由于流动性恢复带来估值的提升，有 36 家企业的价格出现了不同程度的上涨，其中行悦信息（430357.OC）做市第一次股价的涨幅甚至高达 143%。

2. IPO 或转板

根据《全国中小企业股份转让系统业务规则（试行）》，在新三板挂牌的企业可以摘牌重新进行 IPO；而目前监管层也正在研究新三板企业转板的有关制度和规定，未来随着转板通道的打开，新三板企业将有望到创业板甚至主板市场上市。而挂牌企业一旦转板成功，将有望获得不同市场间估值差异带来的超额收益。我们梳理了新三板 8 家通过 IPO 成功转板的企业，其 IPO 首日收盘价均大幅高于企业在新三板挂牌时的交易价格，涨幅最大的高达

547.27%，最低的也有 27.54%，不可不谓之收获颇丰。投资者通过投资有望转板或是 IPO 的企业，其转板或 IPO 后股价的提升同样是投资者重要的收益来源之一，如表 8-2 和表 8-3 所示。

表 8-2　通过 IPO 成功转板的企业梳理

在新三板挂牌后成功转板公司价值暴增一览								
证券简称	转板前				转板后			以前一年成交均价为基础计[illegible]的持有期收益率
	代码	暂停交易日	停牌前一年成交均价（元）	停牌前一年价格区间	代码	上市首日交易日期	IPO 首日收盘价（元）	
世纪瑞尔	430001	2010.06.02	12.25	1.00-29.80	300150	2010.12.22	59.40	384.90%
北陆药业	430006	2009.08.04	5.50	5.50-5.50	300016	2009.10.30	35.60	547.27%
久其软件	430007	2008.01.28	10.72	8.99-15.00	002279	2009.08.11	56.29	425.09%
紫光华宇	430008	2008.08.06	7.87	1.03-13.50	300271	2011.10.26	37.16	372.17%
博晖创新	430012	2011.08.27	7.00	7.00-7.00	300318	2012.05.23	18.71	167.29%
佳讯飞鸿	430023	2009.08.04	9.80	9.80-9.80	300213	2011.05.05	19.83	102.35%
安控科技	430030	2011.07.06	12.10	6.00-22.00	200370	2014.01.23	51.58	326.28%
东土科技	430045	2011.10.30	17.25	11.82-23.00	300353	2012.09.27	22.00	27.54%

资料来源：Wind，全国中小企业股份转让系统有限公司。

表 8-3　符合 IPO 条件的挂牌企业筛选

	创业板	主板（沪深主板、中小板）
股本条件	发行后股本总额不少于人民币 3 000 万元	发行前股本总额不少于人民币 3 000 万元； 发行后股本总额不少于人民币 5 000 万元

续表

	创业板	主板（沪深主板、中小板）
财务条件	最近两年连续盈利，最近两年净利润累计不少于人民币 1 000 万元；或者最近一年盈利，最近一年营业收入不少于人民币 5 000 万元。净利润以扣除非经常性损益前后孰低者为计算依据； 最近一期末净资产不少于人民币 2 000 万元，且不存在未弥补亏损	最新 3 个会计年度净利润均为正，且累计超过人民币 3 000 万元； 最新 3 个会计年度经营活动产生的现金流量净额累计超过人民币 5 000 万元；或最新 3 个会计年度营业收入累计超过人民币 3 亿元； 最近一期末无形资产占净资产的比例不高于 20%； 最近一期末不存在未弥补亏损
筛选结果（截至 2015.06.30）	共计 1 412 家符合条件	共计 195 家符合条件

资料来源：Wind。

3．并购套利

主业增长的天花板和二级市场的估值红利推动着众多上市公司开启了外延式扩张战略，2013 年至今，众多的上市公司都将并购作为重要的战略方向。对于新三板公司来说，通过被并购进入二级市场是继摘牌上市和直接转板后的最重要的方式之一；对于上市公司来说，众多新三板挂牌公司成长性优异且估值大幅低于同行业上市公司，所以新三板优质标的也是重要的拟并购选择；在新三板挂牌后，公司规范、透明、关注度高，相比于未挂牌的企业更容易成为收购目标。

同时，新三板市场也为挂牌企业开展并购提供了便利。股东人数在 200 人以下的新三板挂牌公司对外进行并购豁免审核，且不触发强制要约收购，其发行定价不受限制，收购报告书要求内容不足 20 项，远少于主板 40 项左右的报告内容。这些也鼓励了新三板市场积极扩张与发展。

目前新三板挂牌企业并购的案例较少，但挂牌企业被上市公司并购的案例却屡有发生，且无一不为投资者带来了丰厚的投资收益。挂牌企业被并购后，相当于借道上市企业变相上市，流动性提升等因素也随即带来公司估值的上涨，投资人有机会获得不同市场间的估值差异。2014 年，共有 9 家新三板挂牌企业被上市公司并购，被并购企业的市值均有不同程度的提升，最高多达 45.08 倍，涨幅最低的交易额也有被并购前市值的 1.42 倍，如表 8-4 所示。可见新三板企业并购套利空间巨大，将是投资者投资于挂牌企业的重要收益来源。

表 8-4　上市公司并购新三板公司情况

交易所上市公司（并购方）	新三板公司（被并购方）	决议日或公告日	交易标的	交易额（万元）	并购前市值（万元）	交易额/并购前市值	支付方式
亚威股份	激光装备	2014.10.21	激光装备94.52%股权	13 900	1 432.0	9.71	发行股份+现金
欧比特	铂亚信息	2014.10.10	铂亚信息100%股权	52 800	5 000.0	10.56	发行股份+现金
慧聪网（港交所上市）间接控制公司（慧聪再创）、锦囊创业、马伟、尤胜伟	兆信股份	2014.10.01	兆信股份76%股权	14 767.5	—	—	现金
芭田股份	阿姆斯	2014.09.26	阿姆斯 100%股权	14 260	7 317.2	1.95	发行股份+现金
联建光电	易事达	2014.09.24	易事达 100%股权	48 895	7 500.0	6.52	发行股份+现金
大智慧及全资子公司财汇科技	湘财证券	2014.08.13	湘财证券100%股权	90 000	—	—	发行股份+现金
东方国信	屹通信息	2014.06.21	屹通信息100%股权	45 080	1 000.0	45.08	发行股份+现金
通鼎光电	瑞翼信息	2014.05.16	瑞翼信息51%股权	11 500	1 300.0	8.85	发行股份+现金
东江环保子公司东江环保再生能源有限公司	新冠亿碳	2014.05.10	新冠亿碳100%股权	7 103.63	5 000.0	1.42	现金

资料来源：Wind，公司公告，中信证券研究所。

2015 年以来，随着新三板自身交易的活跃和挂牌公司的“资本”觉醒，以及券商、PE 机构、律所等活跃在资本运作产业链环节的各主体共同推动下，不少新三板公司由并购重组的“猎物”纷纷变身为主动出击进行外延式并购的“猎手”，成为并购市场的主导者。

据全国中小企业股转系统统计，2015 年 1 月 1 日至 7 月 20 日，已有 29 家挂牌公司披露重大资产重组报告书，39 家挂牌公司披露收购报告书。同时，随着新三板公司交易的活跃，“定增+现金”的方式逐渐成为新三板做市企业并购重组的主要选择，在已披露方案的公司中占比高达 55%。

除此之外，更多的新三板公司携手金融资本尝试进行产业投资，最主要的形式就是合作设立并购基金。挂牌公司携手 PE 机构成立并购基金或并购平台，培育并购项目，再循环不断地通过定增做大市值来并购项目，而并购的项目则将进一步增加公司利润从而提升公司市值。硅谷天堂 2014 年投资亿童文教即如此思路。

除了并购资产之外，最令整个资本市场瞩目的是，新三板优质大体量公司借助新三板实现巨额快速融资储备弹药后，着力“进攻”A 股市场。2015 年 5 月 15 日，九鼎投资斥资 41.5 亿元一举拿下中江集团 100%的控股权，从而间接控制沪市上市公司中江地产，并拟进一步将其持有的其他部分资产注入上市平台，实现旗下资产在 A 股上市。这为新三板企业转战 A 股市场开辟了新的道路。紧接着，在 A 股市场暴跌期间，中科招商自 2015 年 7 月 8 日起 10 个交易日内连续举牌 11 家 A 股上市公司，并表示未来还将视情况继续“抄底”A 股，而后将利用自身的存量项目资源与上市公司进行对接。姑且不论中科招商此次“抄底”A 股上市公司的举动是财务投资还是战略投资，但粗略估算其目前的浮盈收益已超过去年全年净利润。

除了挂牌的 PE 机构，新三板明星公司华图教育也曾计划借壳*ST 新都，后因*ST 新都被暂停交易而导致计划流产。华图教育在恢复新三板交易后火速从协议转让转变为做市转让，并且没有采取一般情况下做市商通过定增获取库存股的方式，而是由华图教育股东直接在二级市场以 97.56 元/股的价格转让给做市商东方证券 95.2 万股。业内人士认为，尽管华图教育借壳转板没有成功，但也为其他公司开拓了资本运作的思路。

8.2 挂牌前后估值对比

根据《全国中小企业股份转让系统业务规则（试行）》第 2.1 条规定，股份公司申请挂牌需要符合 5 个条件：（1）依法设立且存续满两年，有限责任公司按原账面净资产值折股整体变更为股份有限公司，存续时间可以从有限责任公司成立之日起计算；（2）业务明确，具有持续经营能力；（3）公司治理机制健全，合法规范经营；（4）股权明晰，股票发行和转让行为合法合规；（5）主办券商推荐并持续督导。其中第三条和第四条分别要求企业治理机制健全、股权结构明晰，从而使挂牌企业在挂牌前通常需要在主办券商的帮助下完成股份制改制及完善内部治理机制。从主办券商开始对企业进行尽职调查到完成股改和内部治理机制的完善，这一过程需要 6～7 个月。如果是已经完成股改的企业，这一过程只要 3～4 个月。

对于大部分挂牌企业来说，特别是在从企业成立到预备挂牌期间并未接受过 PE/VC 等创投机构风投的企业来说，其股权结构和治理机制相对并不完善，且大部分企业采取的仍然是有限责任公司的形式。通过挂牌前的一系列准备工作，企业由一家股权结构不明朗的有限责任公司变更为股权结构清晰规范的股份有限公司；公司董事会、监事会、职工代表大会等内部治理和控制机制得以建立和完善；公司的发展历程、经营状况也通过尽职调查梳理清晰。这些整改的工作从各方面规范了公司的经营，提升了企业的持续经营能力，也间接清理了公司多年发展过程中可能存在的隐患，这些都在无形中提升了企业价值。同时，这些工作也为企业日后 IPO、转板或是被并购打下了良好的基础，提升了企业发展的空间，从而带来企业估值的提升。

此外，一旦挂牌成功，这一切内容都将在公司的公开转让说明书中得到披露，将企业的情况更好地传递给了潜在的投资者，减少了信息不对称程度，降低了交易的难度，从侧面减少了公司股票折价率，提升了公司的价值。

而企业在新三板挂牌后，能够享受资本市场投融资便利。新三板为挂牌企业提供了丰富的融资方式，企业不但可以通过定增进行股权融资，也可以发行中小企业私募债进行直接债券融资，还可以通过股权质押（挂牌后企业股票具备了流动性和估值，此时作为质押品更容易被银行接受）向银行贷款。此外，也有不少银行专门为新三板挂牌企业提供的贷款产品。这些都极大地降低了挂牌企业的资金成本，也在一定程度上提升了企业的发展空间，提高了企业的估值水平。

8.3　做市商制度前后的估值对比

新三板挂牌企业由协议转让转变为做市转让后，由于流动性恢复，通常会带来股票价格的提升。根据同花顺 2014 年 12 月 31 日的数据显示，新三板市场采取协议转让方式的挂牌企业平均市盈率为 12.60，而采取做市转让方式的挂牌企业平均市盈率为 18.79，高出协议转让企业估值水平 50%还多。另外从股价变动也可以看出这一估值水平提升的过程。

交易方式转变对股价估值的影响一般在做市首日会较为充分地体现。如表 8-5 所示，统计全部采取做市转让的企业，在做市首日挂牌企业股价平均涨幅超过 35%。超过 40%的企业首日涨幅区间在 10%～60%，有 10 只做市首日超过 100%（不含做市前无有效交易价格的企业），交易方式转变后股价大幅提升。另外 26 只首日涨幅小于 5%的企业，主要由于做市信息在正式做市前 1～2 周通过增发或股份转让公告已正式披露，价格对交易方式转变已有较充分消化。

表 8-5　首批做市 43 家企业做市首日涨跌情况

证券代码	证券名称	成交额（万元）	成交量（万股）	涨跌幅（%）	换手率（%）	市盈率（LY）	市净率（LY）
430357	行悦信息	65.32	22.60	128.03	0.33	50.61	2.89
430140	新眼光	83.17	5.80	125.17	0.24	40.08	9.36
830879	基康仪器	252.50	19.20	81.43	4.47	22.40	4.10
430041	中机非晶	20.32	4.10	80.61	0.20	12.67	2.53
430522	超弦科技	19.30	2.40	80.20	0.24	20.66	5.62
830818	巨峰股份	1.48	0.30	66.67	0.01	16.68	1.54
430253	兴竹信息	167.04	20.50	66.20	0.61	16.23	4.18
430505	上陵牧业	2.66	0.50	50.75	0.02	30.62	3.96
430458	陆海科技	23.15	1.40	47.33	0.24	20.42	9.84
430305	维珍创意	23.97	1.90	47.00	0.11	40.95	15.39
430222	璟泓科技	24.39	3.70	45.45	0.38	65.72	10.33
430515	麟龙股份	346.90	13.20	40.22	1.41	21.89	10.83
430318	四维传媒	347.93	32.80	35.00	0.95	23.31	2.78
430549	天弘激光	2.33	0.60	33.33	0.02	14.93	2.12
430511	远大股份	41.00	2.20	29.80	0.25	16.37	5.35
430223	亿童文教	53.58	2.30	29.60	0.19	29.39	11.21
430174	沃捷传媒	340.82	7.20	28.57	0.46	36.47	9.99
430263	蓝天环保	4.94	1.30	28.33	0.05	19.86	3.02
830837	古城香业	131.73	10.70	22.92	0.44	15.32	5.02
430243	铜牛信息	15.22	2.30	22.22	0.25	18.55	4.05
430029	金泰得	25.54	11.60	20.32	0.54	−15.43	1.60

续表

证券代码	证券名称	成交额（万元）	成交量（万股）	涨跌幅（%）	换手率（%）	市盈率（LY）	市净率（LY）
430085	新锐英诚	45.67	9.90	15.87	0.67	29.46	4.27
430593	华尔美特	2.47	0.40	15.09	0.05	30.08	6.42
430360	竹邦能源	4.16	1.90	15.00	0.79	93.72	2.94
430512	芯朋微	17.11	1.10	13.79	0.20	17.70	3.83
430130	卡联科技	196.60	12.80	12.51	0.97	18.89	5.89
430609	中磁视讯	18.65	2.80	11.11	0.11	18.80	2.43
430432	方林科技	33.81	4.20	10.96	0.15	13.34	2.71
430369	威门药业	90.72	4.80	3.85	0.17	38.45	5.40
430065	中海阳	735.27	116.52	3.46	0.92	18.93	1.84
430074	德鑫物联	8.83	0.70	1.91	0.01	52.85	9.72
430607	大树智能	19.39	1.70	1.82	0.14	21.19	6.77
430084	星和众工	58.38	12.26	−1.84	0.30	8.61	1.84
430476	海能仪器	64.99	5.30	−4.96	0.74	16.95	4.59
430225	伊禾农品	7.45	1.00	−5.38	0.01	12.93	2.18
430033	彩讯科技	140.65	47.50	−7.94	2.01	−12.32	1.13
430037	联飞翔	85.61	21.30	−9.30	0.28	15.40	1.98
430165	光宝联合	3.43	1.00	−12.09	0.31	53.17	3.39
430536	万通新材	105.01	53.60	−27.00	2.64	15.67	1.57
430376	东亚装饰						
430403	英思科技	9.84	1.90		9.50	31.69	4.73
430664	联合永道	64.88	2.30		7.19	99.53	32.51
830815	蓝山科技	185.52	9.20		1.23	26.05	5.04

资料来源：Wind。

虽然做市转让的挂牌企业在做市首日股价会出现上涨，但此时交易方式改变对企业估值的影响在做市首日尚未完全反应。随着做市时间的推移，做市转让的股票流动性得到持续改善，股价再次提升。3 个月后的涨跌幅分布较首日明显右移，涨幅超过 30%的公司比例超过 55%，而做市首日该比例不足 40%。在做市后第一个月企业整体股价有所下滑，而做市后两个月开始股价再次上涨。这是由于挂牌企业数量巨大，投资者关注的公司十分分散，而做市使得企业从 1 500 多家新三板企业中浮出水面，市场关注度很快得到聚焦，但分析了解公司需要一定的时间。而且挂牌首日做市商倾向给出较高的锚定价格，做市首月成交量与换手率仍较低。随着市场对公司认识的加深和认可度的提高，流动性自做市后第二个月开始改善，估值也随之提升，如图 8-4 所示。

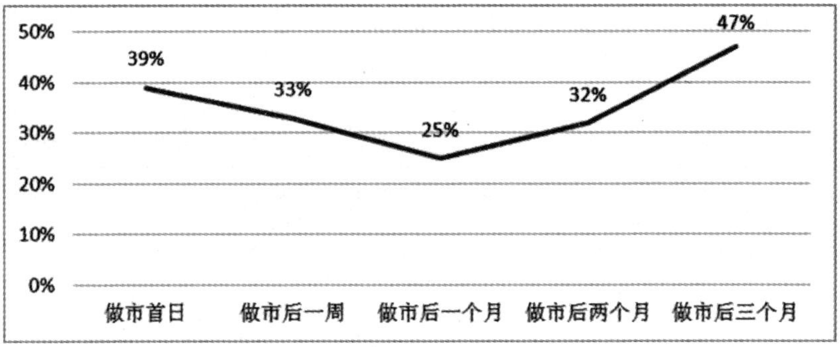

资料来源：Wind。

图 8-4　做市企业股价平均涨幅

8.4　案例

8.4.1　东方国信并购屹通信息

东方国信系由北京东方国信电子有限公司（以下简称“东方国信”）整体变更发起设立的股份有限公司，是中国工业和信息化部（原信息产业部）

认定的软件企业和北京市中关村高新技术企业。公司成立于 1997 年 7 月 28 日，主营业务是提供完整的数据采集、处理、分析、应用相关的产品、服务及解决方案，帮助客户充分利用数据的价值，从而获得更高的生产效率和经营效益。2011 年 1 月 25 日，北京东方国信科技股份有限公司在深圳创业板上市，发行股票 1 017.60 万股，每股发行价 55.36 元人民币，共募集资金 563 343 360.00 元人民币。

屹通信息成立于 2004 年 9 月 10 日，其前身为上海屹通信息科技发展有限公司，由上海屹通网络工程有限公司及自然人陈益玲、章祺、龚芸以货币资金共同出资 500.00 万元设立。公司主营业务是为银行业金融机构提供信息化解决方案及实施服务，在国内移动互联网金融、金融数据仓库相关技术两大细分领域具有较高的品牌知名度和领先的行业地位。

2014 年 1 月 24 日，屹通信息在股转系统挂牌及公开转让，股份代码为 430364，股票名称为屹通信息。2012 年、2013 年、2014 年 1～5 月，屹通信息实现归属于母公司股东的净利润分别为 231.41 万元、559.24 万元、1 951.12 万元。屹通信息的收入规模和盈利能力的迅速提升，主要受益于移动互联网产业和大数据技术的快速发展带来银行业移动金融产品和金融 BI 产品的快速增长。

2014 年 7 月 9 日，东方国信公布了《北京东方国信科技股份有限公司发行股份及支付现金购买资产并募集配套资金预案》，公告称东方国信拟以 4.51 亿元收购屹通信息 100%股权，东方国信将以现金和股份来支付对价，其中现金支付 1.12 亿元，另外以 18.62 亿元的发行价格向屹通信息股东合计发行 1 815.8 万股。根据公告，交易的评估基准日为 2014 年 5 月 31 日，屹通信息 100%股权截至评估基准日的未经审计的账面净资产值为 3 791.33 万元，交易的预估值为 45 100 万元，预估值增值率为 1 089.56%。参考预估值，交易各方初步协商的交易价格为 45 080 万元。此外，本次交易拟募集配套资金总额不超过 15 026 万元。

2014 年 12 月 3 日，中国证监会出具《关于核准北京东方国信科技股份有限公司向陈益玲等发行股份购买资产并募集配套资金的批复》，核准本次并购事项。同年 12 月 30 日，东方国信发布公告《发行股份及支付现金购买资产并募集配套资金实施情况暨新增股份上市公告书》，本次重组交易正式完成。

交易完成后，屹通信息将成为东方国信的全资子公司。根据上市公司的现有规划，屹通信息将继续作为独立经营实体存续并由其原有的经营管理团队继续运营。东方国信和屹通信息虽然同处软件行业，但由于双方发展阶段、所处地域、业务规模有所不同，在此基础之上，东方国信将从客户资源、项目管理、技术研发、企业文化、业务团队、管理制度等方面与其进行整合。在此次并购中，屹通信息净资产增值率高达 1 089.56%，投资者收益不菲。

8.4.2 久其软件——摘牌 IPO 第一股

北京久其软件股份有限公司是由成立于 1999 年 8 月 16 日的原北京久其北方软件技术有限公司以 2001 年 11 月 30 日经审计的净资产按照 1:1 比例折股，整体变更设立的股份有限公司。2001 年 12 月 18 日，发行人在北京市工商行政管理局注册登记，注册资本为 4 574.0037 万元。

公司主要从事报表管理软件、电子政务软件、ERP 软件、商业智能软件等管理软件的研究和开发，为政府部门、企事业单位提供财务决算、统计及决策分析、财务业务一体化管理、全面预算管理、合并报表、关联交易核对、资产管理等相关方面的解决方案。该公司被认定为高新技术企业，并在报告期内连续被国家发展和改革委员会（以下简称“发改委”）、工业和信息化部（原信息产业部）、商务部、国家税务总局认定为国家规划布局内的重点软件企业。2008 年公司在报表管理软件的市场占有率达到 22.5%，排名第一。

2006 年 9 月 7 日，久其软件经由申银万国证券股份有限公司推荐，进入代办股份转让系统（新三板前身）挂牌报价转让，股份代码为 430007，股份简称为久其软件。

2006 年 9 月 7 日至 2006 年 12 月 31 日，久其软件股份在代办股份转让系统挂牌报价共交易 48 笔，交易股数共计 2 160 000 股。

2007 年 1 月 1 日至 2007 年 2 月 16 日，久其软件股份在代办股份转让系统挂牌报价共交易 79 笔，交易股数共计 3 620 000 股。2007 年 2 月 17 日至 2007 年 4 月 3 日，久其软件股份未发生交易。经公司申请，公司股份自 2007 年 4 月 4 日起暂停报价转让。自 2007 年 8 月 2 日起，公司股票恢复报价转让。2007 年 8 月 2 日至 2007 年 12 月 31 日，久其软件股份在代办股份转让系统共交易 26 笔，交易股数共计 1 250 000 股。

2008 年 1 月 1 日至 2008 年 1 月 28 日，久其软件股份在代办股份转让系统共交易 2 笔，交易股数共计 80 000 股。2008 年 1 月 28 日，久其软件的股份暂停在代办股份转让系统交易。停牌前一年的成交均价为 10.72 元，停牌前一年交易的价格区间为 8.99～15.00 元。

2009 年 7 月 23 日，久其软件发布《首次公开发行股票招股意向书》，拟发行人民币普通股 1 530 万股（发行股数占发行后总股本的 25.07%），成为第一家在代办股份转让系统挂牌并到主板上市的公司。2009 年 8 月 11 日，久其软件在深圳证券交易所挂牌交易，股票名称为久其软件，股票代码为 002279。

在久其软件 IPO 之际，公司共有 106 名股东，除了 6 名发起人股东，其余 100 位是个人投资者，他们持有的股份数从 3 万股到 11 万股不等，总计占公司发行前总股份的 4.73%，买入成本最高为 15 元/股，最低成交价为 7.19 元/股。上市首日，久其软件开盘 63.00 元，最高上冲到 64.00 元，之后震荡回落，最终收盘 56.29 元。这些股东都在久其软件上市首日成了百万富翁，财富效应惊人。按久其软件上市首日收盘价 56.29 元计算，即使以最高价买入的投资者，其持有期收益率也高达 275.27%。如果按停牌前一年成交均价来计算，投资者的持有期收益率高达 425.09%。转板带来的不同市场间的估值差异为投资者带来了丰厚的回报。

8.4.3 中科软（430002）——新三板2013年年报第一绩优股

中科软科技股份有限公司源于北京中科软信息系统有限公司，是中国科学院软件研究所实施国家知识创新试点工程的产物。公司成立于1996年5月30日，由中国科学院软件研究所和128位软件所员工共同以现金出资方式设立，总部设在北京。

中科软是一家聚焦于保险行业，集行业解决方案设计、自主软件产品研发、大型行业应用软件开发、系统集成与服务、技术支持和培训于一体的综合性高科技企业。中国科学院软件研究所持股26.05%，为第一大股东和实际控制人。

公司拥有多项自主研发的核心产品，其中“保险核心业务处理系统”一直在国内保险行业的信息建设中处于领先地位，在保险行业系统集成和提供行业解决方案等方面优势显著，被评为保险行业IT应用解决方案国内市场排名第一。

中科软作为国内保险核心业务处理系统提供商，承接了大量保险公司应用软件开发及系统集成项目，凭借过往项目经验和对保险公司系统的渗透程度，有望成为保险传统价值链被打破后为内部部门优化或是潜在专业供应商提供系统集成和行业解决方案的最先受益者。

2006年1月23日，中科软成为首批进入代办股份转让系统挂牌报价转让的企业之一，股票代码为430002，简称中科软。公司自挂牌以来，营业收入及净利润持续高速增长，2013年中科软实现营业收入26.8亿元，其中系统集成、技术服务和定制软件分别占53.6%、40%和6.4%，归属母公司净利润为1.35亿元，2009—2013年营业收入和归属母公司净利润的复合年均增长率（CAGR）分别为29.9%和30.9%。公司营业收入和净利润在2006－2013

年复合年均增长率分别为 28.8%和 34.26%。公司主营业务收入和归属净利润在 2013 年为新三板市场第一，如图 8-5 所示。

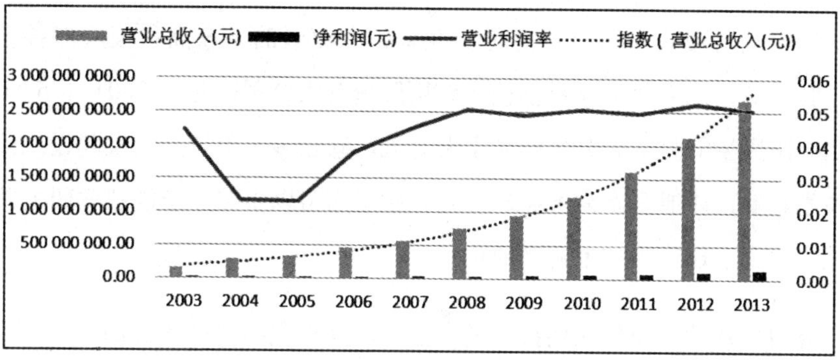

资料来源：Wind。

图 8-5 中科软 2003—2013 年营业收入和净利润

作为采用协议转让方式的企业，中科软交易相对活跃，2014 年全年共有 130 个交易日达成了交易，114 个交易日成交额为零。日均成交量为 89 129 股，成交金额为 94.6 万元。2014 年 1 月 2 日至 2014 年 12 月 31 日，公司股价由 14.98 元上涨至 76.27 元，涨幅高达 400%之多，如图 8-6 所示。截至 2015 年 6 月 30 日，公司股价为 92.17 元。

资料来源：Wind。

图 8-6 中科软 2014 年股价变动

8.4.4 原子高科（430005）——稳定增长的细分行业龙头

原子高科股份有限公司是位于北京市海淀区的一家高科技医疗技术企业，其前身是北京原子高科核技术应用股份有限公司，是于 2001 年 5 月 18 日由中国原子能科学研究院作为主发起人，联合多家单位共同发起设立的高新技术企业，注册资本为 6 628 万元。原子高科以中国原子能科学研究院为依托，致力于核应用技术的产业化。

公司主营业务为核应用技术的产业化，拥有我国目前规模最大、产品覆盖面最广的放射性同位素综合性研制、生产基地，以及国家科技部批准的“国家同位素工程技术研究中心”。

公司生产包括体内诊断和治疗用放射性药物、体外免疫分析试剂盒、各种放射源、放射性医疗器械、放射性标记化合物及示踪剂、放射性参考标准物质等在内的共 70 余种核素、300 多个品种的产品。在辐射技术应用方面，拥有自屏蔽电子束灭菌加速器系统、高能大功率辐照加速器、无损检测用直线电子加速器、60 Co 源辐照装置及集装箱检查系统的核心技术和专业化设计与制造能力，可为用户定制各种产品，提供完整解决方案并承担配套工程。

2006 年 7 月 28 日，原子高科在中关村代办股份转让系统挂牌。挂牌至今，原子高科实现了公司业绩的稳定增长。2013 年，原子高科营业总收入 5.77 亿元，同比增长 26.81%；营业利润 1.10 亿元，同比增长 37.55%；实现归属于母公司股东的 7 898 万元，同比增长 33.52%。2014 年，原子高科营业总收入继续增长，同比增长率 11.97%，净利润同比增长 41.56%。从 2015 年中报来看，预计原子高科 2015 年业绩相比于 2014 年将继续增长，如图 8-7 所示。

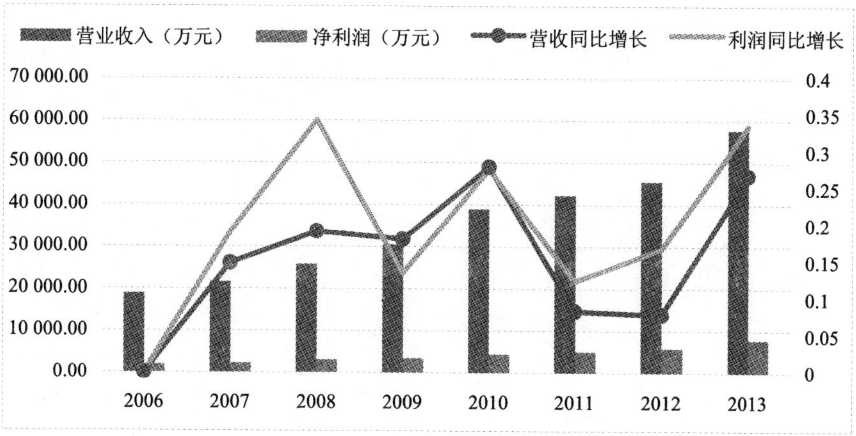

资料来源：Wind。

图 8-7　原子高科挂牌以来营业收入和利润

原子高科目前同样采用协议转让方式进行交易。2014 年上半年，仅 5 月 20 日、6 月 25 日、6 月 30 日三天出现了成交的情况，而从 2014 年 8 月开始，其股票交易日渐活跃，下半年 125 个交易日中，仅 28 天没有交易，日均成交量为 25 264 股，成交金额为 70.75 万元。从 2014 年 1 月 2 日至 2014 年 12 月 31 日，公司股价由 6.03 元上涨至 36.97 元，涨幅高达 500%还多，如图 8-8 所示。截至 2015 年 6 月 30 日，公司股价为 71.22 元。

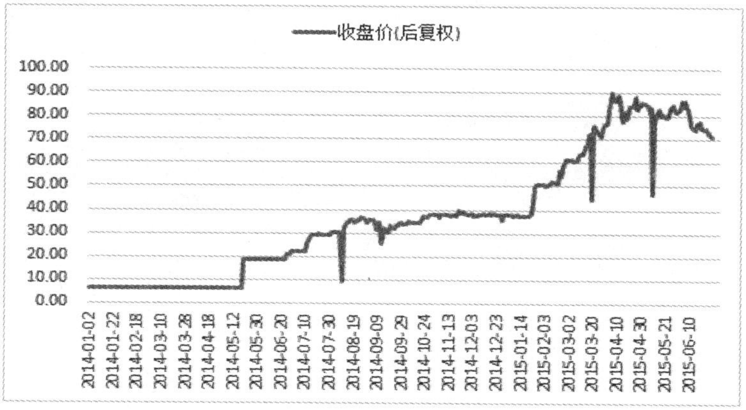

资料来源：Wind。

图 8-8　原子高科 2014 年股价变动情况

第 9 章

新三板退出

无论对于新三板投资基金还是大多数财务投资人来讲，他们最关心的是如何收回投资成本并获取相应的投资回报。新三板投资的退出，是指投资基金或者投资人在帮助被投资公司实现有关发展战略，完成产业整合，使公司的市场竞争力和市场价值达到一个更高的水平后，通过各种方式出售其持有的股份并获取相应的投资回报的过程。

退出是新三板投资整个运作过程中的重要组成部分，也是最后的环节。如何退出，何时退出，以何种方式退出，直接决定了投资基金或者投资人最终可实现的投资回报，在整个投资运作过程中具有重要的意义。

通常来讲，新三板投资退出主要方式包括转板退出、二级市场退出、并购退出及股东回购。

9.1　转板退出

转板是大多数新三板挂牌公司所追求的最佳的退出方式。所谓转板，是指一家企业由一家交易市场挂牌转移到另一家交易市场上市的行为。在本书中，转板特指企业由在新三板挂牌转移到在主板或者创业板上市的行为。鉴于目前主板和创业板有关上市公司的PE倍数远远高于新三板同类挂牌公司，如果能成功实现转板，新三板挂牌公司的市场价值就能实现大幅度的提升，从而使新三板企业的创始人和投资人获取高额的投资回报。

1. 提交 IPO 申请转板

转板无疑是最受投资人追捧的退出方式。然而转板绝非易事。整个新三板从 2006 年诞生至 2014 年年底，共挂牌 1 500 家企业，一共才产生 9 家上市公司，分别是粤传媒、久其软件、北陆药业、世纪瑞尔、佳讯飞鸿、东土科技、博晖创新、华宇软件和安控科技，如表 9-1 所示。而实际上，上述企业并非真正意义上的转板，均是在退出新三板后提交IPO申请并获得通过的。

表 9-1　截至 2014 年年底，9 家通过提交 IPO 申请实现转板的挂牌企业

公司简称	股票代码	主营业务	新三板挂牌时间	上市板块	上市时间	发行价格	实际募集资金（亿元）
粤传媒	002181	传媒出版	2001	中小板	2007-11-16	7.49	5.24
久其软件	002279	财务软件	2006	中小板	2009-8-11	27	4.13
北陆药业	300016	对比剂	2006.8	创业板	2009-10-30	17.86	3.04
世纪瑞尔	300150	铁路监控设备	2006.1	创业板	2010-12-13	32.99	11
佳讯飞鸿	300213	通信设备	2007.1	创业板	2011-5-5	22	4.62
东土科技	300353	工业以太网交换机	2009.2	创业板	2012-9-27	20.75	2.37
博晖创新	300318	医疗器械	2007.2	创业板	2012-5-23	15	3.84
华宇软件	300271	软件与信息服务	2006.8	创业板	2011-10-26	30.8	5.15
安控科技	300370	工业级 RTU 产品	2008.8	创业板	2014-1-23	35.51	1.76

安控科技是最新的一个通过 IPO 方式从新三板转板至创业板的公司案例。2014 年 1 月 23 日，安控科技成功在创业板挂牌，本次 IPO，公司以 35.51 元/股的发行价发行 1 345 万股，募集资金 1.76 亿元，上市首日收盘价为 51.58 元，涨幅为 45.25%。

安控科技这家主营工业自动控制系统装置制造的公司，2013 年实现净利润 5 103.72 万元，同比增长 12.82%。发行前公司股东总户数仅 109 人，发行前公司总股本为 4 366 万股，其中约有半数被公司高级管理人员持有。在登陆创业板后，这些原始股股东实现了"一夜暴富"。

除了上述成功案例，对于大多数试图转板的挂牌公司而言，IPO 转板都是一个漫长的过程，其中亦不乏失败的案例。

2013 年 4 月底，合纵科技预披露了招股书申报稿，拟发行不超过 2 740 万股。这家从事配电及控制设备制造生产的公司 2007 年就在股份转让平台

挂牌，2010 年股东会议就通过了公司 IPO 的方案，但 2011 年 11 月却过会失败。如今 4 年过去了，合纵科技再一次冲关，却只能继续等待。另外，双杰电气也在 2010 年就决定 IPO，却在 2011 年 6 月主动撤回发审。此外，盖特佳、现代农装、大地股份等均曾提出过 IPO 的想法，但时至今日仍未能如愿。

2. 直接转板（绿色通道转板）

相对上述先从新三板撤销挂牌然后再提交 IPO 申请并登陆主板或者创业板而言，新三板挂牌公司通过某种形式的审核直接到主板或者交易所上市的情形，我们称为直接转板。

其实，早在 2013 年 12 月 14 日，国务院颁布《关于全国中小企业股份转让系统有关问题的决定》（国发[2013]49 号）（以下简称“49 号文”），对全国中小企业股份转让系统（通称新三板市场）挂牌公司的转板制度作出了明确的规定。同时，在国务院发布决定后，中国证监会也在其官方网站上发布了关于积极推进新三板建设的多项措施，其中涉及修订《非上市公众公司监督管理办法》等与新三板相关的部门规章。

我们认为 49 号文规定的转板制度与前述的 IPO 转板制度有较大的区别。从我国现行的股票发行与上市制度来看，首次公开发行股票并上市（IPO），具体可分为股票的公开发行及股票上市两个阶段，实行公开发行由中国证监会核准、股票上市由证券交易所核准的双层监管体制。《证券法》第十条规定，公开发行证券，必须报经国务院证券监督管理机构或者国务院授权的部门核准。因此，我国股票公开发行的核准权在于中国证监会。《证券法》第四十八条规定，申请证券上市交易，应当向证券交易所提出申请，由证券交易所依法审核同意。

49 号文规定，在全国股份转让系统挂牌的公司，达到股票上市条件的，可以直接向证券交易所申请上市交易。可以看出，49 号文下的公司转板制度并非公司首次公开发行股票并上市（IPO），而系已公开发行股票的公司申请其股票在交易所上市交易，自然无须中国证监会批准而是由证券交易所批准。因此，可以说，49 号文并未改变《证券法》关于公司上市的相关规定，而仅是在现有法律框架下规定了一种新的上市方式。

49 号文下的转板制度与 IPO 转板最大的区别在于，IPO 在股票上市时会同时从公开市场募集资金，而 49 号文下的转板则仅是将公司股票申请在证券交易所挂牌交易，并不募集资金，也不会相应增加公司的注册资本及资本公积。当然，在公司上市后，其可以利用上市公司的地位进行筹资活动，但将来的配套细则是否会对该等转板上市公司的融资制度存有特别要求，还有待观察。

那么公司股票上市的条件是什么呢？《证券法》规定，股份有限公司申请股票上市，应当符合下列条件：（1）股票经国务院证券监督管理机构核准已公开发行；（2）公司股本总额不少于人民币 3 000 万元；（3）公开发行的股份达到公司股份总数的 25%以上，公司股本总额超过人民币 4 亿元的，公开发行股份的比例为 10%以上；（4）公司最近三年无重大违法行为，财务会计报告无虚假记载。证券交易所可以规定高于前款规定的上市条件，并报国务院证券监督管理机构批准。

对照《证券法》规定，其第二及第四项条件较为清楚，无须进一步阐述，但由于新三板挂牌公司通常规模较小，且公司治理水平不高，要达到该等上市要求也并不简单。

对于第一项条件，其规定股票上市的前提是已经公开发行。《证券法》规定，我国股票公开发行是指向不特定对象发行证券的或向特定对象发行证券累计超过 200 人的。而且 49 号文也已将新三板挂牌公司纳入了非上市公众公司监管范围，《非上市公众公司监督管理办法》修改的证券意见稿也进行了调整。由此可以看出，进行过公开转让或定向发行后股东人数超过 200 人的新三板挂牌公司应属于股票已公开发行。

对于第三项条件，系对公开发行比例的要求。那新三板挂牌公司申请转板时如何计算其公众持股比例呢？基于现有规定，我们推断，新三板公司的公众股，应是指公司在新三板挂牌后公开转让及向特定对象发行、转让累计超过 200 人的部分。而且根据现有股票上市规则，社会公众股还应扣除下列股东所持股票：（1）持有公司 10%以上股份的股东及其一致行动人；（2）公司的董事、监事、高级管理人员及其关联人。

基于以上分析，不难看出，新三板挂牌公司要实现 49 号文下的转板绝非易事，除符合股本总额、合法经营、财务规范等上市硬性要求外，还需在挂牌后引起机构投资者的足够关注，且存在相当规模的交易量，并通过公开交易使社会公众股比例超过 25%（公司股本总额超过 4 亿元人民币的该比例为超过 10%）。此外，根据《公司法》关于股份公司股份转让的规定，发起人所持公司股份在股份公司设立日起一年内不得转让。因此，要使新三板挂牌公司满足 49 号文的转板要求，无论在时间上还是公司质地上都存在很高的要求。

从实践来看，从 49 号文发布之后，尚无一例企业实现从新三板到主板或者创业板的转板，也印证了直接转板的不易。

9.2　二级市场退出

虽然转板是众多投资人最为青睐的退出方式，但是转板实属不易。随着做市商制度的推出及未来分层次资本市场体系的建立，新三板挂牌公司的二级市场流动性必将获得进一步改善，二级市场退出将成为重要的退出方式。

1．做市商制度下的退出

在 2014 年 8 月之前，所有新三板挂牌公司实行协议转让制度，加之很高的投资门槛，交易活跃度很低，有一半左右的公司全年无交易，如图 9-1 所示。缺乏流动性成为制约新三板发展的主要障碍。

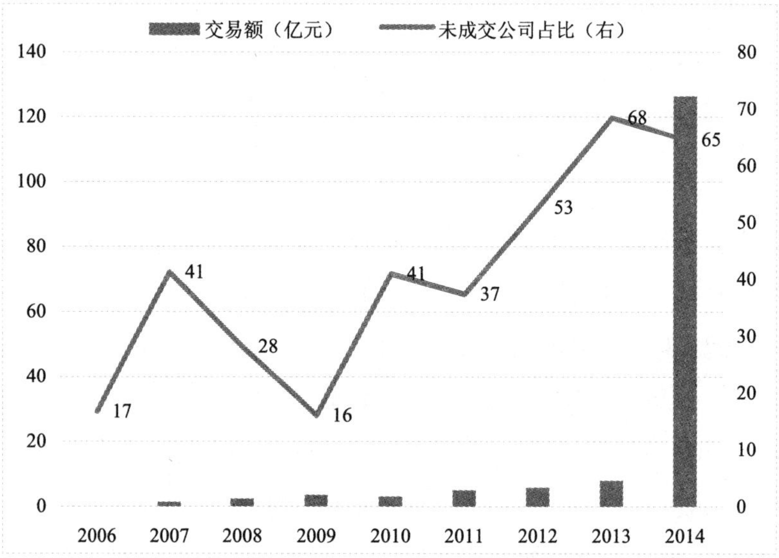

图 9-1　新三板交易量和成交家数

2014 年 8 月 25 日做市商制度推出后，极大地改善了这一局面。按照做市商制度，做市券商必须在每个交易日同时挂出买、卖两个方向的报价，并且有义务按照报价价格和数量成交，买卖报价价差不能高于 5%。这样投资者可以随时从市场上买进或者卖出股票，价格相对公允。2014 年 8 月首批做市公司为 43 家，到 2014 年年底很快增加到 122 家，到 2015 年 6 月 30 日增加到 523 家。做市以来，做市公司的月均换手率达到 10.5%，和做市前相比上升近 10 倍。

2. 竞价制度下的退出

根据全国股转系统公司董事长杨晓嘉在“新闻媒体走进股转系统”座谈会上的发言，2015 年将建立分层制度，其中最上层为竞价制度。竞价制度下，新三板挂牌公司的二级市场交易已经与交易所上市公司二级市场无区别，唯一的差别是投资人门槛。现有的门槛为个人拥有 500 万元以上的证券资产，预计 2015 年极有可能下降到 100 万元。因此，在该制度下，预计无论从收益还是交易量上，都将比做市商制度获得进一步的提高。

9.3 并购退出

除了转板和二级市场退出，对于大多数不能达到 IPO 条件也没有达到做市或者竞价条件的新三板挂牌公司，通过并购尤其是上市公司并购退出不失为一种较好的退出选择。并购通常可以分为上市公司并购和非上市公司并购。

1. 上市公司并购

2014 年 5 月，A 股上市公司大智慧发布公告称，拟以 90 亿元定增收购新三板挂牌企业湘财证券的 100%股权。若此次收购成功，这将成为国内资本市场上互联网信息服务企业收购证券公司的首例。有分析人士表示，当前上市公司收购新三板挂牌企业仅仅是一个开端，未来这种跨市场间的并购将会越来越多。

尽管上述收购的结果还是未知，但透露出新三板挂牌公司的价值正在受到一些 A 股上市公司关注。除湘财证券，阿姆斯、铂亚信息、日新传导、易事达、激光装备（430710）、屹通信息、瑞翼信息 7 家挂牌企业也被上市公司收购。新三板俨然成为“选秀场”。

有关业内人士认为，上市公司并购产业链上的新三板企业，有利于发挥协同效应，提升双方的盈利能力和综合竞争力。对上市公司来说，收购作为非上市公众公司的新三板企业，能完善上下游产业链，有利于公司做大做强；对新三板企业来说，被上市公司并购，相当于有了更便捷的融资渠道，并有利于 VC/PE 顺利退出。总体来看，目前上市公司收购新三板挂牌企业仅仅是一个开始，未来这种跨市场间的并购案例将会更多。并且随着并购重组政策的落地，新三板内部也将会出现企业之间的大规模并购整合。表 9-2 列举了 2014 年以来新三板公司被上市公司收购的案例。

表 9-2　2014 年以来新三板公司被上市公司收购案例

挂牌企业	收购事项	交易价格	上市公司主营业务	挂牌企业主营业务	项目进展
阿姆斯（430115）	芭田股份（002170）发行股份及现金购买阿姆斯 100%股权	1.43 亿元	复合肥生产经营	微生物肥料的研发、生产和销售	2014 年 10 月公告预案，目前已完成
铂亚信息（430708）	欧比特（300053）发行股份及现金购买铂亚信息 100%股权	5.25 亿元	嵌入式集成电路和控制模块产品的研发、设计、生产和销售	生物特征识别核心技术研究、应用产品开发及销售	2014 年 10 月公告预案，目前已完成
日新传导（830804）	宝胜股份（600973）通过定增募集资金收购日新传导 100%股权	1.62 亿元	电线电缆及电缆附件开发、制造、销售	特种线缆与线束的研发、制造与销售	2014 年 9 月公告预案，在审
易事达（430628）	联建光电（300269）发行股份及现金购买易事达 100%股权	4.89 亿元	高端 LED 全彩显示应用产品的系统解决方案和户外媒体广告业务	LED 显示和照明方案专业服务	2014 年 9 月公告预案，目前已完成
激光装备（430710）	亚威股份（002559）发行股份及现金购买激光装备 94.52%股权	1.40 亿元	金属板材形成机床产品的研制	激光加工设备的研发和销售	2015 年 1 月公告预案，在审
湘财证券（430399）	大智慧（601519）发行股份及现金购买湘财证券 100%的股份	85 亿元	金融数据和数据分析、证券投资咨询	证券服务	2015 年 1 月公告草案，2015 年 4 月通过中国证监会审核
屹通信息（430364）	东方国信（300166）发行股份及现金购买屹通信息 100%股份	4.51 亿元	完整的企业商业智能系统解决方案	金融软件的开发、网络系统的集成及相关产品的研制生产	2014 年 7 月公告预案，目前已完成

续表

挂牌企业	收购事项	交易价格	上市公司主营业务	挂牌企业主营业务	项目进展
瑞翼信息（430531）	通鼎互联（002491）发行股份购买瑞翼信息 51%的股份	1.15 亿元	光纤、通信电缆等产品的研发、生产和销售	中小型企业移动互联网产品研发销售	2014 年 6 月公告预案，目前已完成
	通鼎互联（002491）发行股份购买瑞翼信息 49%的股份	2.46 亿元			2015 年 4 月公告预案，董事会决议通过
新冠亿碳（430275）	东江环保（002672）收购新冠亿碳所持南昌新冠 100%股权及合肥新冠 100%股权	0.71 亿元	废物管理和环境服务	沼气发电	2014 年 5 月完成

笔者认为，新三板挂牌公司通过市场化并购，以合理的价格顺利出售主营资产，这是全国股份转让系统市场价值发现功能逐步完善的体现。企业进入全国股份转让系统后，规范化治理程度显著提升，市场价值也得以展现。

从新三板并购案例类型来看，挂牌企业首先要与上市公司有业务互补性，或者在做同一类业务，有切合性。例如，新冠亿碳便是同行业上市公司发起的收购。不仅如此，另一家已终止挂牌的瑞翼信息被通鼎光电（002491.SZ）整合，也是因为二者客户均为电信运营商，因此可以在客户资源方面实现整合共享，实现产业整合。

笔者认为，处于新兴行业的挂牌企业，尤其是 TMT 行业，更容易被上市公司看中。原因有二：第一，企业并购为公司的产业整合；第二，上市公司为做市值。比如 2014 年，很多手机游戏团队被上市公司收购，就是为增加市值而采取的策略。

由于非上市公司并购重组政策松绑、新三板挂牌标的逐渐趋向成熟等多重内外部因素的影响，新三板或出现并购浪潮，企业在新三板挂牌的价值将体现得越来越明显。

2. 非上市公司并购

相对于上市公司并购而言，非上市公司并购没有那么光芒四射。可以有两种情况：一种情况是非上市公司（也包括另一家新三板挂牌企业）收购新三板挂牌企业；另外一种情况是上市公司或者投资机构设立一个投资基金收购新三板挂牌公司，收购后对它进行培育、规范，经过一定时间后再装入上市公司。

2015年2月发生的北京土星教育科技有限公司收购朗铭科技（股票代码：430107）就是一个典型的案例。原实际控制人刘海生及其一致行动人通过协议转让方式向土星科技公司股东转让54%股份，持股比例从91%下降到37%，土星科技公司股东武庄、梁城等成为朗铭科技实际控制人。完成控制权转移后，朗铭科技以现金方式出资人民币100万元收购北京土星教育科技有限公司100%股权，从而实现了土星教育的新三板借壳上市。

9.4 回购退出

回购退出往往是最后的一种退出手段，是在投资基金或者投资人既不能通过转板退出，也不具备在二级市场交易退出的条件，并且通过并购退出也无法实现的情况下，不得已采用的退出方式。通常在回购条件下，挂牌企业的大股东会将投资人的本金再加上一定的固定收益（通常在年息10%左右）返还给投资人。

9.5 几种退出方式的简单比较

以上几种退出方式中，转板退出是退出收益最高的方式，尤其是已经发生的这 9 例 IPO 转板退出，投资回报平均在 10 倍以上，因此也是最受投资人欢迎的退出方式。但是其不足是时间周期长、难度非常大，是否能最终达成具有非常大的不确定性。

二级市场交易将是非常重要的普遍性的退出方式。随着做市商制度的推出和完善，做市公司越来越多，交易越来越活跃，投资人直接在二级市场以比较好的价格交易将越来越普遍。交易对象主要是已做市公司或者是竞价交易的公司。

并购退出也将是常见的退出方式。预计在今后，每年都会有越来越多的案例出现，并购对于提高产业集中度和优化资源配置都具有重要意义。

回购相对上述三种主要退出方式来讲，是一种不得已的选择。好在投资人即使没有达到预期的收益，但至少可以收回本金并获得一定的收益补偿。

第 10 章

中国新三板市场未来发展展望

10.1　发展目标和定位

全国中小企业股份转让系统（俗称“新三板”）是经国务院批准设立的全国性证券交易场所，全国中小企业股份转让系统有限责任公司为其运营管理机构。

2013 年 12 月 13 日，国务院正式发布《国务院关于全国中小企业股份转让系统有关问题的决定》（国发[2013]49 号）（以下简称“49 号文”），明确指出，全国股份转让系统是经国务院批准，依据《证券法》设立的全国性证券交易市场。全国股份转让系统是继沪、深交易所之后的第三家全国性证券交易场所，在场所性质和法律定位上与证券交易所相同，都是多层次资本市场体系的重要组成部分。作为全国性证券交易场所，全国股份转让系统定位于非上市公众公司发行和公开转让股份的市场平台，为公司提供股票交易、发行融资、并购重组等资本市场服务。

49 号文指出，全国股份转让系统主要为创新型、成长型中小微企业发展服务。境内符合条件的股份公司均可通过主板券商申请在全国股份转让系统挂牌，公开转让股份，进行股权融资、债权融资、资产重组等。

作为继沪、深交易所后的第三家全国性公开证券市场，全国股份转让系统是我国多层次资本市场体系中发挥承上启下作用的重要一层。根据 49 号文，在全国股份转让系统挂牌的公司，达到股票上市条件的，可以直接向证券交易所申请上市交易。

全国股份转让系统自 2013 年 1 月正式挂牌以来，经历了非常迅猛的发展，截至 2014 年年底，挂牌企业数量达到 1 500 家以上，2014 年全年挂牌企业融资额达到 132 亿元，在解决中小企业融资问题、促进资本市场的发展诸方面发挥了重要作用。

与此同时，全国股份转让系统尚存在一些发展中的问题有待进一步明确和讨论，比较突出的问题是挂牌企业流动性不足。一方面，全国股份转让系统挂牌公司主要是创新、创业、成长型中小微企业，股权集中度高，交易需求相对偏弱；另一方面，全国股份转让系统致力于发展专业投资市场，投资人大多数为创业投资基金、股权投资基金和产业资本等专业机构，以长期投资为主。交易需求决定制度供给，挂牌公司和投资者结构等特点决定了全国股份转让系统的股票交易不会有主板市场的高换手率。但适当的市场流动性是交易场所发挥资源配置和风险管理功能的基本前提，全国股份转让系统需致力于通过合理的制度安排，改善市场流动性，增强市场定价和资源配置的功能。

10.2 广阔的发展前景

新三板系统的发展前景确实非常可观，这已经通过近两年新三板的迅猛发展得到了充分的证明。其迅猛发展主要有以下几个原因。

10.2.1 政策面的大力支持

从 2013 年全国股转系统正式挂牌以来，国务院及有关部门不断出台支持新三板发展的各项政策。《全国中小企业股份转让系统有限责任公司管理暂行办法》也已经明确将做市商制度作为该系统交易制度的一项选择。在目前的形势下，做市商制度势在必行，因此新三板交易的活跃程度也必将显著提升。而交易活跃是市场获得较快发展的必不可少的条件之一。

10.2.2 参考成熟资本市场的发展规律

从各国成熟资本市场发展的发展规律来看，场内、场外交易的规模、数量呈现出金字塔形结构，即上述成熟的大型企业占据一板，较多创新性企业主导二板，更多中小型企业在场外市场谋求融资渠道。而我国目前的资本市场尚未形成成熟的结构形态，除了万众瞩目的 IPO，绝大多数中小企业未能窥得更多更好的融资门径。从近年来监管层对金融制度的不断开拓来看，中国资本市场正在逐渐向成熟或正常的市场结构靠拢，新三板作为目前得到中国证监会大力推动的主要场外市场，在规模和挂牌企业数量上，必将在未来几年得到很大的发展。

10.2.3　为实体企业开辟新的融资途径

发展新三板市场，有利于绝大多数中小微企业避开主板市场 IPO“堰塞湖”现象，获得新的融资途径。新三板作为一种替代机制，特别是 PE 等投资机构需要实现投资回报，将成为许多寻求 IPO 失败的企业退而容身之所。新三板与主板、创业板之间存在的转板机制也为新三板挂牌企业将来寻求登陆更高层次的资本市场创造了条件。

10.2.4　新三板系统自身不断创新发展

2014 年 8 月正式引入做市商制度，这是新三板发展具有里程碑意义的事件。自做市商制度引入以来，新三板流动性不足的顽疾正在被逐渐打破。

2015 年 2 月 27 日，一直备受市场关注的做市转让股麟龙股份（430515）股价继续攀升，一举突破百元，收于 100.48 元/股。而新三板市场流动性不足的顽疾似乎也在被逐渐打破。作为做市转让方式交易下的第一只高价股，专业从事证券软件开发与研究的麟龙股份一直是新三板市场的焦点。据交易行情软件显示，自 2015 年 1 月 22 日公司的交易方式由协议转让变为做市转让后，麟龙股份的股价便一路飙升，从 1 月 22 日的收盘价 63.29 元/股大涨 37%至 100.48 元/股。其实，通过麟龙股份的表现不难看出，随着时间的推移，做市商交易方式的市场功能正在不断凸显。此前，新三板市场仅有协议转让一种交易方式，交投不活跃成了制约其发展的瓶颈；而在做市商交易推出后，新三板流动性不足这一顽疾被逐渐打破。

截至 2015 年 6 月 30 日，新三板的做市转让股已达 523 只。以 2015 年 6 月 22～26 日这周为例，523 只股票中仅有 63 只未发生交易，而采用协议转让方式进行交易的 2 114 只股票中仅有 205 只有成交。另外，做市交易的成交金额也在不断攀升。从 2015 年 2 月起，做市转让成交额更是跨入“亿元”时代。2015 年 3 月 18 日，新三板指数的发布将使市场迎来“看盘时代”；而即将推出的集合竞价交易更是提升新三板流动性的必要手段。可以相信，随着政策支持力度的增加和基础设施的不断完善，新三板的活跃性会有更为亮眼的表现。

10.3 新三板面临的挑战

新三板发展中面临的一个重要问题是挂牌企业流动性不足。在 2014 年 8 月做市商制度推出以后，做市企业的流动性有了较大的改善。但是就整体而言，新三板挂牌企业将长期面临进一步提升流动性的问题。除此之外，还在以下几个方面面临较大的挑战。

一是和主板尤其是创业板的关系问题。按理说，新三板和主板（包括创业板）的定位是明确的，但是在实践中确实存在竞争的问题。新三板的优质企业发展到一定阶段必然有转板的要求，但是反过来说，如果优质企业都转到主板，这一定是全国股转系统公司不愿意看到的情况。尤其是 2015 年注册制推出之后，到主板上市的门槛也较以前有大的降低。主板尤其是创业板将向新三板争夺优质企业，新三板的优质企业来源将受到来自主板特别是创业板的强有力的竞争。

二是面临区域场外交易市场的竞争。目前全国各地都热衷于本地区场外交易系统的建设与发展。上海也于 2012 年 2 月开通了股权托管交易系统。这些主要针对非上市公众公司的股份挂牌、交易场所在功能、交易模式方面与新三板存在许多类似之处，且往往不受园区和行业限制，再加上各地地方政府本身有意支持地方性交易系统，多多少少会对新三板系统产生一定的竞争压力。鉴于我国目前的企业和市场发育程度，各个场外交易场所自身都面临着挂牌企业不足的问题，而地方性交易场所也有其存在和发展的必要价值，因此可以预计在未来几年将会出现地方性交易场所与（作为全国层面的）新三板相互竞争的局面。

三是如何做好新三板的信息披露与监管工作。尽管信息披露和监管问题是资本市场普遍性、永恒性的问题，但是在我国主板市场的监管问题尚且频出之际，新三板作为场外市场，是否能够成功建设起严格有效的自律监管与行政监管，仍是一大疑问。在全国中小企业股份转让系统挂牌交易，对于企业提升自身形象和完善自身治理结构而言，都是一次良机。但起步不久的全国性场外交易市场如果很快出现大量丑闻和法律诉讼，则中国资本市场发展又将面临一个很长的徘徊期。司法系统和律师界对此应担负更重大的责任。

10.4　新三板的发展展望

我们预期未来新三板市场将在市场扩容、门槛降低、交易制度、转板制度等方面进一步改革。

1. 市场扩容方面

全国股份转让系统扩容一直备受市场关注，诸多省市提出了要加入试点范围的诉求。

2013 年 6 月 19 日召开的国务院常务会议明确提出，要加快发展多层次资本市场，将中小企业股份转让系统试点扩大至全国，鼓励创新、创业型中小企业融资发展。中国证监会新闻发言人表示，进一步扩大试点范围，有利于完善科技创新和资本市场良好的对接机制，进一步激活民间投资，改善中小微企业金融环境，服务国家经济转型和结构调整，对缓解交易所市场的发行压力和完善退市制度也有一定的积极意义。

目前全国性场外市场规则体系已经建立，全国股份转让系统公司内部制度齐备、人员到位、技术系统安全可行，各地企业准备也较为充分，进一步扩大试点范围的条件已经具备。中国证监会正按国务院常务会议的要求，研究制定中小企业股份转让系统试点扩大到全国的具体方案。

2. 交易门槛降低

1）对于挂牌企业

企业上市不再设置财务门槛和盈利指标，上市企业主体不再局限于高新企业，任何存续两年、可描述盈利模式的企业均可挂牌。此外，股东人数可超 200 人（经核准为非上市公众公司）。不再设类似发审委组织，也不实行保荐制，挂牌核准程序大大简化。

2）对于投资者

机构投资者注册资本为 500 万元门槛，自然人可以买卖所有挂牌公司的股份，突破之前“挂牌公司自然人股东只能买卖其持股公司股份”的规定。

自然人投资者，其名下前一交易日日终证券类资产市值大于等于 300 万元人民币，且具有两年以上证券投资经验（或接受相关培训）。

在交易方式上，单笔最小交易从 30 000 股拆细为 1 000 股，借鉴了中国台湾兴柜市场。

3）对于证券公司

全国股份转让系统实行主办券商制度，券商对企业进行推荐时，将简化申报程序，加快挂牌推荐工作进度。券商可开展做市商业务、经纪业务、投资业务，以此为挂牌企业交易提供流动性。

3．交易制度改革

1）交易规则

在开盘和收盘环节引入集合竞价；增加交易系统自动匹配成交功能；将每笔报价委托最低数量限制从 30 000 股降低至 1 000 股；不设涨跌幅限制；向特定对象发行或者转让后股东可以超过 200 人。

2）做市商

做市商制度已明确，须有两家以上从事做市业务的主办券商为其提供做市报价服务；其中必须有推荐主办券商。豁免限售要求，初始不低于总股本 5%或 100 万股（孰低），每家不低于 10 万股。做市商交易中实行 T+0 交易制度。

3）定向融资细则

单次定增对象放宽至 35 名，将新增股东人数限制由目前中关村试点内部执行的 20 名，放宽至除公司原有股东及内部职工外不得超过 35 名；符合投资者适当性要求的自然人投资者参与定向增资；在确保老股东优先认购权的前提下，不再对新老股东认购比例作出限制，而由公司自主决定新老股东之间的利益平衡；扩容后的挂牌企业，可以选择定向发行股权融资或发行可转债；允许扩容试点挂牌企业自主选择定向增资发行方式，包括小额快速融资或储架发行；对挂牌公司小额融资豁免审查，执行报备；大额定向融资（含股票、可转债及公司债）可申请储架发行。

4. 进一步落实转板制度

正如全国中小企业股份转让系统有限责任公司总经理所言，新三板挂牌的公司若已经通过中国证监会核准成为公众公司，这些公司只要不公开发行（不再公开发行新股融资），就可以直接向沪、深交易所提出上市申请，无须中国证监会二次审核。这对落实新三板向创业板、中小板或主板的转板政策具有实质性意义。

10.5 新三板发展小结

从宏观来看，发展新三板市场是建立和健全我国多层次资本市场体系的必经之路；从细节来看，A 股市场改革步伐沉重、推进缓慢，借道新三板新机制实现体制改革夙愿可谓最现实的变通之举，容易达成多方共识；从微观来看，中小企业融资难一直磕绊着我国实体经济的发展，而新三板市场的建立与完善无疑成为解决此问题的一剂良药。

附录 A

全国中小企业股份转让系统业务规则（试行）（自2013年2月8日起施行）

目　录

第一章 总则

1.1 为规范全国中小企业股份转让系统（以下简称“全国股份转让系统”）运行，维护市场正常秩序，保护投资者合法权益，根据《中华人民共和国公司法》（以下简称《公司法》）、《中华人民共和国证券法》及《非上市公众公司监督管理办法》（以下简称《管理办法》）、《全国中小企业股份转让系统有限责任公司管理暂行办法》等法律、行政法规、部门规章，制定本业务规则。

1.2 在全国股份转让系统挂牌的股票、可转换公司债券及其他证券品种，适用本业务规则。本业务规则未作规定的，适用全国中小企业股份转让系统有限责任公司（以下简称“全国股份转让系统公司”）的其他有关规定。

1.3 全国股份转让系统的证券公开转让及相关活动，实行公开、公平、公正的原则，禁止证券欺诈、内幕交易、操纵市场等违法违规行为。

市场参与人应当遵循自愿、有偿、诚实信用的原则。

1.4 申请挂牌公司、挂牌公司及其董事、监事、高级管理人员、股东、实际控制人，主办券商、会计师事务所、律师事务所、其他证券服务机构及其相关人员，投资者应当遵守法律、行政法规、部门规章、本业务规则及全国股份转让系统公司其他业务规定。

1.5 申请挂牌公司、挂牌公司及其他信息披露义务人、主办券商应当真实、准确、完整、及时地披露信息，不得有虚假记载、误导性陈述或者重大遗漏。

申请挂牌公司、挂牌公司的董事、监事、高级管理人员应当忠实、勤勉地履行职责，保证公司披露信息的真实、准确、完整、及时、公平。

申请挂牌公司、挂牌公司及其他信息披露义务人、主办券商依法披露的信息，应当第一时间在全国股份转让系统指定信息披露平台（www.neeq.com.cn 或 www.neeq.cc）公布。

1.6 全国股份转让系统实行主办券商制度。主办券商应当对所推荐的挂牌公司履行持续督导义务。

1.7 主办券商、会计师事务所、律师事务所、其他证券服务机构及其相关人员在全国股份转让系统从事相关业务，应严格履行法定职责，遵守行业规范，勤勉尽责，诚实守信，并对出具文件的真实性、准确性、完整性负责。

1.8 全国股份转让系统实行投资者适当性管理制度。投资者应当具备一定的证券投资经验和相应的风险识别和承担能力，知悉相关业务规则，自行承担投资风险。

1.9 挂牌公司、主办券商、投资者等市场参与人，应当按照规定交纳相关税费。

1.10 挂牌公司是经中国证监会核准的非上市公众公司，股东人数可以超过 200 人。

《管理办法》实施前股东人数为 200 人以上的股份有限公司，依照有关法律、行政法规、部门规章进行规范并经中国证监会确认后，符合本业务规则规定条件的，可以向全国股份转让系统公司申请挂牌。

1.11 全国股份转让系统公司依法对申请挂牌公司、挂牌公司及其他信息披露义务人、主办券商等市场参与人进行自律监管。

第二章　股票挂牌

2.1 股份有限公司申请股票在全国股份转让系统挂牌，不受股东所有制性质的限制，不限于高新技术企业，应当符合下列条件：

（一）依法设立且存续满两年。有限责任公司按原账面净资产值折股整体变更为股份有限公司的，存续时间可以从有限责任公司成立之日起计算；

（二）业务明确，具有持续经营能力；

（三）公司治理机制健全，合法规范经营；

（四）股权明晰，股票发行和转让行为合法合规；

（五）主办券商推荐并持续督导；

（六）全国股份转让系统公司要求的其他条件。

2.2 申请挂牌公司应当与主办券商签订推荐挂牌并持续督导协议，按照全国股份转让系统公司的有关规定编制申请文件，并向全国股份转让系统公司申报。

2.3 全国股份转让系统公司对挂牌申请文件审查后，出具是否同意挂牌的审查意见。

2.4 申请挂牌公司取得全国股份转让系统公司同意挂牌的审查意见及中国证监会核准文件后，按照全国股份转让系统公司规定的有关程序办理挂牌手续。

申请挂牌公司应当在其股票挂牌前与全国股份转让系统公司签署挂牌协议，明确双方的权利、义务和有关事项。

2.5 申请挂牌公司应当在其股票挂牌前依照全国股份转让系统公司的规定披露公开转让说明书等文件。

2.6 申请挂牌公司在其股票挂牌前实施限制性股票或股票期权等股权激励计划且尚未行权完毕的，应当在公开转让说明书中披露股权激励计划等情况。

2.7 申请挂牌公司在其股票挂牌前，应当与中国证券登记结算有限责任公司（以下简称“中国结算”）签订证券登记及服务协议，办理全部股票的集中登记。

2.8 挂牌公司控股股东及实际控制人在挂牌前直接或间接持有的股票分三批解除转让限制，每批解除转让限制的数量均为其挂牌前所持股票的1/3，解除转让限制的时间分别为挂牌之日、挂牌期满一年和两年。

挂牌前 12 个月以内控股股东及实际控制人直接或间接持有的股票进行过转让的，该股票的管理按照前款规定执行，主办券商为开展做市业务取得的做市初始库存股票除外。

因司法裁决、继承等原因导致有限售期的股票持有人发生变更的，后续持有人应继续执行股票限售规定。

2.9 股票解除转让限制，应由挂牌公司向主办券商提出，由主办券商报全国股份转让系统公司备案。全国股份转让系统公司备案确认后，通知中国结算办理解除限售登记。

第三章 股票转让

第一节 一般规定

3.1.1 股票转让采用无纸化的公开转让形式，或经中国证监会批准的其他转让形式。

3.1.2 股票转让可以采取协议方式、做市方式、竞价方式或其他中国证监会批准的转让方式。经全国股份转让系统公司同意，挂牌股票可以转换转让方式。

3.1.3 挂牌股票采取协议转让方式的，全国股份转让系统公司同时提供集合竞价转让安排。

3.1.4 挂牌股票采取做市转让方式的，须有两家以上从事做市业务的主办券商（以下简称“做市商”）为其提供做市报价服务。

做市商应当在全国股份转让系统持续发布买卖双向报价，并在报价价位和数量范围内履行与投资者的成交义务。做市转让方式下，投资者之间不能成交。全国股份转让系统公司另有规定的除外。

3.1.5 全国股份转让系统为证券转让提供相关设施，包括交易主机、交易单元、报盘系统及相关通信系统等。

3.1.6 主办券商进入全国股份转让系统进行证券转让，应当先向全国股份转让系统公司申请取得转让权限，成为转让参与人。

3.1.7 股票转让时间为每周一至周五上午 9:15～11:30，下午 13:00～15:00。转让时间内因故停市，转让时间不作顺延。

遇法定节假日和全国股份转让系统公司公告的休市日，全国股份转让系统休市。

3.1.8 全国股份转让系统对股票转让不设涨跌幅限制。全国股份转让系统公司另有规定的除外。

3.1.9 投资者买卖挂牌公司股票，应当开立证券账户和资金账户，并与主办券商签订证券买卖委托代理协议。

投资者开立证券账户，应当按照中国结算的相关规定办理。

3.1.10 主办券商接受投资者的买卖委托后，应当确认投资者具备相应股票或资金，并按照投资者委托的时间先后顺序向全国股份转让系统申报。

3.1.11 买卖挂牌公司股票，申报数量应当为 1 000 股或其整数倍。

卖出挂牌公司股票时，余额不足 1 000 股部分，应当一次性申报卖出。

3.1.12 股票转让的计价单位为“每股价格”。股票转让的申报价格最小变动单位为0.01元人民币。

3.1.13 全国股份转让系统公司可以根据市场需要，调整股票单笔买卖申报数量和申报价格的最小变动单位。

3.1.14 申报当日有效。投资者可以撤销委托申报的未成交部分。

3.1.15 买卖申报经交易主机成交确认后，转让即告成立，买卖双方必须承认转让结果，履行清算交收义务，本规则另有规定的除外。

3.1.16 中国结算作为共同对手方，为股票转让提供清算和多边净额担保交收服务；或不作为共同对手方，提供其他清算、交收等服务。

3.1.17 投资者卖出股票，须委托代理其买入该股票的主办券商办理。如需委托另一家主办券商卖出该股票，须办理股票转托管手续。

3.1.18 投资者因司法裁决、继承等特殊原因需要办理股票过户的，依照中国结算的规定办理。

第二节　转让信息

3.2.1 全国股份转让系统公司每个转让日发布股票转让即时行情、股票转让公开信息等转让信息，及时编制反映市场转让情况的各类报表，并通过全国股份转让系统指定信息披露平台或其他媒体予以公布。

3.2.2 全国股份转让系统公司负责全国股份转让系统信息的统一管理和发布。未经全国股份转让系统公司许可，任何机构和个人不得发布、使用和传播转让信息。经全国股份转让系统公司许可使用转让信息的机构和个人，未经同意不得将转让信息提供给其他机构和个人使用或予以传播。

3.2.3 全国股份转让系统公司可以根据市场发展需要，编制综合指数、成分指数、分类指数等证券指数，随即时行情发布。

证券指数的设置和编制方法，由全国股份转让系统公司另行规定。

第三节 监控与异常情况处理

3.3.1 全国股份转让系统公司对股票转让中出现的异常转让行为进行重点监控，并可以视情况采取盘中临时停止股票转让等措施。

3.3.2 发生下列转让异常情况之一，导致部分或全部转让不能正常进行的，全国股份转让系统公司可以决定单独或同时采取暂缓进入清算交收程序、技术性停牌或临时停市等措施：

（一）不可抗力；

（二）意外事件；

（三）技术故障；

（四）全国股份转让系统公司认定的其他异常情况。

3.3.3 全国股份转让系统公司对暂缓进入清算交收程序、技术性停牌或临时停市决定予以公告。技术性停牌或临时停市原因消除后，全国股份转让系统公司可以决定恢复转让，并予以公告。

因转让异常情况及全国股份转让系统公司采取的相应措施造成损失的，全国股份转让系统公司不承担赔偿责任。

3.3.4 转让异常情况处理的具体规定，由全国股份转让系统公司另行制定并报中国证监会批准。

第四章　挂牌公司

第一节　公司治理

4.1.1 挂牌公司应当按照法律、行政法规、部门规章、全国股份转让系统公司相关业务规定完善公司治理，确保所有股东，特别是中小股东享有平等地位，充分行使合法权利。

4.1.2 挂牌公司应当依据《公司法》及有关非上市公众公司章程必备条款的规定制定公司章程并披露。

挂牌公司应当依照公司章程的规定，规范重大事项的内部决策程序。

4.1.3 挂牌公司与控股股东、实际控制人及其控制的其他企业应实行人员、资产、财务分开，各自独立核算、独立承担责任和风险。

4.1.4 控股股东、实际控制人及其控制的其他企业应切实保证挂牌公司的独立性，不得利用其股东权利或者实际控制能力，通过关联交易、垫付费用、提供担保及其他方式直接或者间接侵占挂牌公司资金、资产，损害挂牌公司及其他股东的利益。

4.1.5 挂牌公司董事会作出的对公司治理机制的讨论评估应当在年度报告中披露。

4.1.6 挂牌公司可以实施股权激励，具体办法另行规定。

第二节　信息披露

4.2.1 挂牌公司应当按照全国股份转让系统公司相关规定编制并披露定期报告和临时报告；上述文件披露前，挂牌公司应当依据公司章程履行内部程序。

挂牌公司应当按照《企业会计准则》的要求编制财务报告，全国股份转让系统公司另有规定的除外。

挂牌公司发生的或者与之有关的事件没有达到全国股份转让系统公司规定的披露标准，或者全国股份转让系统公司没有具体规定，但公司董事会认为该事件对公司股票转让价格可能产生较大影响的，公司应当及时披露。

4.2.2 若挂牌公司有充分依据证明其拟披露的信息属于国家机密、商业秘密，可能导致其违反国家有关保密法律、行政法规规定或者严重损害挂牌公司利益的，可以向全国股份转让系统公司申请豁免披露或履行相关义务。

4.2.3 挂牌公司应当制定并执行信息披露事务管理制度。

挂牌公司设有董事会秘书的，由董事会秘书负责信息披露管理事务；未设董事会秘书的，挂牌公司应指定一名具有相关专业知识的人员负责信息披露管理事务，并向全国股份转让系统公司报备。负责信息披露管理事务的人员应列席公司的董事会和股东大会。

4.2.4 挂牌公司及其他信息披露义务人应当对其披露信息内容的真实性、准确性、完整性承担责任。

4.2.5 挂牌公司、相关信息披露义务人和其他知情人不得泄露内幕信息。

4.2.6 主办券商应对挂牌公司拟披露的信息披露文件进行审查，履行持续督导职责。

4.2.7 全国股份转让系统公司对挂牌公司及其他信息披露义务人已披露的信息进行审查。

4.2.8 挂牌公司出现下列情形之一的，全国股份转让系统公司对股票转让实行风险警示，在公司股票简称前加注标识并公告：

（一）最近一个会计年度的财务会计报告被出具否定意见或者无法表示

意见的审计报告；

（二）最近一个会计年度经审计的期末净资产为负值；

（三）全国股份转让系统公司规定的其他情形。

第三节　定向发行

4.3.1 本业务规则规定的定向发行，是指申请挂牌公司、挂牌公司向特定对象发行股票的行为。

4.3.2 申请挂牌公司、挂牌公司定向发行应当符合全国股份转让系统公司有关投资者适当性管理、信息披露等规定。

4.3.3 按照《管理办法》应申请核准的定向发行，主办券商应当出具推荐文件，挂牌公司取得全国股份转让系统公司同意定向发行的审查意见及中国证监会核准文件后，与全国股份转让系统公司办理定向发行新增股份的挂牌手续。

4.3.4 按照《管理办法》豁免申请核准的定向发行，主办券商应履行持续督导职责并发表意见，挂牌公司在发行验资完毕后填报备案登记表，办理新增股份的登记及挂牌手续。

4.3.5 申请挂牌公司申请股票在全国股份转让系统挂牌的同时定向发行的，应在公开转让说明书中披露。

第四节　暂停与恢复转让

4.4.1 挂牌公司发生下列事项，应当向全国股份转让系统公司申请暂停转让，直至按规定披露或相关情形消除后恢复转让：

（一）预计应披露的重大信息在披露前已难以保密或已经泄露，或公共媒体出现与公司有关传闻，可能或已经对股票转让价格产生较大影响的；

（二）涉及需要向有关部门进行政策咨询、方案论证的无先例或存在重大不确定性的重大事项，或挂牌公司有合理理由需要申请暂停股票转让的其他事项；

（三）向中国证监会申请首次公开发行股票并上市，或向证券交易所申请股票上市；

（四）向全国股份转让系统公司主动申请终止挂牌；

（五）未在规定期限内披露年度报告或者半年度报告；

（六）主办券商与挂牌公司解除持续督导协议；

（七）出现依《公司法》第一百八十一条规定解散的情形，或法院依法受理公司重整、和解或者破产清算申请。

挂牌公司未按规定向全国股份转让系统公司申请暂停股票转让的，主办券商应当及时向全国股份转让系统公司报告并提出处理建议。

4.4.2 全国股份转让系统公司可以根据中国证监会的要求或者基于维护市场秩序的需要，决定挂牌公司股票的暂停与恢复转让事宜。

第五节 终止与重新挂牌

4.5.1 挂牌公司出现下列情形之一的，全国股份转让系统公司终止其股票挂牌：

（一）中国证监会核准其首次公开发行股票申请，或证券交易所同意其股票上市；

（二）终止挂牌申请获得全国股份转让系统公司同意；

（三）未在规定期限内披露年度报告或者半年度报告的，自期满之日起两个月内仍未披露年度报告或半年度报告；

（四）主办券商与挂牌公司解除持续督导协议，挂牌公司未能在股票暂停转让之日起三个月内与其他主办券商签署持续督导协议的；

（五）挂牌公司经清算组或管理人清算并注销公司登记的；

（六）全国股份转让系统公司规定的其他情形。

4.5.2 全国股份转让系统公司在作出股票终止挂牌决定后发布公告，并报中国证监会备案。

挂牌公司应当在收到全国股份转让系统公司的股票终止挂牌决定后及时披露股票终止挂牌公告。

4.5.3 对因本业务规则 4.5.1 条第（三）、（四）项情形终止挂牌的公司，全国股份转让系统公司可以为其提供股票非公开转让服务。

4.5.4 导致公司终止挂牌的情形消除后，经公司申请、主办券商推荐及全国股份转让系统公司同意，公司股票可以重新挂牌。

第五章　主办券商

5.1 主办券商是指在全国股份转让系统从事下列部分或全部业务的证券公司。

（一）推荐业务：推荐申请挂牌公司股票挂牌，持续督导挂牌公司，为挂牌公司定向发行、并购重组等提供相关服务；

（二）经纪业务：代理开立证券账户、代理买卖股票等业务；

（三）做市业务；

（四）全国股份转让系统公司规定的其他业务。

从事前款第一项业务的，应当具有证券承销与保荐业务资格；从事前款第二项业务的，应当具有证券经纪业务资格；从事前款第三项业务的，应当具有证券自营业务资格。

5.2 证券公司在全国股份转让系统开展相关业务前，应向全国股份转让系统公司申请备案。

全国股份转让系统公司同意备案的，与其签订协议，出具备案函并公告。

5.3 主办券商应在取得全国股份转让系统公司备案函后5个转让日内，在全国股份转让系统指定信息披露平台披露公司基本情况、主要业务人员情况及全国股份转让系统公司要求披露的其他信息。

主办券商在全国股份转让系统开展业务期间，应按全国股份转让系统公司要求报送并披露相关执业情况等信息。

主办券商所披露信息内容发生变更的，应按规定及时报告全国股份转让系统公司并进行更新。

5.4 主办券商在全国股份转让系统开展业务，应当建立健全各项业务管理制度和业务操作流程，建立健全风险管理制度和合规管理制度，保障业务依法合规进行，严格防范和控制业务风险。

5.5 主办券商应当实现推荐业务、经纪业务、做市业务及其他业务之间的有效隔离，防范内幕交易，避免利益冲突。

5.6 主办券商开展推荐业务，应勤勉尽责地进行尽职调查和内核，并承担相应责任。

5.7 主办券商应持续督导所推荐挂牌公司诚实守信、规范履行信息披露义务、完善公司治理机制。

主办券商与挂牌公司解除持续督导协议前，应当报告全国股份转让系统公司并说明理由。

5.8 主办券商应当建立健全投资者适当性管理工作制度和业务流程，严格执行全国股份转让系统投资者适当性管理各项要求。

5.9 主办券商发现投资者存在异常交易行为，应提醒投资者；对可能严重影响正常交易秩序的异常交易行为，应及时报告全国股份转让系统公司。

5.10 主办券商开展做市业务不得利用信息优势和资金优势，通过单独或者合谋，以串通报价或相互买卖操纵股票转让价格，损害投资者利益。

5.11 全国股份转让系统公司对主办券商及其从业人员的执业行为进行持续管理，开展现场检查和非现场检查，记录其执业情况、违规行为等信息。

第六章　监管措施与违规处分

6.1 全国股份转让系统公司可以对本业务规则 1.4 条规定的监管对象采取下列自律监管措施：

（一）要求申请挂牌公司、挂牌公司及其他信息披露义务人或者其董事（会）、监事（会）和高级管理人员、主办券商、证券服务机构及其相关人员对有关问题作出解释、说明和披露；

（二）要求申请挂牌公司、挂牌公司聘请中介机构对公司存在的问题进行核查并发表意见；

（三）约见谈话；

（四）要求提交书面承诺；

（五）出具警示函；

（六）责令改正；

（七）暂不受理相关主办券商、证券服务机构或其相关人员出具的文件；

（八）暂停解除挂牌公司控股股东、实际控制人的股票限售；

（九）限制证券账户交易；

（十）向中国证监会报告有关违法违规行为；

（十一）其他自律监管措施。

监管对象应当积极配合全国股份转让系统公司的日常监管，在规定期限内回答问询，按照全国股份转让系统公司的要求提交说明，或者披露相应的更正或补充公告。

6.2 申请挂牌公司、挂牌公司、相关信息披露义务人违反本业务规则、全国股份转让系统公司其他相关业务规定的，全国股份转让系统公司视情节轻重给予以下处分，并记入证券期货市场诚信档案数据库（以下简称“诚信档案”）：

（一）通报批评；

（二）公开谴责。

6.3 申请挂牌公司、挂牌公司的董事、监事、高级管理人员违反本业务规则、全国股份转让系统公司其他相关业务规定的，全国股份转让系统公司视情节轻重给予以下处分，并记入诚信档案：

（一）通报批评；

（二）公开谴责；

（三）认定其不适合担任公司董事、监事、高级管理人员。

6.4 主办券商违反本业务规则、全国股份转让系统公司其他相关业务规定的，全国股份转让系统公司视情节轻重给予以下处分，并记入诚信档案：

（一）通报批评；

（二）公开谴责；

（三）限制、暂停直至终止其从事相关业务。

6.5 主办券商的相关业务人员违反本业务规则、全国股份转让系统公司其他相关业务规定的，全国股份转让系统公司视情节轻重给予以下处分，并记入诚信档案：

（一）通报批评；

（二）公开谴责。

6.6 会计师事务所、律师事务所、其他证券服务机构及其工作人员违反本业务规则、全国股份转让系统公司其他相关业务规定的，全国股份转让系统公司视情节轻重给予以下处分，记入诚信档案并向相关行业自律组织通报：

（一）通报批评；

（二）公开谴责。

6.7 全国股份转让系统公司设立纪律处分委员会对本业务规则规定的纪律处分事项进行审核，作出独立的专业判断并形成审核意见。全国股份转让系统公司根据纪律处分委员会的审核意见，作出是否给予纪律处分的决定。

监管对象不服全国股份转让系统公司作出的纪律处分决定的，可自收到处分通知之日起 15 个工作日内向全国股份转让系统公司申请复核，复核期间该处分决定不停止执行。

第七章　附则

7.1 原证券公司代办股份转让系统挂牌的 STAQ、NET 系统公司和退市公司的股票转让、信息披露等事项另行规定。

7.2 本业务规则所称“以上”、“以内”含本数，“超过”不含本数。

7.3 本业务规则由全国股份转让系统公司负责解释。

7.4 本业务规则经中国证监会批准后生效，自发布之日起实施。

附录 B

全国中小企业股份转让系统股票挂牌条件适用基本标准指引（试行）

全国中小企业股份转让系统有限责任公司按照“可把控、可举证、可识别”的原则，对《全国中小企业股份转让系统业务规则（试行）》规定的六项挂牌条件进行细化，形成基本标准如下。

一、依法设立且存续满两年

（一）依法设立，是指公司依据《公司法》等法律、法规及规章的规定向公司登记机关申请登记，并已取得《企业法人营业执照》。

1．公司设立的主体、程序合法、合规。

（1）国有企业需提供相应的国有资产监督管理机构或国务院、地方政府授权的其他部门、机构关于国有股权设置的批复文件。

（2）外商投资企业须提供商务主管部门出具的设立批复文件。

（3）《公司法》修改（2006年1月1日）前设立的股份公司，须取得国务院授权部门或者省级人民政府的批准文件。

2．公司股东的出资合法、合规，出资方式及比例应符合《公司法》相关规定。

（1）以实物、知识产权、土地使用权等非货币财产出资的，应当评估作价，核实财产，明确权属，财产权转移手续办理完毕。

（2）以国有资产出资的，应遵守有关国有资产评估的规定。

（3）公司注册资本缴足，不存在出资不实情形。

（二）存续两年是指存续两个完整的会计年度。

（三）有限责任公司按原账面净资产值折股整体变更为股份有限公司的，存续时间可以从有限责任公司成立之日起计算。整体变更不应改变历史成本计价原则，不应根据资产评估结果进行账务调整，应以改制基准日经审计的净资产额为依据折合为股份有限公司股本。申报财务报表最近一期截止日不得早于改制基准日。

二、业务明确，具有持续经营能力

（一）业务明确，是指公司能够明确、具体地阐述其经营的业务、产品或服务、用途及其商业模式等信息。

（二）公司可同时经营一种或多种业务，每种业务应具有相应的关键资源要素，该要素组成应具有投入、处理和产出能力，能够与商业合同、收入或成本费用等相匹配。

1．公司业务如需主管部门审批，应取得相应的资质、许可或特许经营权等。

2．公司业务须遵守法律、行政法规和规章的规定，符合国家产业政策及环保、质量、安全等要求。

（三）持续经营能力，是指公司基于报告期内的生产经营状况，在可预见的将来，有能力按照既定目标持续经营下去。

1．公司业务在报告期内应有持续的营运记录，不应仅存在偶发性交易或事项。营运记录包括现金流量、营业收入、交易客户、研发费用支出等。

2．公司应按照《企业会计准则》的规定编制并披露报告期内的财务报表，公司不存在《中国注册会计师审计准则第 1324 号——持续经营》中列举的影响其持续经营能力的相关事项，并由具有证券期货相关业务资格的会计师事务所出具标准无保留意见的审计报告。

财务报表被出具带强调事项段的无保留审计意见的，应全文披露审计报告正文及董事会、监事会和注册会计师对强调事项的详细说明，并披露董事会和监事会对审计报告涉及事项的处理情况，说明该事项对公司的影响是否重大、影响是否已经消除、违反公允性的事项是否已予纠正。

3．公司不存在依据《公司法》第一百八十一条规定解散的情形，或法院依法受理重整、和解或者破产申请。

三、公司治理机制健全，合法合规经营

（一）公司治理机制健全，是指公司按规定建立股东大会、董事会、监事会和高级管理层（以下简称“三会一层”）组成的公司治理架构，制定相应的公司治理制度，并能证明有效运行，保护股东权益。

1．公司依法建立“三会一层”，并按照《公司法》、《非上市公众公司监督管理办法》及《非上市公众公司监管指引第3号——章程必备条款》等规定建立公司治理制度。

2．公司“三会一层”应按照公司治理制度进行规范运作。在报告期内的有限公司阶段应遵守《公司法》的相关规定。

3．公司董事会应对报告期内公司治理机制执行情况进行讨论、评估。

（二）合法合规经营，是指公司及其控股股东、实际控制人、董事、监事、高级管理人员须依法开展经营活动，经营行为合法、合规，不存在重大违法违规行为。

1．公司的重大违法违规行为是指公司最近24个月内因违反国家法律、行政法规、规章的行为，受到刑事处罚或适用重大违法违规情形的行政处罚。

（1）行政处罚是指经济管理部门对涉及公司经营活动的违法违规行为给予的行政处罚。

（2）重大违法违规情形是指，凡被行政处罚的实施机关给予没收违法所

得、没收非法财物以上行政处罚的行为，属于重大违法违规情形，但处罚机关依法认定不属于的除外；被行政处罚的实施机关给予罚款的行为，除主办券商和律师能依法合理说明或处罚机关认定该行为不属于重大违法违规行为的，都视为重大违法违规情形。

（3）公司最近 24 个月内不存在涉嫌犯罪被司法机关立案侦查，尚未有明确结论意见的情形。

2．控股股东、实际控制人合法合规，最近24个月内不存在涉及以下情形的重大违法违规行为：

（1）控股股东、实际控制人受刑事处罚；

（2）受到与公司规范经营相关的行政处罚，且情节严重（情节严重的界定参照前述规定）；

（3）涉嫌犯罪被司法机关立案侦查，尚未有明确结论意见。

3．现任董事、监事和高级管理人员应具备和遵守《公司法》规定的任职资格和义务，不应存在最近 24 个月内受到中国证监会行政处罚或者被采取证券市场禁入措施的情形。

（三）公司报告期内不应存在股东包括控股股东、实际控制人及其关联方占用公司资金、资产或其他资源的情形。如有，应在申请挂牌前予以归还或规范。

（四）公司应设有独立财务部门进行独立的财务会计核算，相关会计政策能如实反映企业财务状况、经营成果和现金流量。

四、股权明晰，股票发行和转让行为合法合规

（一）股权明晰，是指公司的股权结构清晰，权属分明，真实确定，合

法合规，股东特别是控股股东、实际控制人及其关联股东或实际支配的股东持有公司的股份不存在权属争议或潜在纠纷。

1．公司的股东不存在国家法律、法规、规章及规范性文件规定不适宜担任股东的情形。

2．申请挂牌前存在国有股权转让的情形，应遵守国资管理规定。

3．申请挂牌前外商投资企业的股权转让应遵守商务部门的规定。

（二）股票发行和转让合法合规，是指公司的股票发行和转让依法履行必要内部决议、外部审批（如有）程序，股票转让须符合限售的规定。

1．公司股票发行和转让行为合法合规，不存在下列情形：

（1）最近 36 个月内未经法定机关核准，擅自公开或者变相公开发行过证券；

（2）违法行为虽然发生在 36 个月前，目前仍处于持续状态，但《非上市公众公司监督管理办法》实施前形成的股东超200人的股份有限公司经中国证监会确认的除外。

2．公司股票限售安排应符合《公司法》和《全国中小企业股份转让系统业务规则（试行）》的有关规定。

（三）在区域股权市场及其他交易市场进行权益转让的公司，申请股票在全国股份转让系统挂牌前的发行和转让等行为应合法合规。

（四）公司的控股子公司或纳入合并报表的其他企业的发行和转让行为需符合本指引的规定。

五、主办券商推荐并持续督导

（一）公司须经主办券商推荐，双方签署了《推荐挂牌并持续督导协议》。

（二）主办券商应完成尽职调查和内核程序，对公司是否符合挂牌条件发表独立意见，并出具推荐报告。

六、全国股份转让系统公司要求的其他条件

无。

附录 C

全国中小企业股份转让系统做市商做市业务管理规定（试行）

第一条　为加强对做市商做市业务的监督管理，规范做市商行为，保护投资者合法权益，根据《全国中小企业股份转让系统业务规则（试行）》（以下简称《业务规则》）、《全国中小企业股份转让系统股票转让细则（试行）》（以下简称《转让细则》）、《全国中小企业股份转让系统主办券商管理细则》（以下简称《管理细则》）等相关规定，制定本规定。

第二条　本规定所称做市商是指经全国中小企业股份转让系统有限责任公司（以下简称全国股份转让系统公司）同意，在全国中小企业股份转让系统（以下简称全国股份转让系统）发布买卖双向报价，并在其报价数量范围内按其报价履行与投资者成交义务的证券公司或其他机构。

第三条　做市商及其做市业务人员应当遵守法律法规和全国股份转让系统相关规定，勤勉尽责、诚实守信，接受全国股份转让系统公司的自律管理。

第四条　证券公司在全国股份转让系统开展做市业务前，应当向全国股份转让系统公司申请备案。其他机构在全国股份转让系统开展做市业务的具体规定，由全国股份转让系统公司另行制定。

第五条　证券公司申请在全国股份转让系统开展做市业务，应当具备下列条件：

（一）具备证券自营业务资格；

（二）设立做市业务专门部门，配备开展做市业务必要人员；

（三）建立做市业务管理制度；

（四）具备做市业务专用技术系统；

（五）全国股份转让系统公司规定的其他条件。

第六条 证券公司在全国股份转让系统开展做市业务申请备案，应向全国股份转让系统公司提交下列文件：

（一）申请书；

（二）证券公司基本情况申报表；

（三）《经营证券业务许可证》（副）复印件；

（四）做市业务实施方案，包括做市业务部门设置、人员配备与分工情况、做市业务管理制度、做市业务专用技术系统准备情况说明、做市业务实施方案的合规审查意见等；

（五）最近一年度经审计的财务报告、净资本计算表、风险控制指标监管报表、风险资本准备计算表；

（六）全国股份转让系统公司要求提交的其他文件。

第七条 证券公司申请文件齐备的，全国股份转让系统公司予以受理。全国股份转让系统公司自受理之日起 10 个转让日内向证券公司出具是否同意从事做市业务的备案函，并予以公告。

第八条 全国股份转让系统公司根据审慎原则，可对做市商做市业务专用技术系统、业务实施情况等进行现场检查。

第九条 做市商做市业务人员应当具备下列条件：

（一）已取得证券从业资格；

（二）具备证券投资、投资顾问、投资银行、研究或类似从业经验；

（三）熟悉相关法律、行政法规、部门规章及做市业务规则；

（四）具备良好的诚信记录和职业操守，最近24个月内未受到过中国证监会行政处罚，最近 12 个月内未受到过全国股份转让系统公司、证券交易所、证券业协会、基金业协会等自律组织处分；

（五）全国股份转让系统公司规定的其他条件。

做市业务人员应当签署《做市业务人员自律承诺书》，并向全国股份转让系统公司报备。

第十条　做市商做市专用技术系统应当满足以下要求：

（一）符合《全国中小企业股份转让系统交易支持平台数据接口规范》；

（二）具备开展做市业务所需的委托、报价、成交、行情揭示、数据汇总、统计和查询等必要功能；

（三）系统操作全程留痕；

（四）全国股份转让系统公司规定的其他条件。

做市商应当制定做市专用技术系统安全运行管理制度，并设置必要的数据接口，便于监管部门及时了解和检查做市业务相关情况。

第十一条　做市商应当建立健全下列做市业务内部管理制度：

（一）做市股票报价管理制度，包括做市股票报价的决策与执行程序、报价调整和报价监控机制等；

（二）做市库存股票管理制度，包括做市股票论证、获取、处置的决策程序和库存股票动态调节机制等；

（三）做市资金管理制度，包括做市资金审批、调拨和使用流程等；

（四）业务隔离制度，确保做市业务与推荐业务、证券投资咨询、证券自营、证券经纪、证券资产管理等业务在机构、人员、信息、账户、资金上严格分离；

（五）风险控制与合规管理制度，包括做市业务风险识别、评估和控制机制、做市业务的合规检查与评估机制等；

（六）异常情况处理制度，包括突发事件处理预案、异常情况处理机制等；

（七）内部报告与留痕制度，包括业务运作、风险监控、合规管理及其他相关信息的报告路径及反馈机制、强制留痕制度等；

（八）全国股份转让系统公司规定的其他制度。

第十二条　做市商应当对做市业务进行集中统一管理，建立做市业务相关决策、授权与执行体系。明确做市业务决策机构与决策机制，合理确定做市业务规模和可承受的风险限额。

第十三条　做市商应设立做市业务部门，专职负责做市业务的具体管理和运作。做市业务部门应制定规范的做市业务操作规程，明确部门内部岗位设置及职责分工。

第十四条　做市商及其做市业务人员应依法、合规开展做市业务，不得从事下列行为：

（一）不履行或不规范履行报价义务；

（二）利用内幕信息进行投资决策和交易；

（三）利用信息优势和资金优势，单独或者通过合谋，制造异常价格波动；

（四）以不正当方式影响其他做市商做市；

（五）与其他做市商通过串通报价或私下交换做市策略、做市库存股票数量等信息谋取不正当利益；

（六）与所做市的挂牌公司及其股东就股权回购、现金补偿等作出约定；

（七）做市业务人员通过做市向自身或利益相关者进行利益输送；

（八）全国股份转让系统公司规定的其他行为。

第十五条　做市商应当于每月的前5个转让日内向全国股份转让系统公司报送上月做市业务情况报告，包括但不限于合规情况、履行做市义务情况、做市股票库存、做市业务盈亏及相关风险控制指标等信息。

第十六条　做市商应当积极配合全国股份转让系统公司的自律管理，按照全国股份转让系统公司要求及时说明情况，提供相关文件、资料，不得拒绝或者拖延提供有关资料，不得提供虚假、误导性或者不完整的资料。

第十七条　全国股份转让系统公司对做市商及其做市业务人员执业情况进行持续记录，建立做市业务评价体系，并可将相关信息予以公开。

第十八条　做市商主动终止从事做市业务的，应当向全国股份转让系统公司提出申请。全国股份转让系统公司同意其终止从事做市业务的，自受理之日起10个转让日内书面通知该做市商并公告。

做市商因违反本规定或其他全国股份转让系统相关规定被终止从事做市业务的，全国股份转让系统公司书面通知该做市商并公告。

第十九条　做市商终止从事做市业务，应当制定业务处置方案，做好业务终止后续处置工作，包括做市库存股票处理、做市专用证券账户注销等，并将处置方案、处置情况及时报告全国股份转让系统公司。

第二十条　做市商违反本规定的，全国股份转让系统公司可以视情况采取以下措施，并记入诚信档案：

（一）约见谈话；

（二）要求提交书面承诺；

（三）出具警示函；

（四）责令改正；

（五）通报批评；

（六）公开谴责；

（七）暂停、限制直至终止其从事做市业务；

（八）向中国证监会报告有关违法违规行为。

第二十一条　做市业务人员违反本规定的，全国股份转让系统公司可以视情况采取以下措施，并记入诚信档案：

（一）约见谈话；

（二）责令参加培训；

（三）责令所在机构给予处分；

（四）通报批评；

（五）公开谴责；

（六）向中国证监会报告有关违法违规行为。

第二十二条　本规定由全国股份转让系统公司负责解释。

第二十三条　本规定自发布之日起施行。

附录 D

全国中小企业股份转让系统投资者适当性管理细则（试行）

第一条　为促进全国中小企业股份转让系统（以下简称全国股份转让系统）平稳、有序发展，提示市场风险，引导投资者理性参与挂牌公司股票公开转让等相关业务，保护投资者合法权益，根据中国证券监督管理委员会（以下简称中国证监会）有关规定及《全国中小企业股份转让系统业务规则（试行）》（以下简称《业务规则》），制定本细则。

第二条　投资者参与挂牌公司股票公开转让等相关业务，应当熟悉全国股份转让系统相关规定，了解挂牌公司股票风险特征，结合自身风险偏好确定投资目标，客观评估自身的心理和生理承受能力、风险识别能力及风险控制能力，审慎决定是否参与挂牌公司股票公开转让等业务。

第三条　下列机构投资者可以申请参与挂牌公司股票公开转让：

（一）注册资本500万元人民币以上的法人机构；

（二）实缴出资总额500万元人民币以上的合伙企业。

第四条　集合信托计划、证券投资基金、银行理财产品、证券公司资产管理计划，以及由金融机构或者相关监管部门认可的其他机构管理的金融产品或资产，可以申请参与挂牌公司股票公开转让。

第五条　同时符合下列条件的自然人投资者可以申请参与挂牌公司股票公开转让：

（一）投资者本人名下前一交易日日终证券类资产市值500万元人民币以上。证券类资产包括客户交易结算资金、在沪深交易所和全国股份转让系统挂牌的股票、基金、债券、券商集合理财产品等，信用证券账户资产除外。

（二）具有两年以上证券投资经验，或具有会计、金融、投资、财经等相关专业背景或培训经历。

投资经验的起算时间点为投资者本人名下账户在全国股份转让系统、上海证券交易所或深圳证券交易所发生首笔股票交易之日。

第六条　下列投资者可以参与挂牌公司股票定向发行：

（一）《非上市公众公司监督管理办法》第三十九条规定的投资者；

（二）符合参与挂牌公司股票公开转让条件的投资者。

第七条　公司挂牌前的股东、通过定向发行持有公司股份的股东等，如不符合参与挂牌公司股票公开转让条件，只能买卖其持有或曾持有的挂牌公司股票。

已经参与挂牌公司股票买卖的投资者保持原有交易权限不变。

第八条　主办券商应当根据中国证监会有关规定及本细则要求，制定投资者适当性管理实施方案，建立健全工作制度，完善内部分工和业务流程，并报全国中小企业股份转让系统有限责任公司（以下简称全国股份转让系统公司）备案。

第九条　主办券商应当切实履行投资者适当性管理职责，了解投资者的身份、财务状况、证券投资经验等相关信息，评估投资者的风险承受能力和风险识别能力，有针对性地开展风险揭示、投资者知识普及、投资者服务等工作，引导投资者审慎参与挂牌公司股票公开转让等相关业务。

第十条　主办券商应当认真审核投资者提交的相关材料，并与投资者书面签署《买卖挂牌公司股票委托代理协议》和《挂牌公司股票公开转让特别风险揭示书》。

投资者应抄录《挂牌公司股票公开转让特别风险揭示书》中的特别声明。

第十一条　投资者应当配合主办券商投资者适当性管理工作，如实提供申报材料。投资者不予配合或提供虚假信息的，主办券商可以拒绝为其办理挂牌公司股票公开转让相关业务。

第十二条　主办券商应当妥善保管投资者的档案资料，除依法配合调查和检查外，应当为投资者保密。

第十三条　主办券商应当结合所了解的投资者信息和投资者参与挂牌公司股票转让的情况，定期开展对投资者风险承受能力的持续评估工作，并留存评估结果备查。

第十四条　主办券商应当针对不同类别的投资者制订服务方案和管理流程，根据客户的不同特点，讲解全国股份转让系统业务规则和风险特点，提示参与挂牌公司股票公开转让可能面临的风险。

第十五条　主办券商应当妥善保存业务办理、投资者服务过程中风险揭示的语音或影像留痕。

第十六条　主办券商发现客户存在异常交易行为或者违法违规行为时，应当根据全国股份转让系统公司相关规定及时提醒客户，并向全国股份转让系统公司报告。

第十七条　全国股份转让系统公司对存在异常交易行为的投资者采取口头或书面警示等监管措施的，主办券商应当及时与投资者取得联系，告知其有关监管要求和采取的监管措施。

对出现异常交易行为的投资者，全国股份转让系统公司可以限制其交易，主办券商应当予以配合。

第十八条　主办券商应当为投资者提供合理的投诉渠道，指定专门部门受理投诉，妥善处理与投资者的矛盾和纠纷，并认真做好记录工作。

第十九条　主办券商应当配合全国股份转让系统公司对其投资者适当性管理执行情况进行检查，如实提供投资者开户资料、资金账户情况等信息，不得隐瞒、阻碍和拒绝。

第二十条　主办券商及其相关业务人员违反本细则规定，全国股份转让系统公司可依据《业务规则》等有关规定采取相应的监管措施或纪律处分。

第二十一条　本细则所称“以上”含本数。

第二十二条　本细则由全国股份转让系统公司负责解释。

第二十三条　本细则自发布之日起施行。

附录 E

《全国中小企业股份转让系统有限责任公司管理暂行办法》

第一章 总则

第一条 为加强对全国中小企业股份转让系统有限责任公司（以下简称全国股份转让系统公司）的管理，明确其职权与责任，维护股票挂牌转让及相关活动的正常秩序，根据《公司法》、《证券法》等法律、行政法规，制定本办法。

第二条 全国中小企业股份转让系统（以下简称全国股份转让系统）是经国务院批准设立的全国性证券交易场所。

第三条 股票在全国股份转让系统挂牌的公司（以下简称挂牌公司）为非上市公众公司，股东人数可以超过200人，接受中国证券监督管理委员会（以下简称中国证监会）的统一监督管理。

第四条 全国股份转让系统公司负责组织和监督挂牌公司的股票转让及相关活动，实行自律管理。

第五条 全国股份转让系统公司应当坚持公益优先的原则，维护公开、公平、公正的市场环境，保证全国股份转让系统的正常运行，为全国股份转让系统各参与人提供优质、高效、低成本的金融服务。

第六条 全国股份转让系统的股票挂牌转让及相关活动，必须遵守法律、行政法规和各项规章规定，禁止欺诈、内幕交易、操纵市场等违法违规行为。

第七条 中国证监会依法对全国股份转让系统公司、全国股份转让系统的各项业务活动及各参与人实行统一监督管理，维护全国股份转让系统运行秩序，依法查处违法违规行为。

第二章 全国股份转让系统公司的职能

第八条 全国股份转让系统公司的职能包括：

（一）建立、维护和完善股票转让相关技术系统和设施；

（二）制定和修改全国股份转让系统业务规则；

（三）接受并审查股票挂牌及其他相关业务申请，安排符合条件的公司股票挂牌；

（四）组织、监督股票转让及相关活动；

（五）对主办券商等全国股份转让系统参与人进行监管；

（六）对挂牌公司及其他信息披露义务人进行监管；

（七）管理和公布全国股份转让系统相关信息；

（八）中国证监会批准的其他职能。

第九条 全国股份转让系统公司应当就股票挂牌、股票转让、主办券商管理、挂牌公司管理、投资者适当性管理等依法制定基本业务规则。

全国股份转让系统公司制定与修改基本业务规则，应当经中国证监会批准。制定与修改其他业务规则，应当报中国证监会备案。

第十条 全国股份转让系统挂牌新的证券品种或采用新的转让方式，应当报中国证监会批准。

第十一条 全国股份转让系统公司应当为组织公平的股票转让提供保障，公布股票转让即时行情。未经全国股份转让系统公司许可，任何单位和个人不得发布、使用或传播股票转让即时行情。

第十二条　全国股份转让系统公司收取的资金和费用应当符合有关主管部门的规定，并优先用于维护和完善相关技术系统和设施。

全国股份转让系统公司应当制定专项财务管理规则，并报中国证监会备案。

第十三条　全国股份转让系统公司应当从其收取的费用中提取一定比例的金额设立风险基金。风险基金提取和使用的具体办法，由中国证监会另行制定。

第十四条　全国股份转让系统的登记结算业务由中国证券登记结算有限责任公司负责。全国股份转让系统公司应当与其签订业务协议，并报中国证监会备案。

第三章　全国股份转让系统公司的组织机构

第十五条　全国股份转让系统公司应当按照《公司法》等法律、行政法规和中国证监会的规定，制定公司章程，明确股东会、董事会、监事会和经理层之间的职责划分，建立健全内部组织机构，完善公司治理。

全国股份转让系统公司章程的制定和修改，应当经中国证监会批准。

第十六条　全国股份转让系统公司的股东应当具备法律、行政法规和中国证监会规定的资格条件，股东持股比例应当符合中国证监会的有关规定。

全国股份转让系统公司新增股东或原股东转让所持股份的，应当报中国证监会批准。

第十七条　全国股份转让系统公司董事会、监事会的组成及议事规则应当符合有关法律、行政法规和中国证监会的规定，并报中国证监会备案。

第十八条　全国股份转让系统公司董事长、副董事长、监事会主席及高级管理人员由中国证监会提名，任免程序和任期遵守《公司法》和全国股份转让系统公司章程的有关规定。

前款所述高级管理人员的范围，由全国股份转让系统公司章程规定。

第十九条　全国股份转让系统公司应当根据需要设立专门委员会。各专门委员会的组成及议事规则报中国证监会备案。

第四章　全国股份转让系统公司的自律监管

第二十条　全国股份转让系统实行主办券商制度。在全国股份转让系统从事主办券商业务的证券公司称为主办券商。

主办券商业务包括推荐股份公司股票挂牌，对挂牌公司进行持续督导，代理投资者买卖挂牌公司股票，为股票转让提供做市服务及其他全国股份转让系统公司规定的业务。

第二十一条　全国股份转让系统公司依法对股份公司股票挂牌、定向发行等申请及主办券商推荐文件进行审查，出具审查意见。

全国股份转让系统公司应当与符合条件的股份公司签署挂牌协议，确定双方的权利义务关系。

第二十二条　全国股份转让系统公司应当督促申请股票挂牌的股份公司、挂牌公司及其他信息披露义务人，依法履行信息披露义务，真实、准确、完整、及时地披露信息，不得有虚假记载、误导性陈述或者重大遗漏。

第二十三条　挂牌公司应当符合全国股份转让系统持续挂牌条件，不符合持续挂牌条件的，全国股份转让系统公司应当及时作出股票暂停或终止挂牌的决定，及时公告，并报中国证监会备案。

第二十四条　挂牌股票转让可以采取做市方式、协议方式、竞价方式或证监会批准的其他转让方式。

第二十五条　全国股份转让系统实行投资者适当性管理制度。参与股票转让的投资者应当具备一定的证券投资经验和相应的风险识别与承担能力，了解熟悉相关业务规则。

第二十六条　因突发性事件而影响股票转让的正常进行时，全国股份转让系统公司可以采取技术性停牌措施；因不可抗力的突发性事件或者为维护股票转让的正常秩序，可以决定临时停市。

全国股份转让系统公司采取技术性停牌或者决定临时停市，应当及时报告中国证监会。

第二十七条　全国股份转让系统公司应当建立市场监控制度及相应技术系统，配备专门市场监察人员，依法对股票转让实行监控，及时发现、及时制止内幕交易、市场操纵等异常转让行为。

对违反法律法规及业务规则的，全国股份转让系统公司应当及时采取自律监管措施，并视情节轻重或根据监管要求，及时向中国证监会报告。

第二十八条　全国股份转让系统公司应当督促主办券商、律师事务所、会计师事务所等为挂牌转让等相关业务提供服务的证券服务机构和人员，诚实守信、勤勉尽责，严格履行法定职责，遵守法律法规和行业规范，并对出具文件的真实性、准确性、完整性负责。

第二十九条　全国股份转让系统公司发现相关当事人违反法律法规及业务规则的，可以依法采取自律监管措施，并报中国证监会备案。依法应当由中国证监会进行查处的，全国股份转让系统公司应当向中国证监会提出查处建议。

第五章 监督管理

第三十条 全国股份转让系统公司应当向中国证监会报告股东会、董事会、监事会、总经理办公会议和其他重要会议的会议纪要，全国股份转让系统运行情况，全国股份转让系统公司自律监管职责履行情况、日常工作动态及中国证监会要求报告的其他信息。

全国股份转让系统公司的其他报告义务，比照执行证券交易所管理有关规定。

第三十一条 中国证监会有权要求全国股份转让系统公司对其章程和业务规则进行修改。

第三十二条 中国证监会依法对全国股份转让系统公司进行监管，开展定期、不定期的现场检查，并对其履职和运营情况进行评估与考核。

全国股份转让系统公司及相关人员违反本办法规定，在监管工作中不履行职责，或者不履行本办法规定的有关义务，中国证监会比照证券交易所管理有关规定进行查处。

第六章 附则

第三十三条 全国股份转让系统公司为其他证券品种提供挂牌转让服务的，比照本办法执行。

第三十四条 在证券公司代办股份转让系统的原 STAQ、NET 系统挂牌公司和退市公司及其股份转让相关活动，由全国股份转让系统公司负责监督管理。

第三十五条 本办法自公布之日起施行。

附录 F

国外及中国台湾类似市场情况及启示

F.1　美国场外市场情况

美国多层次资本市场发展完善，主要包括：纽约证券交易所（简称纽交所）、美国证券交易所（简称美交所）、纳斯达克（NASDAQ）市场、OTCBB（场外柜台交易系统）及粉单市场。纽约证券交易所与美国证券交易所为最高层次的全国性资本市场，共同构成美国资本市场的场内市场。纽交所主要向资本雄厚的大企业提供上市及股权融资服务，其中纽交所的高增长板则重点向具备高成长特征的中小企业提供资本市场服务，类似于国内创业板；美交所则主要面向中小型企业提供上市及股权融资服务。

美国场外市场包括 NASDAQ、OTCBB 市场及粉单市场。NASDAQ 市场成立于 1971 年，成立之初主要为当时所有 OTC 证券提供报价服务。之后随着 NASDAQ 市场逐渐发展为场外市场的最高层次，开始为大型企业及具有高增长特性的高科技企业提供股权运作平台。

OTCBB 市场由全国证券商协会（NASD）于 1990 年 6 月设立，将一部分流动性较好的优质股票转移到OTCBB 市场进行交易。OTCBB 与 NASDAQ 最本质的不同在于，它是一个会员报价媒介，而不是符合一定财务和非财务标准的公众公司上市、资本运作的平台，是一个专为未能在 NASDAQ 市场上市的公司提供自动报价服务的电子系统。

粉单市场为一家为未上市企业及不在 OTCBB 市场进行交易的证券提供报价服务的私人机构，基本不受监管层的监管。

美国多层次资本市场结构（2012 年数据）如表 F-1 所示。中、美多层次资本市场对比如图 F-1 所示。

表 F-1　美国多层次资本市场结构（2012 年数据）

市　场	公司家数	总市值（万亿美元）	年成交额（万亿美元）
纽交所	1823	12.6	25.38

续表

市　　场	公司家数	总市值（万亿美元）	年成交额（万亿美元）
纽交所高增长板	6055	17.6	50.94
NASDAQ	2536	4.43	12.85
OTCBB	2045	0.05	0.02
粉单及其他场外市场	7945	0.11	0.06

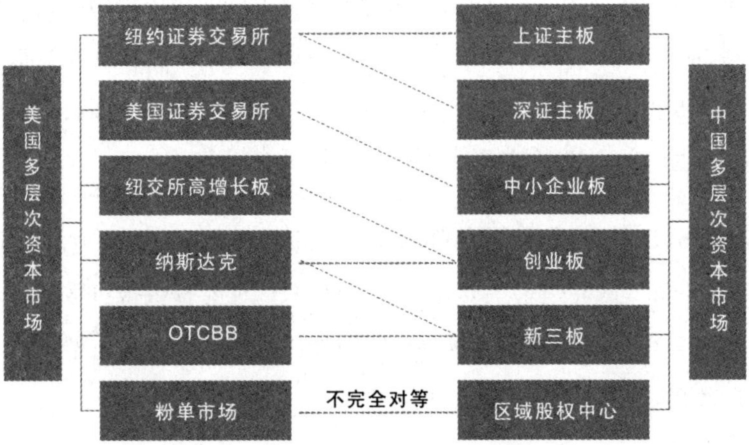

图 F-1　中、美多层次资本市场对比

F.1.1　美国 NASDAQ 市场

1. NASDAQ 市场简介

纳斯达克始建于 1971 年，是一个完全采用电子交易、为新兴产业提供竞争舞台、自我监管、面向全球的股票市场。纳斯达克是全美国也是全世界最大的股票电子交易市场。

纳斯达克（NASDAQ）股票市场是世界上主要的股票市场中成长速度最快的市场，而且它是首家电子化的股票市场。天天在美国市场上换手的股票中有超过半数的交易是在纳斯达克上进行的，将近有 5 400 家公司的证券在这个市场上挂牌。纳斯达克在传统的交易方式上通过应用当今先进的技术和信息——计算机和电信技术使它与其他股票市场相比独树一帜，519 家做市商在纳斯达克上提供了 6 万个竞买和竞卖价格。这些大范围的活动由一个庞大的计算机网络进行处理，向遍布 52 个国家和地区的投资者显示其中的最优报价（包括 70 多个计算机终端）。

纳斯达克拥有各种各样的做市商，投资者在纳斯达克市场上任何一只挂牌股票的交易都采取公开竞争来完成——用他们的自有资本来买卖纳斯达克股票。这种竞争活动和资本提供活动使交易活跃地进行，广泛有序的市场指令的迅速执行为大小投资者买卖股票提供了有利条件。这一切不同于拍卖市场。它有一个单独的指定交易员，或特定的人。这个人被指定负责一种股票在这处市场上的所有交易，并负责撮合买卖双方，在必要时为了保持交易的不断进行还要充当交易者的角色。

2. NASDAQ 上市标准

NASDAQ 上市标准如表 F-2 所示。

表 F-2　NASDAQ 上市标准

标准一	标准二	标准三
（1）股东权益达 1 500 万美元； （2）最近一个财政年度或者最近三年中的两年中拥有 100 万美元的税前收入； （3）110 万的公众持股量； （4）公众持股的价值达 800 万美元； （5）每股买价至少为 5 美元； （6）至少有 400 个持 100 股以上的股东； （7）3 个做市商； （8）须满足公司治理要求	（1）股东权益达 3 000 万美元； （2）110 万股公众持股； （3）公众持股的市场价值达 1 800 万美元； （4）每股买价至少为 5 美元； （5）至少有 400 个持 100 股以上的股东； （6）3 个做市商； （7）两年的营运历史； （8）须满足公司治理要求	（1）市场总值为 7 500 万美元；或者资产总额达及收益总额分别达 7 500 万美元； （2）110 万的公众持股量； （3）公众持股的市场价值至少达到 2 000 万美元； （4）每股买价至少为 5 美元； （5）至少有 400 个持 100 股以上的股东； （6）4 个做市商； （7）须满足公司治理要求

注：上述标准为选择性标准，符合其中一条即可。

3．企业要想在纳斯达克上市还需符合三个条件及一个原则

三个条件为：先决条件、消极条件、积极条件；一个原则为诚信原则。

（1）先决条件。经营生物化学、生产技术、医药、科技（硬件、软件、半导体、网络及通信设备）、加盟、制造及零售连锁服务等公司，经济活跃期满一年以上，且具有高成长性、高发展潜力者。

（2）消极条件。有形资产净值在500万美元以上，或最近一年税前净利润在75万美元以上，或最近三年其中两年税前收入在75万美元以上，或公司资本市值在5 000万美元以上。

（3）积极条件。SEC（美国证券交易委员会）及NASDR（美国证券交易商协会）审查通过后，需有300人以上的公众持股才能挂牌。所谓的公众持股依美国证管会手册指出，公众持股人之持有股数需要在整股以上，而美国的整股即为基本流通单位100股。

4．纳斯达克股票市场

纳斯达克股票市场包含纳斯达克全国市场和纳斯达克小额资本市场两个独立市场。

1）纳斯达克全国市场

作为纳斯达克最大而且交易最活跃的股票市场，纳斯达克全国市场有近4 400 只股票挂牌。要想在纳斯达克全国市场折算，这家公司必须满足严格的财务、资本额和共同管理等指标，如表F-3所示。在纳斯达克全国市场中有一些世界上最大和最知名的公司。

表F-3　纳斯达克全国市场上市条件

1．需有300名以上的股东。
2．满足下列条件的其中一条：
① 股东权益（公司净资产）不少于 1 500 万美元，最近三年中至少有一年税前营业收入不少于 100 万美元。

续表

② 股东权益（公司净资产）不少于 3 000 万美元。不少于两年的营业记录。 ③ 在纳斯达克流通的股票市值不低于 7 500 万美元，或者公司总资产、当年总收入不低于 7 500 万美元。 3. 每年的年度财务报表必须提交给美国证管会与公司股东参考。 4. 最少须有三位做市商参与此案（每位登记有案的做市商须在正常的买价与卖价之下有能力买或卖 100 股以上的股票，并且必须在每笔成交后的 90 秒内将所有的成交价及交易量回报给美国证券商同业公会（NASD））

2）纳斯达克小额资本市场

纳斯达克专为成长期的公司提供的市场——纳斯达克小资本额市场有 1 700 多只股票挂牌。作为小型资本额等级的纳斯达克上市标准中，财务指标要求没有全国市场上市标准那样严格，但它们共同管理的标准是一样的，如表 F-4 所示。上市开盘价 4 美元以上必须维持 90 天，之后不得低于 1 美元，否则就要降级到柜台交易告示板；反之若公司营运良好且股价上升到 5 美元以上，则可申请到全国市场交易。

表 F-4　纳斯达克小额资本市场首次上市与持续上市条件

条　　件	首次上市	持续上市
净有形资产或总市值或净收入（在上一个会计年度或者前三年中的两个会计年度）	400 万美元或 500 万美元或 75 万美元	200 万美元或者 3 500 万美元或者 75 万美元
公众持股数	100 万股	50 万股
公众持股的市场总值	500 万股	100 万股
最低买入价	4 美元	1 美元
做市商数	3 个	1 个
股东数（交易单位股东）	300 个	300 个
经营历史总市值	1 年或 5 000 万美元	不作要求

注：

① 无论是首次上市还是持续上市，公司必须满足下列条件中的一项：净资产要求、总市值要求或者净收入要求。

② 对非加拿大的外国证券和美国存托凭证并不适用。

③ 所谓交易单位股东系持有该公司股票 100 股或以上的股东。

5. 美股的交易方式

美股的交易方式如表 F-5 所示。

表 F-5 美股的交易方式

交易时间	美国股市交易时间较长，为美东时间早九点半到下午四点，也就是北京时间晚上十点半到凌晨五点。美国因为有夏令时间，因此夏天的交易时间与冬天相比会提前一小时，为北京时间晚上九点半到凌晨四点
交易代码	美国股票交易代码为上市公司英文缩写，如微软的股票交易代码为 msft，中国上市的分众传媒股票交易代码为 fmcn
交易单位	中国股票交易单位为 100 股，美国股票交易单位没有限制
涨跌幅度限制	美国股市无涨跌幅度限制，原有股价涨跌单位为 1/16 美元，现今多改为小数点制（最低为 1 美分）
开户手续	买卖美国股票只需要开立一个证券户头，此证券户头同时拥有银行户头的功能，若您将钱存进此户头但未购买股票，券商会付给您利息，但要扣 10%的税；如果想免税可选择自动转存短期基金，由券商代为操作获利
交易手续费	为了鼓励外国人投资美国股票，外国人买卖美国股票的资本利得是免税的，但是美国公司给予您的股利要扣 10%的税。 买卖美国股票的手续费，不以“交易金额”的比率计算，而以“交易笔数”为基准，而且因券商的不同而有异，此外网络下单也比电话委托下单便宜得多
卖出时间	A：T+0，买入的股票当日可以卖出。 B：T+3，如果买入持有超过 3 天（交易日），卖出资金当时可以使用。如果卖出时离买入日期不到 3 天，要等足 3 天资金才能使用。这里可以使用的资金同时可以转出。 C：T+0，同一股票可以 T+0 操作。买入当天可以卖出；卖出的资金当天或 3 天内买同一只股票可以使用，但不能买其他股票或转出（注：T 是指买入日期）

F.1.2 美国 OTCBB 市场

美国场外柜台交易系统（Over the Counter Bulletin Board，OTCBB）又称布告栏市场，是由 NASDAQ 的管理者全美证券商协会（NASD）所管理的一个交易中介系统。OTCBB 带有典型的第三层次市场的特征。OTCBB 与众多的创业板相比具有真正的创业板特征：零散、小规模、简单的上市程序及较低的费用。

1．OTCBB 简介

为了便于交易并加强 OTC 市场的透明度，NASD 于 1990 年开通了 OTCBB 电子报价系统，将一部分粉单市场的优质股票转到 OTCBB 上来。OTCBB 电子报价系统提供实时的股票交易价和交易量。目前在粉单市场流通的股票多于在 OTCBB 上流通的股票。在 OTCBB 上面流通交易的股票，都是不能达到在纳斯达克全国市场（National Market）或小资本市场（Small Capital）挂牌上市要求的公司的股票，因此有人说它属于“未上市证券市场”。

一般而言，任何未在 NASDAQ 或其他全国性市场上市或登记的证券，包括在全国、地方、国外发行的股票、认股权证、证券组合、美国存托凭证（American Depositary Receipts）、直接参与计划（Direct Participation Programs）等，都可以在 OTCBB 市场上报价交易。所有在 OTCBB 挂牌交易的公司都必须按季度向公众披露其当前财务状况，年报必须经由 SEC 核准的会计师事务所审计。

对于迈不过 NASDAQ 或香港创业板这道门槛的中小企业而言，美国的 OTCBB 市场是一个不错的选择。OTCBB 对发行证券企业的管理并不严格，但信息传递系统是全部电子化的。

OTCBB 上少见大的基金与机构投资者，投资者以小基金与个人投资者为主，一般都是有一定财产基础而又喜欢冒险的人。

2．OTCBB 与 NASDAQ 的区别

OTCBB 与 NASDAQ 的区别在于以下几个方面：

第一，没有上市标准；

第二，不需要在 OTCBB 进行登记，但要在 SEC 登记并经 NASD 核准挂牌；

第三，挂牌审批时间较短；

第四，上市费用非常低，无须交纳维持费；

第五，在股价、资产、利润等方面没有维持报价或挂牌的标准。与 NASDAQ 相比，OTCBB 以门槛低而取胜，它对企业没有任何规模或盈利上的要求，只要经过 SEC 核准，有三名以上做市商愿为该证券做市，就可以向 NASD 申请挂牌。挂牌后企业按季度向 SEC 提交报表，就可以在 OTCBB 上市流通了。

3. OTCBB 借壳与 IPO 的区别

因为 OTCBB 上市门槛低，近年来一些国内民营企业选择一家在 OTCBB 挂牌的美国壳公司，以反向收购的方式在 OTCBB 借壳上市。但有些企业并不知道在 OTCBB 市场上也可以直接上市，于是轻信某些中介机构的虚假宣传，委托这些中介机构代为操作以反向收购方式在 OTCBB 市场上市的事宜，结果在付出了部分股权的代价和上百万美元的中介费用后，获得的只是一个交易代码和空壳，上市融资成为泡影，教训十分深刻。

通过直接上市，可以减少现有股份的缩股比例，同时，可以最大限度地保护现有股份持有人不受原壳公司的客观影响，以及壳公司股份持有人在该公司进入后，抛售股份等而伤害该公司股份持有人的利益。但在 OTCBB 以 IPO 方式发行股票，对公司的要求比较高，并要通过比较繁杂的审计、审核过程，所以通常所花费的时间也要比买壳多。

借壳上市还是 IPO，可以根据不同企业的情况、证券市场行情等多方面因素综合考虑。只要公司业绩保持持续增长，按照规定及时进行相关内信息的披露，是可以被广泛的投资者认同，顺利融到资金的。待公司发展到一定规模，还可以转板到更高层次的资本市场进行融资。

4. 门槛提高、交易方式落后成为发展障碍

披露最新财务报告、至少一家做市商提供做市服务是挂牌 OTCBB 市场交易的基本要求。挂牌公司向美国证券交易委员会（SEC）提交最新财务报告（涉及银行业、保险业须向银行业或保险业监管部门提交最新财务报告），只要有一家获得 SEC 做市商资格的证券公司愿意做市，均可以向美国金融业监管局（FINRA）申请为该证券报价。美国证监局对 OTCBB 挂牌交易证券的公司要求较为严格，挂牌公司必须定期履行信息披露义务，从而保证了挂牌公司的平均质量。

OTCBB 挂牌门槛的提高、交易委托形式的落后是市场规模增长的最大障碍。1998 年，SEC 发布更为严格的国外发行人在 OTCBB 市场进行注册的制度要求，减少了挂牌公司的数量；1999 年 7 月至 2000 年 6 月，SEC 出台 OTCBB 市场新的报价资格规则（Eligibility Rule），提高 OTCBB 挂牌交易门槛。

Eligibility Rule 规定：尚未在 OTCBB 报价的证券须向 SEC 提交最新财务报告；已在 OTCBB 报价而未提交财务报告的公司，应在一定宽限期限内提交最新财务报告以满足报价资格要求。在 Eligibility Rule 规定下，3 000 多只不符合挂牌要求的挂牌证券被强制退回粉单市场，OTCBB 市场挂牌证券数及做市商数大幅下降，1999—2000 年，挂牌证券数由 6 418 只下降为 4 028 只，做市商由 387 只下降为 345 只。

OTCBB 市场本质上为证券报价系统，其本身并不提供成交服务，且投资者的委托方式依然沿用了最为传统的电话委托方式，与做市商之间达成成交的隐形成本较高。金融危机过后，OTCBB 交易制度设计的落后逐步显现出来，挂牌证券数量及做市商数量都持续下降，如图 F-2 所示。

而类如 OTC Markets 在技术上更具优势，并建立起了 OTCQX、OTCQB、OTC 粉单多层次的场外市场结构，对于 OTCBB 的相对比较优势逐渐明细。截至 2012 年年底，共有超过 1 万家公司通过 OTC Markets 进行报价，77%

的公司只通过 OTC Markets 的 Link 系统进行报价，而只有 14 家公司仅通过 OTCBB 进行报价，仅占比 0.1%，剩余 22.9%的企业通过 OTCBB 与 OTC Markets 同时报价。

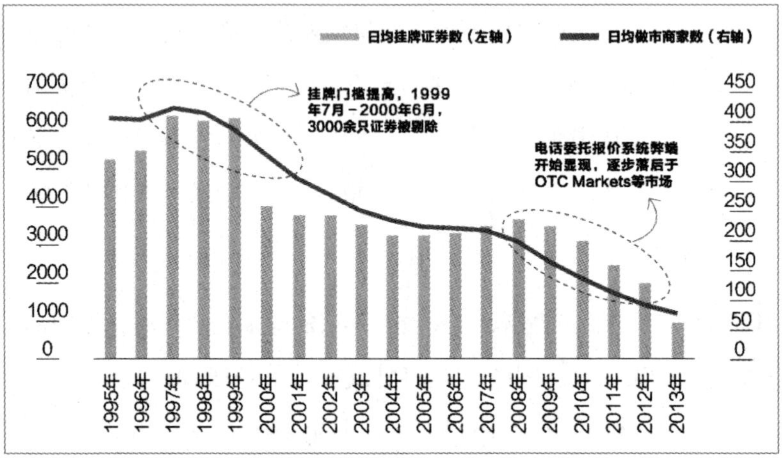

资料来源：OTCBB。

图 F-2　OTCBB 市场挂牌证券数及做市商家数逐年下降

5. OTCBB 投资者参与

投资者参与 OTCBB 市场没有准入要求，任何自然人或机构都可以参与市场投资，但须经过经纪商和做市商进行交易；鉴于场外市场股票价格波动风险较大，SEC 规定经纪商和做市商在交易之前须向客户提供书面文件并获得客户手签接受有关文件。

6. OTCBB 交易量

OTCBB 市场交易量主要受到 2000 年互联网泡沫及 2008 年金融危机影响，总体呈现先扬后抑的趋势。OTCBB 日均交易额在 2000 年达到 4.02 亿美元的历史最高值之后，开始大幅下滑，2001 年日均交易额仅为 0.63 亿美元，但随后逐步回升，2006 年已回升到 2.02 亿美元的日均交易额，之后在金融危机影响下再次出现下滑，2008 年日均成交额已下滑至 0.73 亿美元。OTCBB

成交额占 NASDAQ 及 NYSE 成交额比重，基本以金融危机为分界呈现先扬后抑的趋势。OTCBB 市场交易额表现好于挂牌证券数量变化趋势，说明做市商交易制度对于激活OTCBB市场交易起到了积极的作用，这也是 OTCBB 市场至今仍保持做市商制度为主导的主要原因。

F.1.3　美国粉单市场

粉单市场（Pink Sheet Market）创建于 1904 年，由国家报价机构（National Quotation Bureau）设立。在没有创立 OTCBB 市场之前，绝大多数场外交易的证券都在粉单市场进行报价。该市场对订阅用户定期制作刊物，发布场外交易的各种证券的报价信息，在每天交易结束后向所有客户提供证券报价，使证券经纪商能够方便地获取市场报价信息，并由此将分散在全国的做市商联系起来。粉单市场的创立有效地促进了早期小额股票市场的规范化，提高了市场效率，解决了长期困扰小额股票市场的信息分散问题。

1990 年 OTCBB 市场设立之后，一部分粉单市场的优质股票转到了 OTCBB 市场。1999 年，美国证券交易委员会要求 OTCBB 市场挂牌的公司定期提供财务报告以后，又有一部分 OTCBB 市场的股票重新回到了粉单市场上进行交易。

1. 粉单市场的产生和发展

美国粉单市场的发展经历了几个阶段。1904 年之前，美国全国分布着许多柜台交易市场，由于各个市场都是散布在全国各地，彼此间信息隔绝，没有统一的治理和统计，券商和客户很难全面了解某种股票的报价和交易情况，也不知道是否得到了最好的报价。

为了解决这一问题，1904 年，一家从事印刷和出版业务的私人公司——国家报价局（National Quotation Bureau，NQB）开始向美国的券商和投资者提供报价服务，每天用粉红色纸张刊印公布10 000多种柜台交易股票和5 000多种债券的价格、交易量等，并将各种证券的报价信息定期制作成刊物印刷并发往全国，因此称之为粉单市场。直到1968年美国证券商协会（NASD）决定创建“全美证券商协会自动报价系统”（NASDAQ），并把该项任务交给一家叫作Bunker Ramo的私人公司研制完成。1971年2月8日，该系统正式启动，并从粉单市场上挑选出2 500多家规模、业绩和成长性都名列前茅的股票进行报价交易。1990年，NASDAQ股票市场设立了OTCBB市场，由于其全国性电子报价系统的优势，并且与粉单市场报价一样没有限制，“不强制公司作信息披露”，大量粉单市场报价股票转到OTCBB市场报价。

从1999年1月起，美国证券交易委员会（SEC）整顿OTCBB市场，要求在OTCBB市场报价的公司必须定期提供财务报告，否则将被从OTCBB市场删除，从而使大量在OTCBB市场报价的股票又重新回到了粉单市场上报价。经过一年的整顿，OTCBB市场报价的股票从6 600多只锐减至3 300余只，而粉单市场报价的股票则不断增加。截至2005年9月，粉单市场报价的股票有7 821只，其中单独在粉单市场报价的有4 782只，同时还在OTCBB双重报价的有3 039只。

1999年9月，粉单市场引进了以网络为基础的、实时报价的电子报价系统，提高了市场效率。2000年6月又建立了信息网站（www.pinksheets.com），提供全部报价证券的信息，使粉单市场进入了新的发展阶段。

2. 粉单市场的结构特点

粉单市场是美国柜台交易（OTC）的初级报价形式。广义的美国OTC市场包括NASDAQ、OTCBB和粉单市场，按其上市报价要求高低依次为：NASDAQ→OTCBB→粉单市场。粉单市场既不是在SEC注册的股票交易所，也不是NASDAQ系统的OTC，而是隶属于一家独立的私人机构（Pinksheets LLC），有自己独立的自动报价系统——OTCQX。粉单市场的功能就是为那些选择不在交易所或 NASDAQ 挂牌上市，或者不满足挂牌上市条件的股票提供交易流通的报价服务。

在粉单市场报价的是那些“未上市证券（Unlisted Securities）”，具体包括：

（1）由于已经不再满足上市标准而从 NASDAQ 股票市场或者从交易所退市的证券；

（2）为避免成为“报告公司”而从 OTCBB 退到粉单市场的证券；

（3）其他的至少有一家做市商愿意为其报价的证券。

粉单市场与其他 OTC 市场一样，采用做市商交易制度。只有经 SEC 注册作为 NASDAQ 会员的做市商才能为粉单市场上的股票报价造市。报价系统与股票发行人之间无直接联系，证券发行人无须在粉单市场申请上市和报价，而是通过做市商进行报价。做市商不了解或不经发行人同意也可以在粉单市场上报价。

在粉单市场报价没有非凡的上市标准要求，只要做市商填写一份真实反映发行人当前最新状况的 211 表格提交市场审核即可，并不要求审查发行人的财务状况等。粉单市场是美国唯一一家对上市既没有财务要求，也不需要发行人进行定期和不定期的信息披露的证券交易机构。假如做市商已经在另外一个市场为证券报价，就不需要任何其他条件，做市商可以和粉单市场联系，并要求立即在粉单市场为其报价。即满足其他市场上市条件的证券不用经粉单市场的批准就可以在这里兼容报价。

粉单市场仅仅是一个报价服务系统，不提供自动交易撮合，也不执行自动交易指令。它不是一个发行人上市挂牌交易系统，没有上市标准。因此它不受 SEC 注册要求的管制，不必向 SEC 上交财务信息和其他的公司常规文件，没有信息披露的要求。证券发行者在粉单市场被报价无须支付费用。做市商给证券报价须每月支付很少的费用。

3．粉单市场的监管

粉单市场不是一个股票交易所，它不受证券监管当局的监管，只要每天交易结束时公布挂牌公司的报价即可。但是 NASD 监管当局（NASDR）和 SEC 会对粉单市场和黄单市场上证券的所有做市商进行严格的监管。其监管的内容包括：建立规范做市商行为的规则以管制做市商的商业行为；为证券从业人员建立资格标准；随时检查会员的财务及经营状况，以及是否违反相关规则和条例；调查证券的违规行为；用相关法律约束、处罚违规者；对投资者和投诉予以回应等。

由上可知，因为粉单市场上市报价的条件要求很低，在这个市场上报价的许多证券都是 Penny Stock（仙股），且资料不全、信息披露不及时、投资风险很大，既为聪明的、消息灵通的投资者提供了巨大的投资机会，又潜藏着极大的投资风险。粉单市场上主要是那些喜欢冒险的激进投资者及风险投资人。

4．粉单市场与 NASDAQ、OTCBB 市场的主要差异

NASDAQ 和 OTCBB 市场都隶属于全美证券交易商协会，由该协会进行监管，而粉单市场隶属于一家独立公司。在粉单市场上交易的股票没有任何财务要求和信息披露要求。粉单市场是美国唯一一家不需要进行财务信息披露的证券交易机构。

F.2　英国场外市场情况

F.2.1　英国 AIM 市场

与美国不同的是，英国的二板市场——AIM（Alternative Investment

Market）是由伦敦交易所主办的，其运行相对独立。AIM 创立于 1995 年 6 月 19 日。AIM 是伦敦证券交易所为英国及海外初创的、高成长型公司所提供的一个全国性市场。在协助广大中小企业，特别是中小型高科技公司通过资本市场获取资金进行投资方面，英国政府作出了一项意义深远的举措，就是在伦敦证券交易所内设立了一个为中小企业提供融资服务的证券市场——AIM 市场。自 1995 年创立以来，有超过 850 家公司通过进入 AIM 而获得巨大的增长，累计筹集资金超过 62 亿英镑，折合近 97 亿欧元。截至 2001 年 1 月 31 日，AIM 上市公司的总市值达到 156 亿英镑，折合 245 亿欧元，其中市值最少的公司不足 30 万美元，而市值最多的超过 3 亿美元。AIM 直接受伦敦证券交易所的监督与管理，并由交易所组成的专人负责经营。

1．AIM 的上市标准

（1）委派一位指定保荐人和指定经纪人。交易所规定，公司在上市期间必须一直有指定的保荐人和经纪人。

（2）是根据本国法律合法成立的公司，且是一家公众公司或等同的公司。

（3）公开的会计账目符合英国或美国通用会计准则，或国际会计标准。

（4）保证在 AIM 交易的股票可自由转让。

（5）当公司董事会和雇员掌握了对价格极为敏感的信息时，必须遵守等同于《AIM 公司标准法规》中的一项规则。

2．AIM 市场的优势

（1）英国创业板对企业没有经营年限的要求，也没有最低市值要求。这非常适合处于初创期的成长型企业。

（2）在英国创业板上市，不仅运作时间短，只需 6～9 个月，而且上市时间还可加以控制。只要英国保荐人认为公司已做好上市准备，公司就可以在创业板上市，只需提前通知交易所即可。这对企业选择最佳市场条件以最高发行价集资非常有利。

（3）再融资的便利。在 AIM 上市的企业可随时根据业务发展需要进行不受限制的再融资，且在大多数情况下，增发新股无须事先征得股东同意。

（4）英国的公司治理水准举世公认。良好的公司治理有助于树立投资者信心，降低资金成本，可以借上市全面提升企业形象，增强公司的全球竞争力。

（5）在 AIM 上市后满两年，如果经营业绩稳定，将有机会过渡到英国主板市场，从而提高企业股票的市盈率，增加企业的市值，为今后可能的并购创造条件。

F.2.2 英国 OFEX 市场

英国 OFEX 市场创立于 1995 年 10 月 2 日，其目的是为那些未进入伦敦证券交易所主板市场或 AIM 挂牌交易的公司股票建立一个可出售其股票而募集资金的市场。一些在 AIM 交易的公司股票及以前在 1996 年年底关闭的“未上市证券市场”交易的公司股票也可以在 OFEX 市场进行交易。OFEX 与 AIM 非常类似，都是为中小型高成长企业进行股权融资服务的市场，但 OFEX 的市场准入门槛更低、层次更初级。AIM 是由伦敦证券交易所创办的，同时又是伦敦证券交易所的一部分，属于正式市场；而 OFEX 是由在伦敦证券交易所承担做市商职能的一家家族公司创办的，属于非正式市场。

2002 年以前，OFEX 的监管是由 Jenkins 公司依据英国法律和伦敦交易所的相关管理规定自己实施监管。从 2002 年起，由于该市场日益发展壮大，已正式纳入英国证监会的监管范围之内，由英国证监会直接监管。在 OFEX

挂牌交易的公司，通过市场的培育可以按照相应的规则进入 AIM 交易。从 1995 年到现在，共有 72 家在 OFEX 挂牌交易的公司已升级到 AIM 或伦敦证券交易所挂牌交易。

OFEX 上市的优势：伦敦是一个国际金融中心，在伦敦上市可以确保筹集到足够的资金；上市的条件比 AIM 更低；上市费用更低；在 OFEX 挂牌交易的公司很容易升级到 AIM 或伦敦证券交易所挂牌交易；不需要经过伦敦证券交易所的批准，上市程序简洁，上市时间更快。

F.3　中国台湾兴柜市场情况

中国台湾多层次资本市场建设较为完善：中国台湾证券交易所、柜买中心、兴柜市场与“盘商市场”。1962 年中国台湾证券交易所（简称台交所）成立，之后为了集中优质企业资源重点发展台交所市场，中国台湾监管机构关闭了股权交易的场外市场。20 世纪 80 年代，为了支持科技实力向现实生产力的转化，中小科技创业型企业的融资发展问题得到空前重视，中国台湾开始研究美国 NASDAQ 市场的成功经验。1989 年，中国台湾场外市场获得突破发展，台北市证券业同业公会成立“柜台买卖服务中心”，场外市场真正发展起来，但市场交易极为不活跃，柜台买卖服务中心一级市场和二级市场进入停滞不前的恶性循环状态。

为激活市场交易，1994 年 9 月 26 日，中国台湾“证管会”发起成立独立的财团法人“中国台湾证券柜台买卖中心”（柜买中心），并在柜买中心引入竞价交易制度，市场进入快速发展阶段。2001 年，为了将中国台湾未上市、未上柜的公司股票交易纳入统一的监管之下，出台了《建立未上市柜股票买卖交易制度》，中国台湾“证管会”在“中国台湾证券柜台买卖中心”设立兴柜市场独立板块，专门为未上市（柜）的公开发行公司提供合法的交易平台。

2002 年 1 月 2 日，兴柜股票市场正式投入运行，监管层通过对兴柜市场交易制度不断地修订和改进，建立起了以计算机议价点选系统为核心、以推荐证券商为主导的做市商交易模式。盘商市场即为游离于台交所、柜买中心、兴柜市场之外的处于监管之外的交易市场。中国大陆与中国台湾多层次资本市场对比如图 F-3 所示。中国台湾多层次资本市场情况如表 F-6 所示。

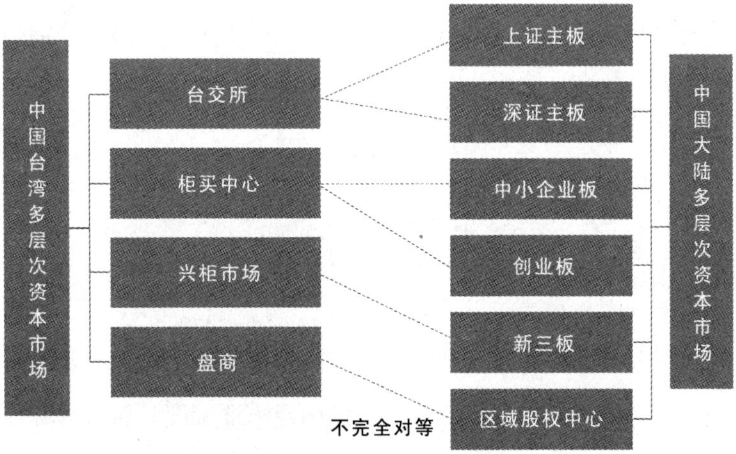

图 F-3　中国大陆与中国台湾多层次资本市场对比

表 F-6　中国台湾多层次资本市场

市场	公司家数	总市值（万亿元新台币）	年成交额（万亿元新台币）
台交所	873	27.32	12.71
柜买中心	670	2.77	4.01
兴柜市场	255	0.73	0.23

资料来源：Wind。

兴柜市场基本制度完备，“强制兴柜条款”及流畅的转板制度是亮点。兴柜市场对于公司的规模水平、盈利能力、设立年限及股东人数等均无实质性规定，挂牌企业主要为新兴行业类规模偏小公司，只要有两家以上的推荐证券公司（推荐券商）推荐均可进入市场交易，条件较为宽松，但应指定其中一家证券公司为主办辅导推荐券商，其余则为协办辅导推荐券商。

从 2003 年起，兴柜市场开始实施“强制兴柜条款”，主要包含两方面要求：一是凡是经过证券公司辅导期限达两年的公开发行公司，都必须登陆兴柜市场；二是申请上市或上柜的中国台湾公开发行公司，必须先登陆兴柜市场挂牌交易 3 个月，2004 年挂牌交易期限又延长为 6 个月。“强制兴柜条款”对兴柜市场交易的活跃度产生重要影响，2003 年挂牌企业增长到 245 家，市值达 4 591 亿元新台币，增幅分别达到 42.44%、69.16%；2004 年“强制兴柜制度”挂牌期限延长至 6 个月，兴柜市场挂牌企业和市场总市值再次大幅增长，其中挂牌企业家数达 350 家，为历史最高水平，市值为 5 687 亿元新台币，同比增长 23.87%。

兴柜市场保持了良好的转板和下柜流动性，达到上市或上柜的财务标准及挂牌年限要求的均可以向中国台湾证券交易所申请转板，而在信息披露及要求整改事项未达标时则将被做下柜处理，兴柜市场挂牌企业数量除 2002 年刚运行第一年为 172 家及 2004 年由于“强制兴柜条款”影响挂牌企业增加至 350 家外，年均挂牌数量均位于 200～300 家之间，年均存量挂牌企业 261 家。兴柜市场总市值经历两次较大变化：2003—2005 年的持续上升，以及 2008 年的快速下滑。其中，2003—2005 年市值的持续上升源于 2003 年和 2004 年的“强制兴柜制度”；2008 年的快速下跌则主要受金融危机影响。但之后兴柜市场总市值快速恢复，截至 2014 年 7 月底，兴柜市场总市值已攀升至 7 330 亿元新台币，接近历史最高值，如图 F-4 所示。

信息披露方面，兴柜公司对季度财务报告、财务预测公布方面没有被强制要求，但必须公布半年度财务报告、年度财务报告。每月公布营业收入、背书保证金额、资金贷放金额及衍生商品交易等信息。对重大事项必须及时披露。信息披露方式主要为发行公司自行输入柜台中心股市观测站，推荐证券商在券商网站上披露相关的信息。

兴柜市场建立之初即有规范和激活场外市场交易的目的，2002 年成立后，在借鉴美国 NASDAQ 市场发展经验的基础上建立起竞争性做市商交易制度，同一家挂牌公司同时有两家以上的做市商为其提供做市服务，且做市商之间具有竞争性特征，减少交易成本及降低单个做市商操纵市场的可能性。目前兴柜市场共有推荐券商（做市商）28 家，主办推荐券商（主办券商）21 家，挂牌公司 255 家。

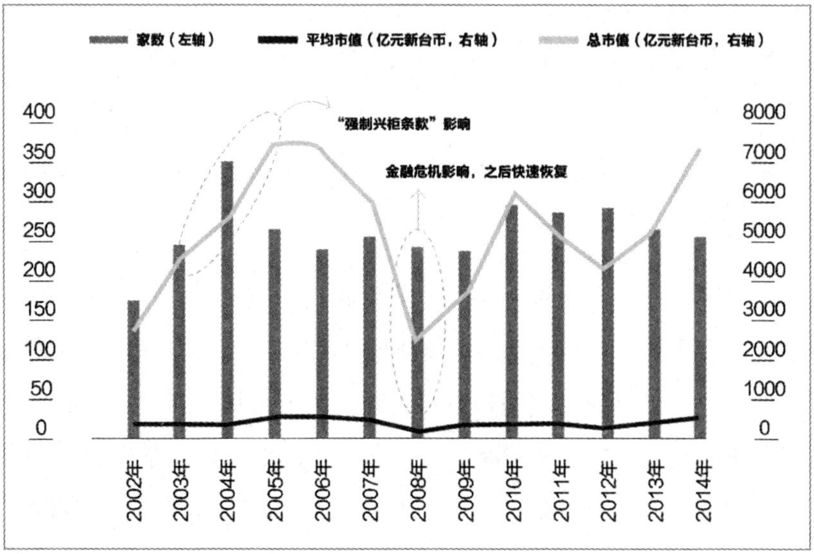

资料来源：中国台湾证券柜台买卖中心。

图 F-4 中国台湾兴柜市场历年挂牌公司数量及市值

兴柜市场做市商制度包括“计算机议价点选系统”与“系统外议价”两部分，分别行使与中小订单、大宗交易成交的功能。计算机议价点选系统是兴柜市场做市商交易制度的主要部分，交易额占比在 90%以上。当成交股票大于 10 万股或成交金额大于 500 万元新台币时可选择系统外议价交易。系统外议价交易为点选系统的有效补充，在大宗交易执行上具有明显优势。系统外议价交易在交易结构上类似于新三板的协议转让制度，投资者之间的交易一般通过面谈或电话的方式进行买卖数量、价格的确定。点选系统在执行中小订单时具有低成本的优势，但在场外市场整体活跃程度不高时，大宗交易的执行会面临一定的“冲击成本”，系统外议价交易在一定程度上缓解了冲击成本，较点选系统具有相对优势。

兴柜市场交易额占市场总交易额（包括台交所、柜买中心及兴柜市场）的比重整体保持上升趋势，并在 2014 年首度突破 1%，达到 1.24%，远高于新三板市场 0.009%的交易额占比，做市商激活交易效果明显。新三板市场与兴柜市场最大的差别即交易制度的不同，通过对比可知，做市商交易制度对激活场外市场交易具有非常明显的作用。

由于上柜股票盈利能力、设立年限、资本规模要求较低，便于中小企业上柜融资，对发展中国台湾的中小企业起了非常良好的促进作用。特别是科技企业上柜不受盈利能力的限制，大大促进了中国台湾科技企业的发展。目前中国台湾电子产业在国际电子行业中位居重要地位，与中国台湾资本市场对电子产业的支持密不可分（在上柜公司中一半以上为电子类企业）。

F.4　启示

F.4.1　对市场结构的启示

目前我国投资者投资渠道狭窄，证券市场成为风险投资者的主要投资场所。目前证券市场只有单一的主板市场，导致了一级市场股票发行供不应求、二级市场股票价格偏高等现象，也导致了地下一级半市场交易的存在。我国证券市场完全可以借鉴中国台湾发展柜台交易和兴柜股票市场的经验，逐步发展新三板市场，为各类不同规模的企业上市融资提供不同的资本市场，也为不同类型的投资者提供风险不同的投资品种，同时也可将不规范的地下交易市场纳入管理的范围。

正如中国台湾发展柜台买卖市场一样，我国建设新三板市场将完善证券市场体系，形成一个梯形的证券市场结构，为不同企业提供不同的融资和证券交易场所。同时将拓宽投资者投资渠道，增加投资品种，从而改善目前主板市场上存在的一些不合理的情况。

美国的资本市场体系不仅在全世界规模最大，且体系最完善合理，按照交易数量，美国主板市场、二板市场、三板市场交易依次递增，呈金字塔形分布。美国低层次的市场为较高层次市场培育和提供了上市资源，而高层次市场的不合格公司又会转入低层次市场交易，如此形成各层次的市场动态管理、互为补充、协同发展的模式。与美国市场相比，我国多层次资本市场建设还有很长的路要走。美国的 NYSE、NASDAQ、OTCBB 市场分别相当于我国的主板、创业板、新三板。根据前面的分析，在上市股票数量、日均换手率、成交量与成交金额等方面，我国市场分布均为主板>中小板>创业板>三板，形成了一种“倒金字塔”的关系，跟美国完全相反。

三板市场应是对二板市场和主板市场的补充，以满足不同类型企业的融资需求。从美国市场来看，三板市场区别于二板市场主要有三方面：首先是发展顺序不同，三板市场通常作为二板市场的补充出现，其发展往往在二板市场发展相对成熟之后；其次是上市要求不同，三板市场由于支持的企业相对弱小，所以限制较少，要求更低；最后是交易制度不同，三板主要采用做市商制度，而二板既可以采用竞价制度，也可以采用做市商制度。

同时，三板市场和二板市场之间的转换为企业优胜劣汰法则提供了良好的渠道。三板市场和二板市场，乃至主板市场的相互转换显得尤为重要，二板市场向三板市场转换主要是退市制度的完善，而三板市场向二板市场转换则主要是看转板制度的建立。美国 OTCBB 市场只要满足 NASDAQ 上市条件即可自由转板，即所谓的绿色转板机制。美国场外市场转板二板市场的案例很多，比较典型的是世界闻名的微软公司，其就是通过从 OTCBB 市场上转板到 NASDAQ 市场的。

目前我国退市制度正在建立和完善，二板市场向三板市场转化已经开始铺路，而未来三板市场扩容，转板制度的建立更为引人关注。关于转板机制的建设，借鉴美国经验，一方面，未来会建立类似美国绿色通道式的转板机制；另一方面，考虑到转板公司可能对目前上市公司估值的影响，这个过程可能是循序渐进的，特别是在转板的审批进度上可能会予以控制。

F.4.2 对交易制度的启示

做市商对于激活场外市场交易的作用十分明显，新三板市场交易有望激活。美国 OTCBB 市场在挂牌证券数量及做市商数大幅下滑的趋势下，市场交易额主要因 2000 年互联网泡沫及 2008 年金融危机影响出现一定程度下滑，并未受到挂牌证券数量及做市商家数大幅减少的影响，总体上出现先扬后抑的趋势，说明做市商制度对于 OTCBB 市场交易起到了实质性的激活作用。中国台湾兴柜市场的成交额由 2002 年的 192 亿元新台币增长到 2013 年的 2 891 亿元新台币，复合增长率达 28%，做市商制度激活市场交易的作用明显。目前新三板市场在协议转让制度下，年换手率仅维持在 1%～5%的水平，大幅低于兴柜市场平均 19%的年换手率。

市场准入、投资者门槛及投资者结构都对做市商制度的具体效果产生影响，未来新三板将持续降低投资者门槛，形成以机构投资者为主的格局。1998—2000 年美国 OTCBB 市场注册及报价规则门槛的提高，3 000 只以上证券被剔除市场，做市商激活交易的效果一定程度上受到影响。较低的投资者门槛可使市场增加更多交易主体，以机构为主的投资者机构有利于市场交易的稳定，减少投机下的价格波动风险。

竞争性做市是保证做市商制度平稳运行的基础，新三板市场竞争性做市商制度的建立有利于市场平稳发展。包括美国 OTCBB 市场及中国台湾兴柜市场在内的国际主要场外市场都采用了竞争性做市商制度，竞争性将主要在两个方面为市场带来益处：一是通过报价的竞争降低直接交易成本；二是通过做市的竞争机制防止做市商操纵市场的可能性，让市场更加平稳地运行。

F.4.3 对企业管理的启示

英国 AIM 市场实行终身保荐人制度。AIM 市场利用终身保荐人制度来控制企业的上市成本，同时确保监管有效及企业有足够的透明度。AIM 的保荐人对上市公司负有 100%的责任。

我国现行的制度难以真正发挥保荐人对企业的指导和监督作用，又加大了监管难度和标准。通过设立终身保荐人制度，完善相应的法律法规，由保荐人专门负责对企业的指导和监管，监管部门可以将更多精力投放在监管职能的履行上，可以简化市场监管程序，从而增强监管有效性。实行终身保荐人制度，既是对新三板上市企业的负责，也是对投资者的负责。